Seiser Alm
Langkofel, Schlern
Tierser Tal

Herausragende Dolomiten

Franziska Baumann

GPX-Daten zum Download

www.kompass.de/gpx

Kostenloser Download der GPX-Daten der im Wanderführer enthaltenen Wandertouren.
Mehr Informationen auf Seite 3.

AUTORIN

Franziska Baumann • ist in Oberammergau mit den Bayerischen Alpen vor der Haustüre aufgewachsen. Seit vielen Jahren ist sie zu Fuß in den Bergen unterwegs, um ihre Eindrücke mit Kamera und Notizblock festzuhalten. Besonders hat es ihr die Südseite der Alpen angetan. Als freie Autorin schreibt sie für verschiedene Zeitschriften und hat mehrere Wanderbücher veröffentlicht. Im KOMPASS-Verlag sind die Wanderführer „Bozen", „Meran" und „Comer See" erschienen.

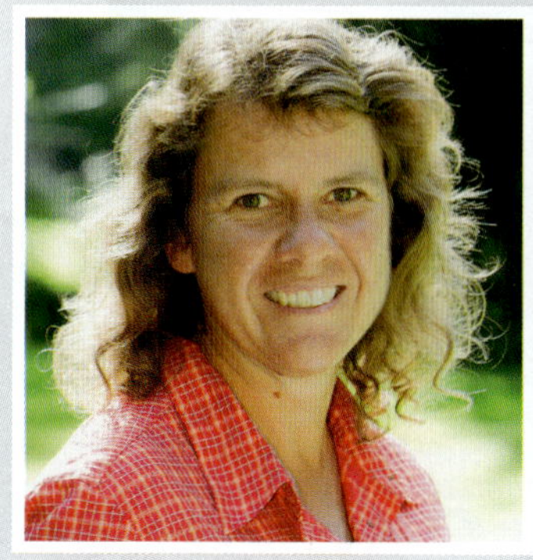

VORWORT

Der Rücken lehnt an sonnenwarmen Holzbalken. Ein Glas Rotwein leuchtet in der Sonne. Der Geruch von würzigem Speck steigt in die Nase. Langsam wandert der Blick über die grünen Almböden, die in sanften Wogen an die Felsen der Dolomitengipfel branden. Wolken malen schwarze Schattenmuster auf die Wände von Lang- und Plattkofel. Wie ein zu Stein gewordenes Urzeittier schmiegt sich der Schlern ins Wiesenmeer.

Die Seiser Alm ist eine Wanderregion für Genießer. Auf bequemen Almwegen taucht man in eine jahrhundertealte Kulturlandschaft ein und durchstreift die mit sonnenverbrannten Heustadeln getupften Wiesenhänge. Herrliche Panoramaplätze laden dazu ein, die Zeit zu vergessen. Auf aussichtsreichen Steigen hinauf in die Felsregion kommen auch geübte Alpinisten auf ihre Kosten. Eine Etage tiefer, rund um die sonnig gelegenen Urlaubsorte Kastelruth, Seis und Völs, schicken geheimnisvolle Burgruinen den Wanderer auf eine Zeitreise ins Mittelalter, spaziert man im kühlen Schatten ausgedehnter Wälder und erkundet Südtiroler Bauernland. Das leibliche Wohl kommt auf keiner Wanderung zu kurz. Ob gemütliche Alm, schön gelegenes Berggasthaus oder uriger Buschenschank – Spezialitäten aus der Südtiroler Küche machen den Wandergenuss perfekt.

Erlebnisreiche Bergtage in dieser vielseitigen Region wünscht

Franziska Baumann

ORIENTIERUNG MIT GPS

Für Navigationsgeräte und Apps haben wir auf unserer Webseite alle Touren im GPX-Format zum Download bereitgestellt:

www.kompass.de/gpx

Hier findet man alle weiteren Informationen. Einfach das richtige Produkt auf der Seite auswählen, die Daten herunterladen und auf das Zielgerät oder in die gewünschte App importieren.

Mehrwert mit Spaßfaktor: Ob vorab zur Planung, als Sicherheit für unterwegs oder zum Erinnern und Archivieren der gegangenen Tour. Die digitale Wanderroute ist in vielerlei Hinsicht wertvoll. Ein Blick auf die Daten hilft Neues zu entdecken und liefert Inspirationen für die nächsten Touren. Alle Wandertouren aus diesem Führer stehen im GPX-Format kompakt und genau zur Verfügung.

Was ist ein GPX-Track? GPX ist ein Datenformat für Geodaten. Das Wort GPS steht für Global Positioning System (Globales Positionsbestimmungssystem). Mit einem GPX-Track bekommt man die rote Linie, also den Wanderpfad, als geografische Koordinaten.

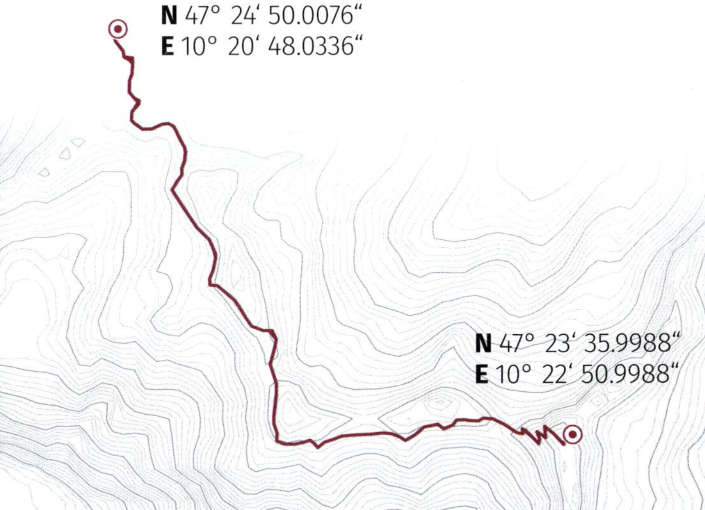

INHALT UND TOURENÜBERSICHT

AUFTAKT

ANHANG

km	h	hm	hm									Karte
8	4:00	760	390	✓	✓	✓	✓	✓				54
7,25	2:45	440	440	✓	✓		✓					54
2,25	1:00	110	110	✓	✓							54
12,5	3:45	480	480	✓	✓		✓				✓	54
3	1:00	110	160	✓	✓				✓			54
5,75	2:15	410	410	✓	✓							54
14	4:40	650	650	✓	✓		✓				✓	54
12,5	5:20	960	960	✓	✓		✓	✓				54
6,75	2:15	300	300	✓	✓		✓				✓	54
7,75	3:00	350	350	✓	✓	✓	✓	✓			✓	54
8,75	2:30	280	470	✓	✓	✓	✓	✓				54
11,25	4:30	840	420	✓	✓	✓	✓				✓	54
16,25	6:00	680	680	✓	✓	✓	✓				✓	54
14,5	5:45	460	1380	✓	✓	✓	✓				✓	54
8	5:00	950	950	✓	✓	✓	✓	✓			✓	54

INHALT UND TOURENÜBERSICHT

km	h	hm	hm									Karte
4,5	2.00	130	130	✓	✓	✓	✓				✓	54
17,5	5:50	610	780	✓	✓	✓	✓				✓	54
8,75	2:50	220	390	✓	✓	✓	✓				✓	54
13	4:30	580	770	✓	✓	✓	✓				✓	54
4,75	3:00	440	440					✓			✓	54
13,25	4:30	530	530	✓	✓	✓	✓				✓	54
16,5	6:30	740	1600	✓	✓	✓	✓	✓			✓	54
7,5	3:30	660	660	✓	✓		✓				✓	54
6,25	2:00	200	200	✓	✓							54
11,75	3:45	450	450	✓	✓		✓				✓	54
6,25	2:00	140	300	✓	✓		✓				✓	54
7,75	3:15	520	520	✓	✓		✓					54
15	7:00	1420	1420	✓	✓		✓	✓			✓	54
6,75	2:15	310	310	✓	✓		✓				✓	54
10,25	4:45	410	410	✓	✓		✓				✓	54
9,25	4:00	700	700	✓			✓	✓			✓	54
19	8:30	990	1870	✓	✓	✓	✓	✓			✓	54
6,5	2:30	410	410	✓	✓							54
17	8:30	1540	1540	✓	✓		✓	✓			✓	54
9,5	3:30	80	1270	✓	✓	✓	✓				✓	54

GEBIETSÜBERSICHTSKARTE

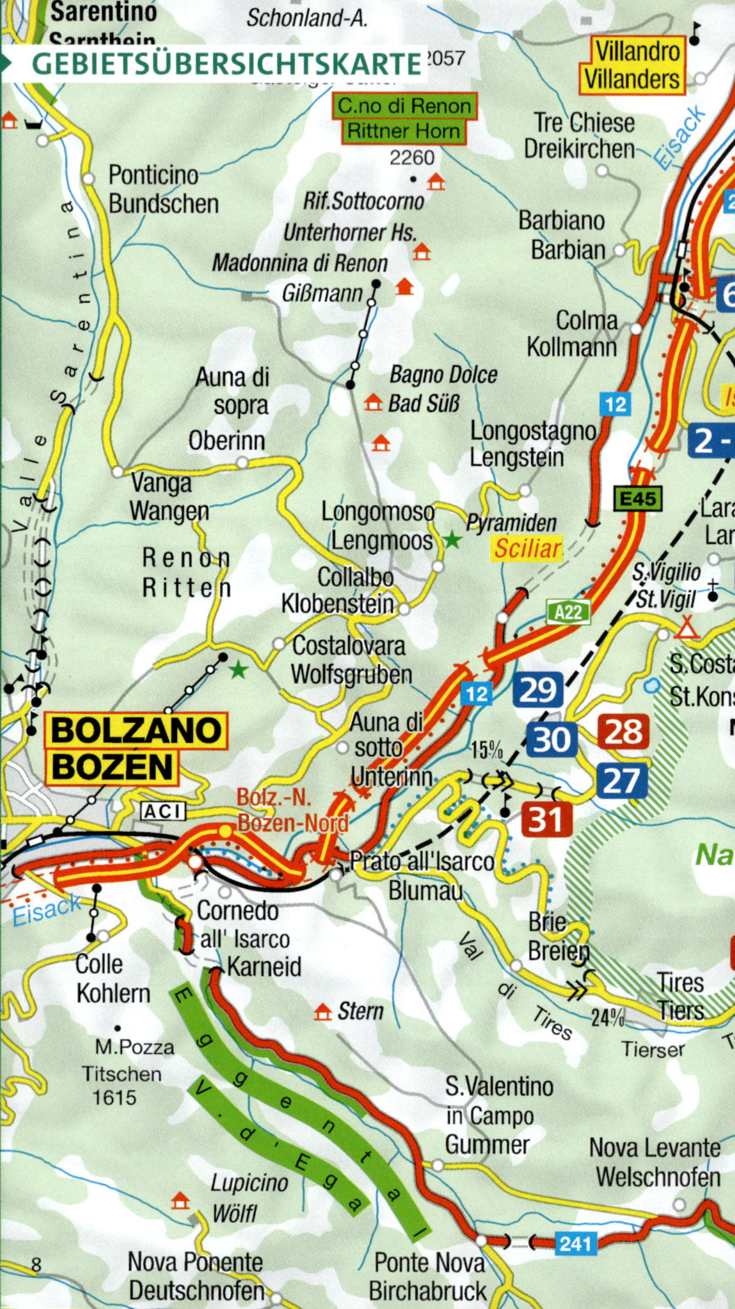

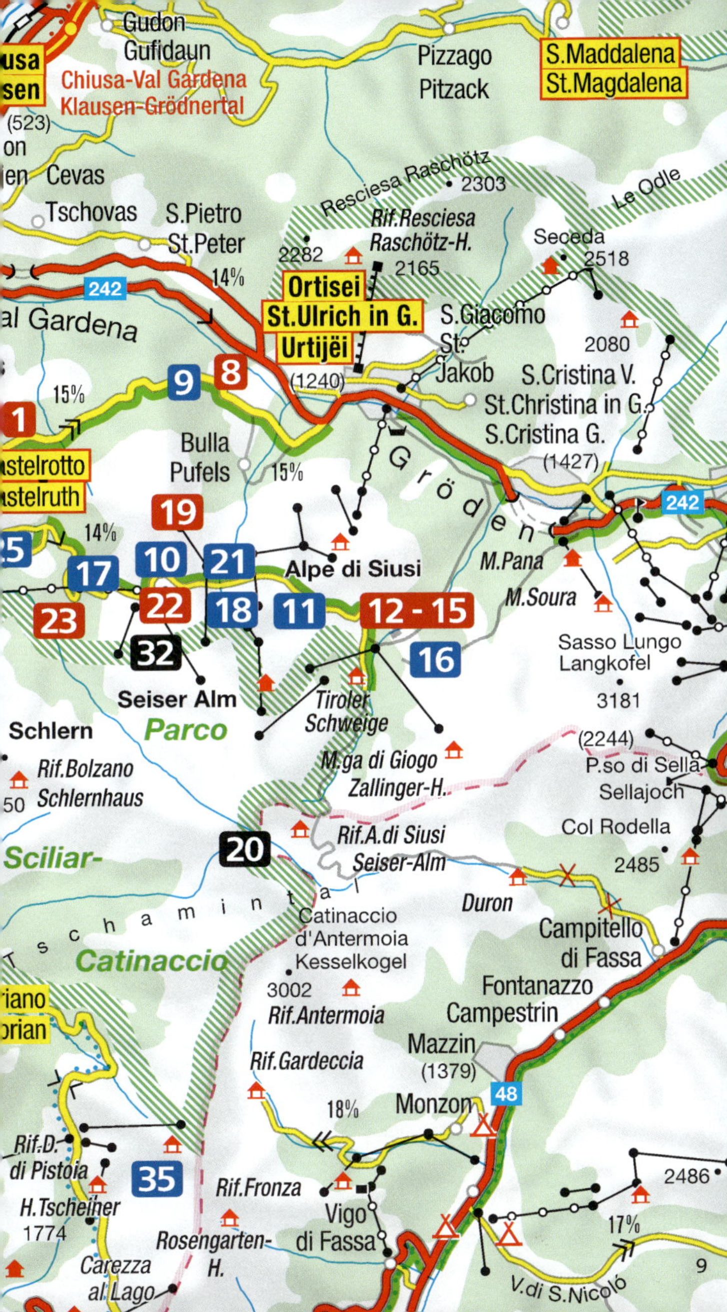
Gudon
Gufidaun
Chiusa-Val Gardena
Klausen-Grödnertal
Pizzago
Pitzack
S.Maddalena
St.Magdalena
(523)
Cevas
Tschovas
S.Pietro
St.Peter
Resciesa Raschötz
2303
Le Odle
Rif.Resciesa
Raschötz-H.
2282
2165
Seceda
2518
14%
242
Ortisei
St.Ulrich in G.
Urtijëi
S.Giacomo
St.
Jakob
2080
Gardena
9
8
(1240)
S.Cristina V.
St.Christina in G.
S.Cristina G.
(1427)
15%
1
Bulla
Pufels
15%
Gröden
19
14%
10
21
17
Alpe di Siusi
M.Pana
M.Soura
22
18
11
12 - 15
23
32
16
Sasso Lungo
Langkofel
3181
Seiser Alm
Tiroler
Schweige
Schlern
Parco
(2244)
P.so di Sella
Sellajoch
M.ga di Giogo
Zallinger-H.
Rif.Bolzano
Schlernhaus
Col Rodella
20
Rif.A.di Siusi
Seiser-Alm
Sciliar-
2485
Duron
Tschamintal
Catinaccio
d'Antermoia
Kesselkogel
Campitello
di Fassa
Catinaccio
Fontanazzo
3002
Rif.Antermoia
Campestrin
Mazzin
(1379)
Rif.Gardeccia
48
18%
Monzon
Rif.D.
di Pistoia
35
Rif.Fronza
2486
H.Tscheiner
1774
Vigo
di Fassa
17%
Rosengarten-
H.
Carezza
al Lago
V.di S.Nicolò

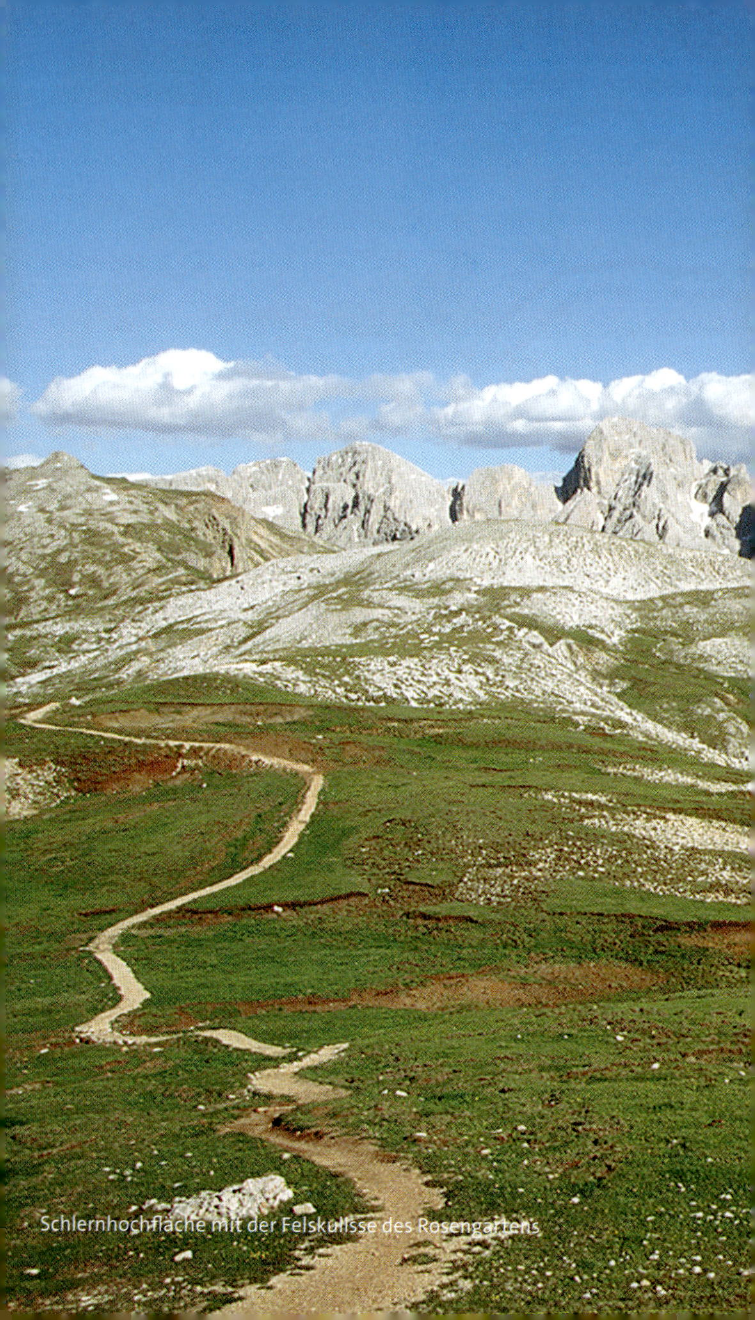

Schlernhochfläche mit der Felskulisse des Rosengartens

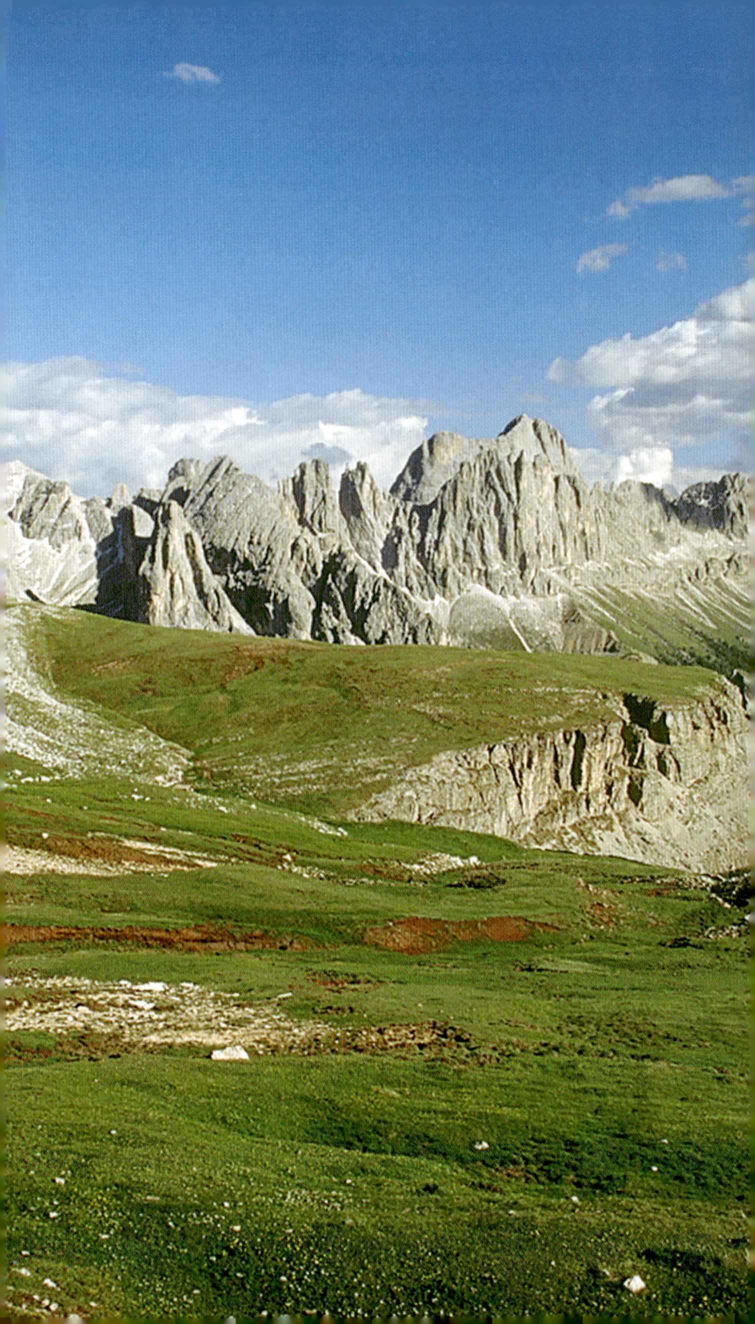

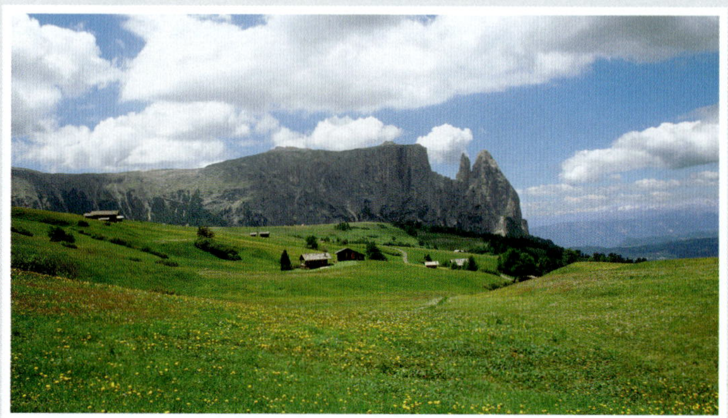

Blickfang auf der Seiser Alm: das markante Profil des Schlern

Die Hochfläche der Seiser Alm ist ein riesiges Amphitheater, das mit immer neuen Ausblicken überrascht. Es sind die gegensätzlichen Landschaftsformen, die ihren Reiz ausmachen. Über den sanft gewellten, sonnendurchfluteten Almböden wachsen die steilen Felsfluchten der Dolomiten in den Himmel. Die Wiesen der Seiser Alm erstrecken sich über 52 Quadratkilometer. Oder anders gesagt: 8000 Fußballfelder würden dort Platz finden. Damit ist das weitläufige Almgebiet die größte Hochalm Europas.

Wanderregion für Genießer

Das Almplateau fällt im Norden steil ins Grödental ab. Auf seiner Süd- und Ostseite wird es von bekannten

Naturpark Schlern-Rosengarten

Er wurde 1974 eingerichtet und ist Südtirols ältester Naturpark. Er umfasst 6796 Hektar und stellt das Schlernmassiv, den Südwesten der Seiser Alm und den nordwestlichen Teil des Rosengartens mit dem Tschamintal unter Schutz. Das Schlerngebiet ist geologisch interessant, da sich dort Aufbau und Entstehung der Dolomiten gut nachvollziehen lässt. Eine Besonderheit des Naturparks sind geologische und klimatische Unterschiede auf engstem Raum, die zu einer Vielzahl von Lebensräumen führen. So konnte sich eine große Artenvielfalt in der Tier- und Pflanzenwelt entwickeln. Botanisch besonders wertvoll sind endemische Pflanzenarten, die die Eiszeit auf gletscherfreien „Inseln“ wie beispielsweise dem Schlern überlebt haben. Ein Naturparkhaus befindet sich in Weißlahnbad nahe Tiers (siehe Tour 33).

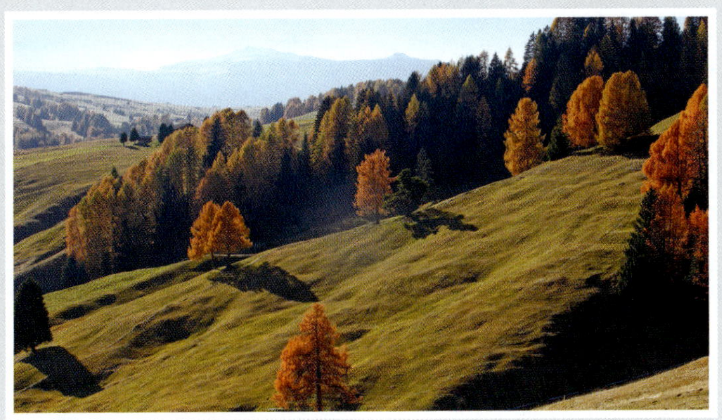

Herbstliches Farbenspiel auf der Seiser Alm

Gipfeln der westlichen Dolomiten eingerahmt. Schlern, Rosengarten, Platt- und Langkofel ziehen immer wieder die Blicke auf sich. Von der westlich gelegenen hügeligen Mittelgebirgsterrasse mit den Ortschaften Kastelruth, Seis und Völs bietet die Seiser-Alm-Bahn einen bequemen Zugang zur Hochfläche mit ihren Wanderwegen. Vor allem Wanderer, die es gerne gemütlich haben, kommen dort auf ihre Kosten. Einige Sessellifte erschließen das Gebiet. So können herrliche Panoramaplätze ohne viel Aufwand erreicht und längere Touren verkürzt werden. Die Wiesen der Seiser Alm liegen auf einer Höhe zwischen 1850 m und 2350 m. Angenehme Temperaturen sind dort auch an heißen Tagen garantiert. Am schönsten ist es im Frühsommer, wenn sich die Wiesen in einen farbenprächtigen Blütenteppich verwandeln. Auch der Herbst hat seinen Reiz. Das weite Plateau wird noch von der Sonne verwöhnt. Lärchen lodern im goldgelben Gewand. Die tief stehende Sonne setzt mit ihrem Licht- und Schattenspiel die Dolomitengipfel wirkungsvoll in Szene. Logenplätze, um dieses Naturschauspiel zu genießen, gibt es mehr als genug. Rund 365 Almen, Schwaigen und Hütten liegen an den Wiesenhängen verstreut. Viele sind für Wanderer bewirtschaftet und tischen manches Schmankerl aus der Südtiroler Küche auf.

Alte Kulturlandschaft

Ursprünglich war das Gebiet der Seiser Alm von dichten Wäldern bedeckt. Bajuwaren, die ab dem 6. Jahrhundert das heutige Südtirol besiedelten, begannen durch Brandrodung Weiden für ihre Viehherden zu gewinnen. Anfang des 14. Jahrhunderts wird die Seiser Alm erstmals urkundlich erwähnt. Bereits um 1480 regelte eine Almwirtschaftsordnung die Nutzung der Wälder und Weiden. Über Jahrhunderte wurden die Almwiesen naturnah bewirtschaftet, d. h. einmal im Jahr gemäht und nicht gedüngt. So entwickelten sich die charakteristischen Magerrasen mit ihrer Artenvielfalt. Jedes Jahr im Hochsommer zog ein großer Teil der Bevölkerung auf die Alm hinauf. Ein Bericht aus dem Jahr 1600 erzählt von 4000 Männer und Frauen, die vier bis fünf Wochen in den Schwaighütten verbrachten, um die Wiesen zu mähen und das Heu in die Stadel zu bringen. Im Winter wurde es auf Schlitten ins Tal transportiert.

Blumenparadies

Neben der traditionellen Bewirtschaftung ist die außergewöhnlich artenreiche Flora den geologischen Gegebenheiten zu verdanken. Auf der Seiser Alm und im Schlerngebiet treffen unterschiedliche Gesteinsarten und Böden zusammen. Während der Eiszeit ragte das Schlernmassiv wie eine Insel aus den Gletscherströmen, sodass dort manche Pflanzenart die Kälteperiode überlebte. Im 19. Jahrhundert genoss die Seiser Alm den Ruf als schönstes Bergblumenparadies Europas und wurde von vielen Botanikern aufgesucht. Touristische Erschließungen und intensive landwirtschaftliche Nutzung veränderten jedoch die Tier- und Pflanzenwelt. Mit Gründung des Naturparks Schlern-Rosengarten stellte man die noch intakten Gebiete der Seiser Alm unter Schutz. Heute ist die ursprüngliche Flora vor allem in den Randbereichen der Hochfläche zu finden.

Markantes Bergprofil

Wer rund um die Seiser Alm unterwegs ist, hat ihn fast immer im Blick: den Schlern. Mit seinem weiten Gipfelplateau, den wilden Felsschluchten, imposanten Wänden und Türmen ist er ein markanter Berg, der

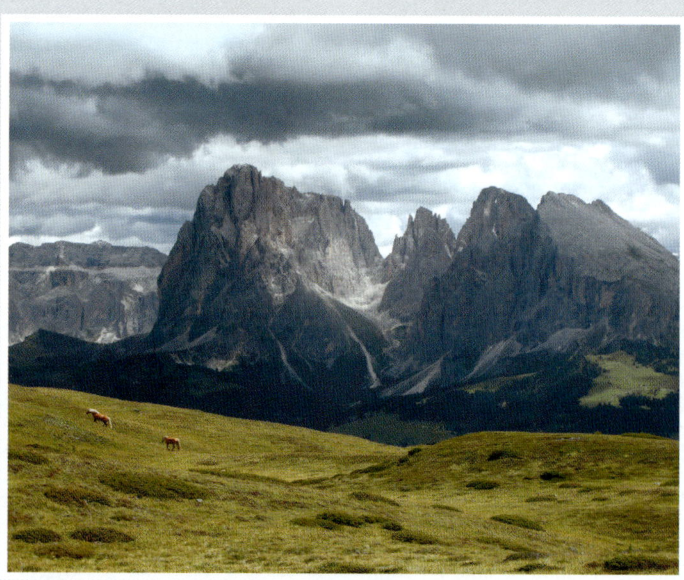

Eindrucksvolle Felsbastion: das Langkofelmassiv

Anfahrt zur Seiser Alm

Die Straße zur Seiser Alm ist von 9 bis 17 Uhr für die Auffahrt mit privatem Pkw gesperrt. Rückfahrt ins Tal ist jederzeit möglich. Wer sich außerhalb dieser Sperrzeit entschließt mit dem eigenen Auto nach Kompatsch hinaufzufahren muss dort eine hohe Parkgebühr bezahlen, die dem Tarif von Bus oder Seilbahn entspricht.
Als Alternative bieten sich der Seiser-Alm-Express-Bus von Kastelruth oder die Seiser-Alm-Umlaufbahn mit Talstation bei Seis an. Besucher, die auf der Seiser Alm eine Unterkunft gebucht haben, erhalten eine Sondergenehmigung für die Auffahrt mit ihrem Pkw.

zu einem Wahrzeichen Südtirols wurde. Bereits in prähistorischer Zeit erhielt er Besuch. Fundstücke wie Kohlereste, verbrannte Knochen und Keramikbruchstücke lassen vermuten, dass sich im Norden der Schlernhochfläche, in der Nähe des Burgstalls, eine Kultstätte aus der Bronzezeit befand. Um den Schlern ranken sich Sagen und Legenden. Die bekannteste ist die der Schlernhexen, die sich auf seinem Plateau getroffen und manches Unwetter zusammengebraut haben sollen. Von verschiedenen Seiten führen Wege zu seinem Hochplateau hinauf – der bequeme Touristensteig von der Seiser Alm, steil und felsig aus dem Tierser Tal oder reich an Höhenmeter von der Völser Seite.

Zwischen Schlern und Rosengarten

Zu Füßen von Seiser Alm und Schlern liegen die Ortschaften Kastelruth, Seis und Völs auf einer hügeligen Mittelgebirgsterrasse, die im Westen zum schluchtartig eingeschnittenen Eisacktal abfällt. Verschiedene Funde zeigen, dass Menschen die sonnige Hochfläche bereits in vorgeschichtlicher Zeit schätzten und dort siedelten. Später errichteten mittelalterliche Burgherren an Standorten, die einen guten Überblick garantierten, ihre Festungen und Schlösser. Als 1887 eine Straße von Waidbruck im Eisacktal über Kastelruth und Seis nach Bad Ratzes mit seiner Heilquelle eröffnet wurde, entwickelte sich das aussichtsreiche Plateau zu einem bekannten Erholungsgebiet und Ausflugsziel. Auch Künstler und Adelige waren unter den Besuchern – vom König Friedrich August von Sachsen und Vertretern des russischen Hochadels bis hin zu Schriftsteller Carl Zuckmayr und Dirigent Arturo Toscanini. Bis heute ist das Gebiet eines der beliebtesten Wander- und Urlaubsregionen Südtirols. Gemütliche Wanderungen für die ganze Familie führen durch Südtiroler Bauernland mit verstreuten Höfen und kleinen Weilern, zu mittelalterlichen Schlossgemäuern und Burgruinen oder zu schön gelegenen Almen. Das Tiersertal auf der Südseite des Schlernmassivs wird von der bekannten Silhouette des Rosengartens beherrscht. In kleinen Dörfern geht es dort noch beschaulich zu. Eindrucksvolle Wege, steil und von Felsen eingerahmt, führen zur Schlernhochfläche hinauf. Von Aussichtslogen über dem Tal wie der Völseggspitze oder der Haniger Schwaige hat man die wuchtige Felswand der Rosengartenspitze und die filigranen Felsfinger der Vajolettürme im Blick.

ALLGEMEINE TOURENHINWEISE

SCHWIERIGKEITSGRADE

■ LEICHT

Leichte Wanderungen auf gut angelegten, überwiegend mäßig steilen Wegen ohne echte Gefahrenstellen. Kurze steilere Passagen sind jedoch nicht auszuschließen. Auch für Wanderer mit wenig Bergerfahrung geeignet.

■ MITTEL

Wege und Steige, die auch in alpinem und steilem Gelände verlaufen und teils felsig sowie stellenweise gesichert sein können. Trittsicherheit und ein Mindestmaß an alpiner Erfahrung, für größere Höhenunterschiede auch Kondition, werden vorausgesetzt.

■ SCHWER

Anspruchsvolle, oft auch längere Touren für geübte Wanderer, die in felsiges Gelände und über ausgesetzte Passagen führen. Ausdauer, Trittsicherheit und Schwindelfreiheit sind erforderlich.

HINWEIS

Gehzeiten und Schwierigkeitsgrade können nur Richtwerte sein. Faktoren wie Wetter, Wegbeschaffenheit und individuelle Voraussetzungen sind zu berücksichtigen.

EINKEHRMÖGLICHKEITEN

Das Einkehrsymbol bezieht sich auf Einkehrmöglichkeiten unterwegs. Die Öffnungszeiten von Hütten und Almen können je nach Wetterbedingungen variieren. Vor allem im Frühjahr und Herbst sollte man sich vorher informieren. Für eine Übernachtung ist eine Reservierung empfehlenswert. Buschenschänke haben abweichende Öffnungszeiten und sind im Sommer meist geschlossen.

MEINE LIEBLINGSTOUR

Über die Langkofelscharte

(Tour 14, Seite 64)

Die Tour über die Langkofelscharte führt mitten hinein ins wilde Felsenreich des Langkofelmassivs. Für einen aussichtsreichen Auftakt sorgt die Panoramawanderung auf dem Friedrich-August-Weg. In luftiger Gondelfahrt geht es dann hinauf unter die Wände des Langkofels, beliebt bei Kletterern. Zwischen bizarren Zacken und steil aufragenden Zinnen schlängelt sich der Steig zur Langkofelhütte hinunter – ein großartiger Logenplatz, um die Felsszenerie zu bestaunen.

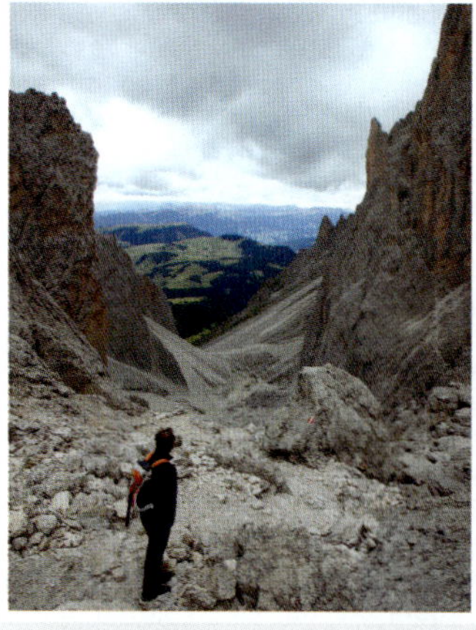

Im Langkofelkar

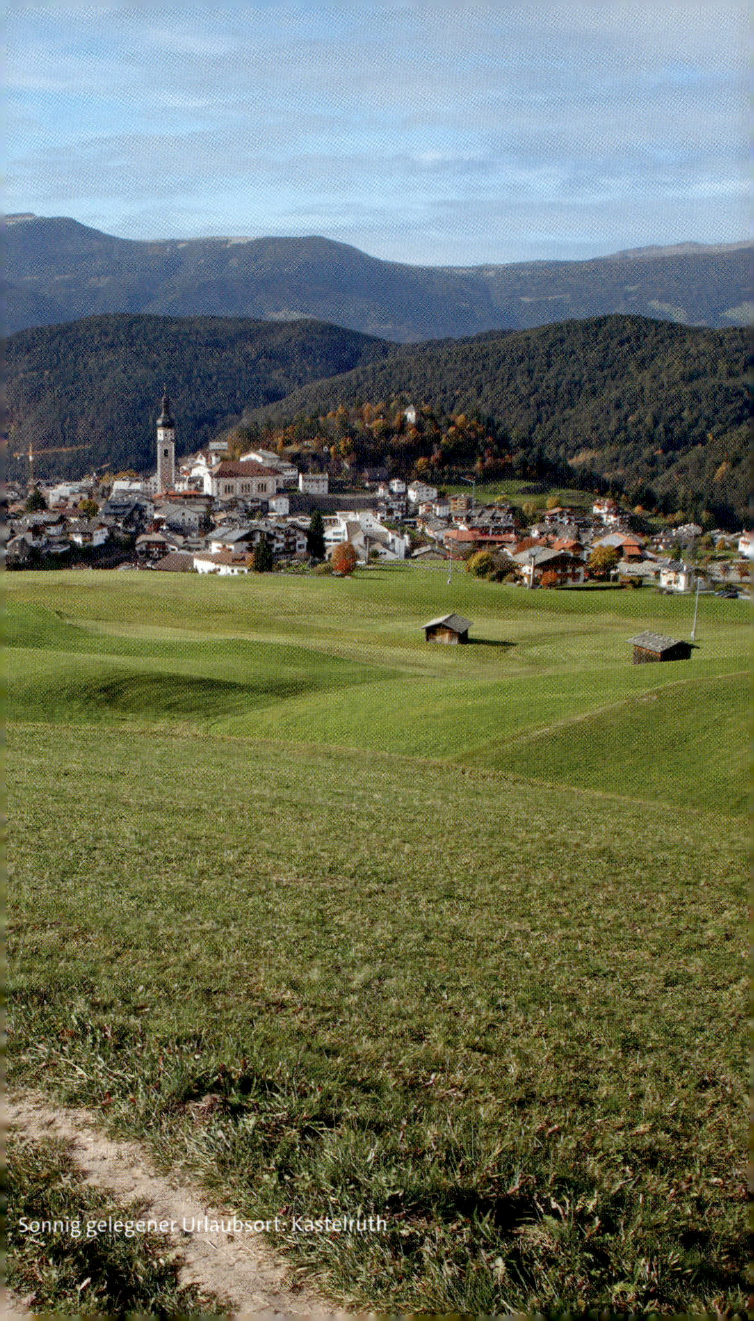
Sonnig gelegener Urlaubsort: Kastelruth

MEINE HIGHLIGHTS

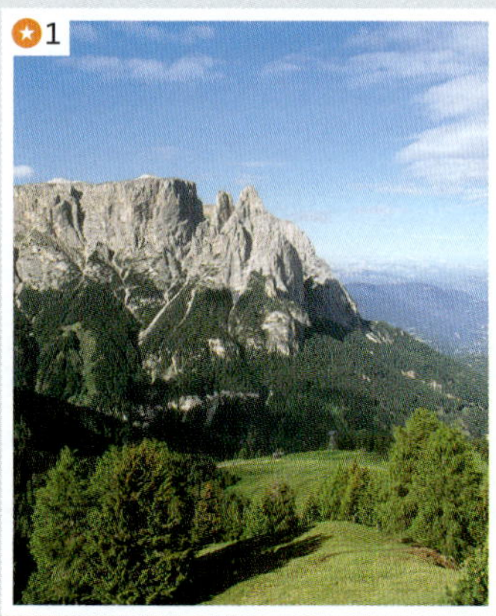

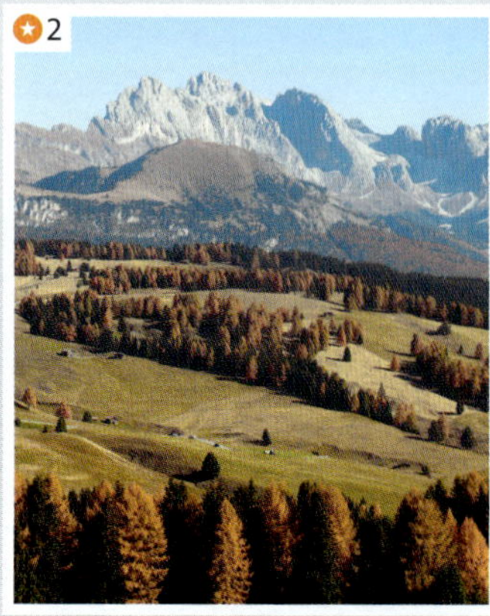

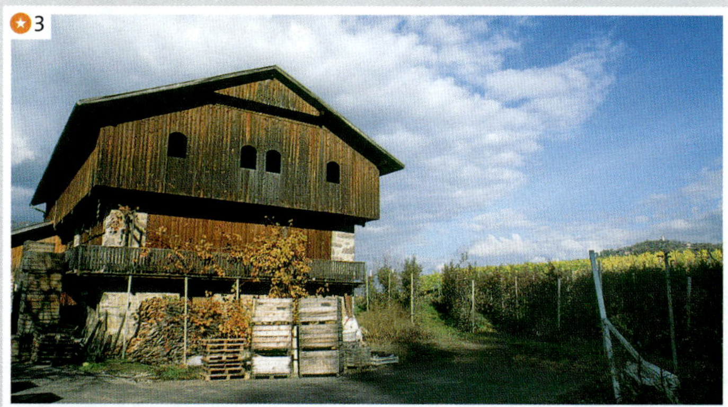

- **1: Hexentreffpunkt und Dolomitenpanorama auf dem Puflatsch-Rundweg** → Tour 10, Seite 51
- **2: Die Seiser Alm in ihren unterschiedlichen Facetten erleben auf dem Hans-und-Paula-Steger-Weg** → Tour 18, Seite 80
- **3: Schön gelegene Höfe und einladende Buschenschänken entlang des Oachner Höfewegs** → Tour 30, Seite 120
- **4: Wilde Wege zum Schlernhaus und zur Tierser-Alpl-Hütte** → Tour 34, Seite 133
- **5: Fantastisches Panorama und gemütliche Almeinkehr am Fuß des Rosengartens** → Tour 35, Seite 137

4

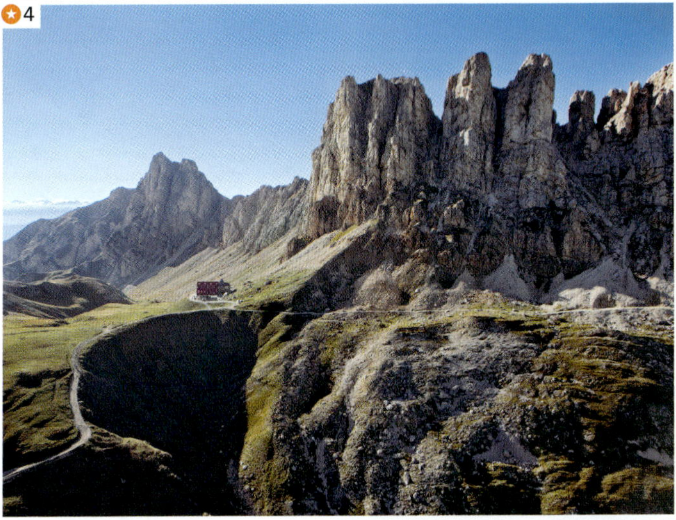

5

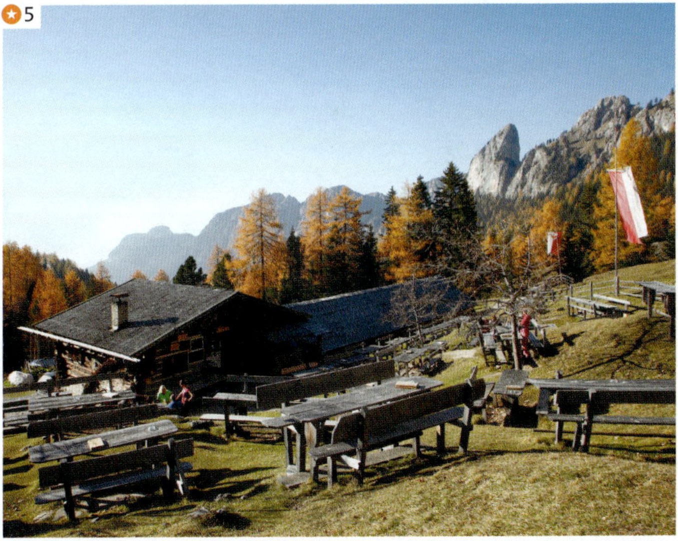

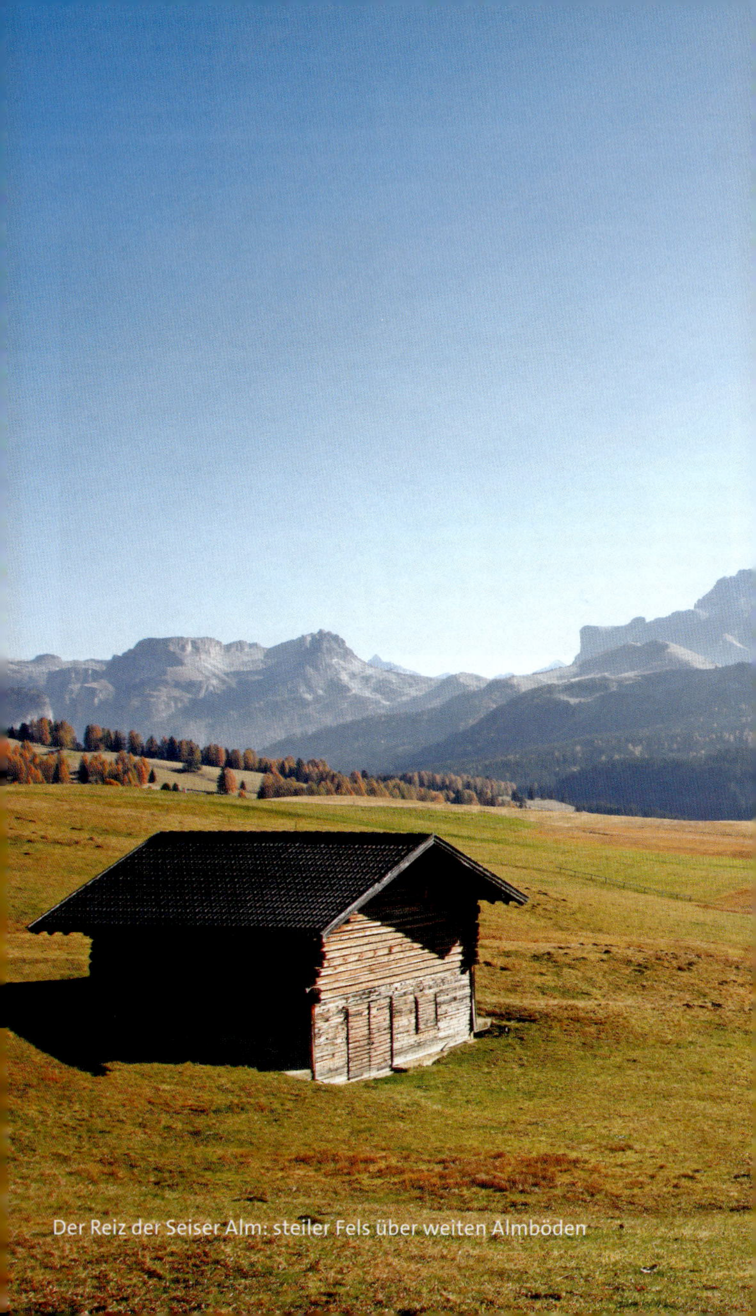

Der Reiz der Seiser Alm: steiler Fels über weiten Almböden

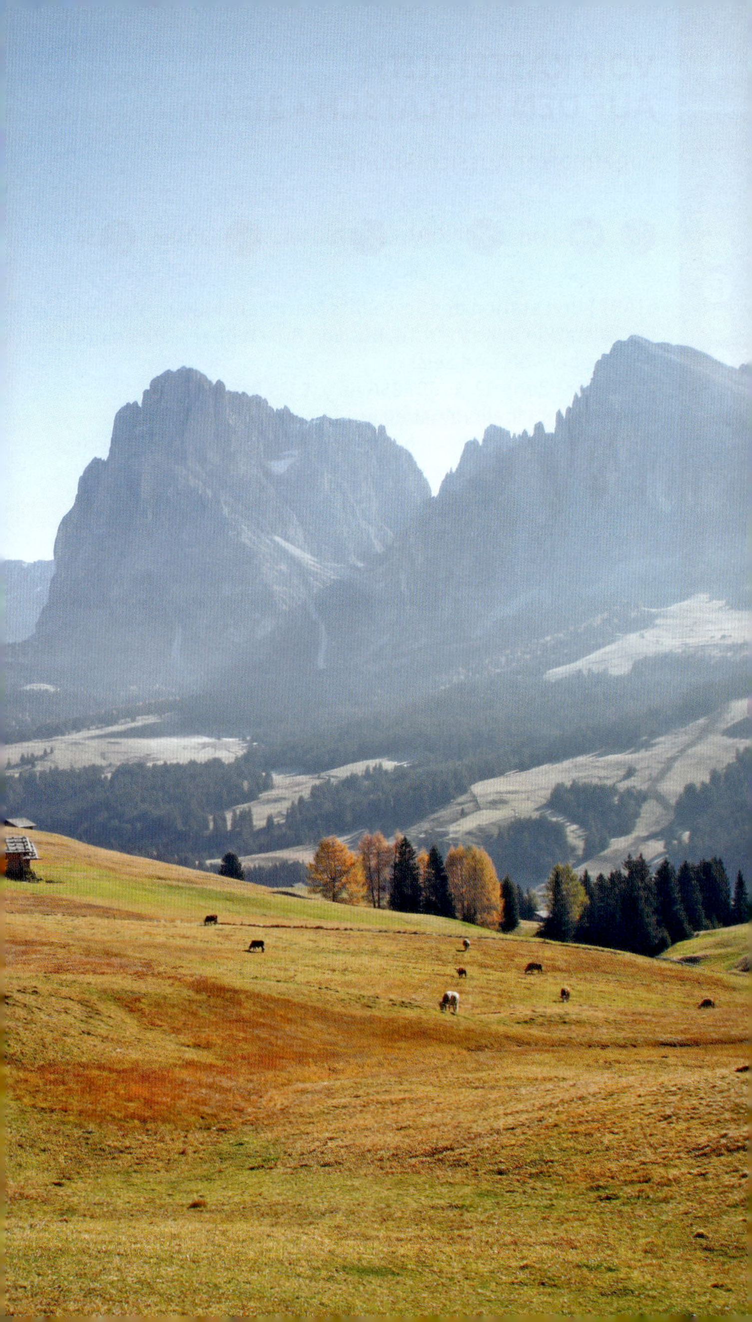

1

VON KASTELRUTH AUF DEN PUFLATSCH • 2174 m

Sagenhafter Aussichtspunkt

 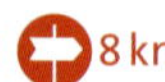  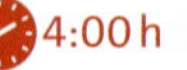 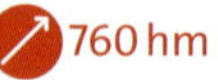  

8 km | 4:00 h | 760 hm | 390 hm | 54

START | Bergstation des Sessellifts Marinzen, 1486 m, Parkplatz an der Talstation in Kastelruth. Bus von Brixen über Klausen und von Bozen über Völs und Seis.
[GPS: UTM Zone 32 x: 697.856 m y: 5.159.535 m]
CHARAKTER | Steiler Anstieg auf teils schmalem Steig, Trittsicherheit erforderlich. Auf der Hochfläche des Puflatsch bequeme Wanderwege.

Die Schlernhexen haben einen außergewöhnlichen Platz als Treffpunkt auserkoren. An der Abbruchkante des Puflatschplateaus, das steil nach Kastelruth und ins Grödental abfällt, sollen sie sich versammelt haben, um mit lautem Getöse über die Seiser Alm zum Schlern zu fliegen. Auf den Hexenbänken, wie Sessel geformten Felsstufen aus Porphyr, haben sie es sich dabei bequem gemacht. Beim steilen Aufstieg zum Puflatsch wird sich mancher wünschen, über Flugkünste zu verfügen, doch das Panorama ent-

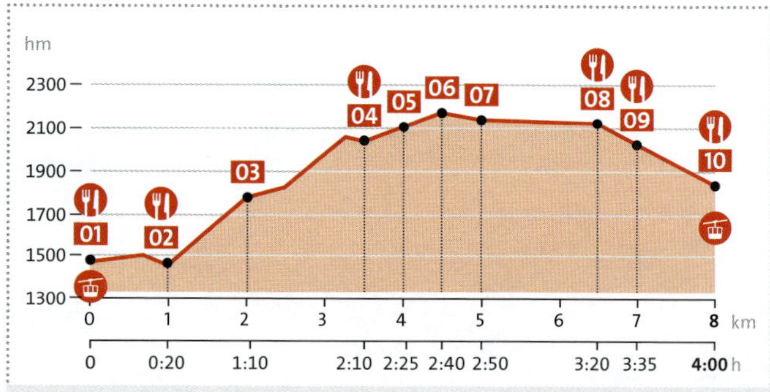

01 Bergstation Marinzen, 1486 m; 02 Schafstallhütte, 1473 m; 03 Tschonaduihütte, 1771 m; 04 Arnikahütte, 2051 m; 05 Gollerkreuz, 2104 m; 06 Puflatsch, 2174 m; 07 Fillner Kreuz, 2130 m; 08 Restaurant Puflatsch, 2119 m; 09 Tschötschalm, 2035 m; 10 Kompatsch, Bergstation Seiser-Alm-Bahn, 1855 m

schädigt für vergossene Schweißtropfen. Ohne große Mühen geht es dann zur Bergstation der Seiser-Alm-Bahn hinunter.

▶ Die Wanderung startet an der Bergstation des Sessellifts **Marinzen** 01 oberhalb von Kastelruth (Aufstieg zu Fuß 1:20 Std., siehe Tour 2). Man geht am Spielplatz vorbei einige Meter bergab zu einer Wegkreuzung und biegt dort links Richtung „Schafstall, Puflatsch“ ab (Mark. 9). Ein Waldweg führt etwas an- und wieder absteigend zur kleinen Lichtung mit der urigen **Schafstallhütte** 02. Dort blickt man zu den steilen Abhängen des Puflatsch hinauf, die es nun zu erklimmen gilt. Dazu hält man sich nach der Almhütte rechts, wandert entlang der eingezäunten Lichtung bergauf und taucht wieder in den Wald ein (Mark. 8). Zügig gewinnt man an Höhe und erreicht die (unbewirtschaftete) **Tschonaduihütte** 03.

Abstiegsvariante zur Bergstation Marinzen

Um zu Fuß nach Marinzen zurückzukehren, geht man vom Restaurant Puflatsch (Wegpunkt 08) auf dem Fahrweg zur Puflatschhütte Dibaita und folgt dort dem Steig 12b Richtung Gasthof Frommer bergab. Noch vor dem Gasthaus biegt man rechts in einen querverlaufenden Weg ein und wandert etwas auf und ab über die Hänge des Puflatsch zur Bergstation Marinzen (Mark. 12, 2–2:30 Std.).

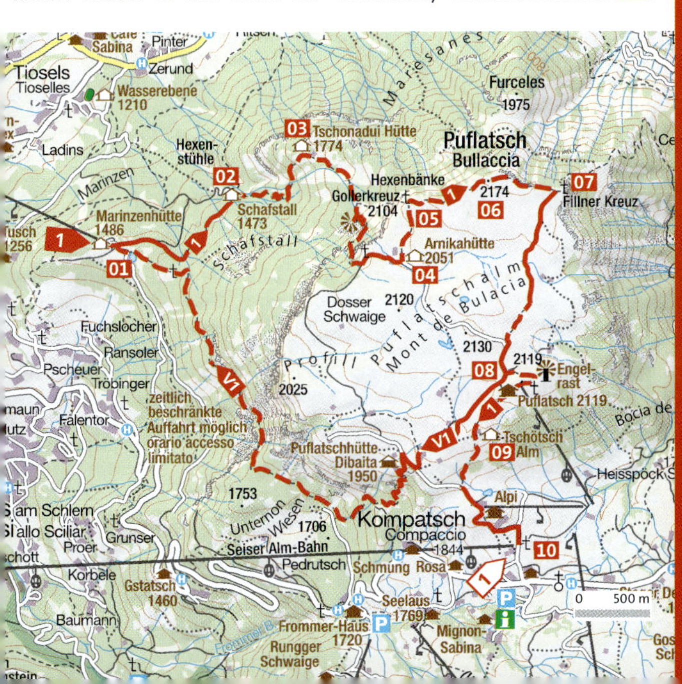

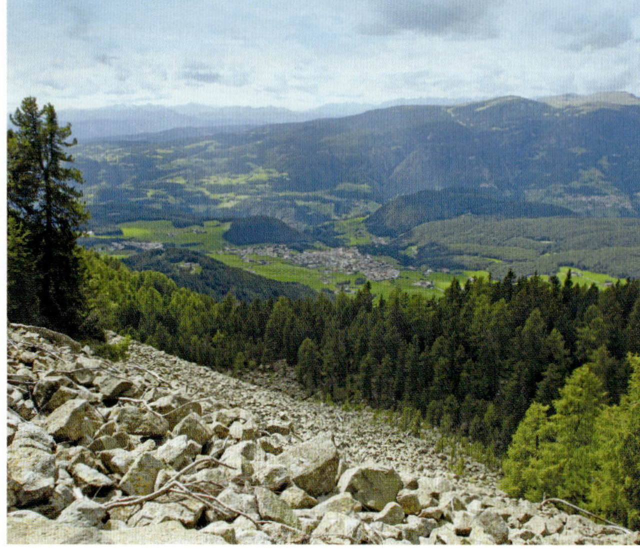

Rückblick auf Kastelruth beim Anstieg zum Puflatsch

Nun gewährt eine flachere Wegpassage eine kleine Verschnaufpause, bevor es weiter steil bergauf geht. Der teils mit Stufen ausgebaute Steig leitet am linken Rand eines Felssturzgeländes aufwärts und auf die felsigen Abbrüche der Puflatschhochfläche zu. Man quert oberhalb der Geröllhalden entlang und folgt den Serpentinen über die bewaldeten Hänge zum sanft geneigten Plateau des Puflatsch hinauf. Dort biegt man links in den Puflatsch-Rundweg ein und gelangt in wenigen Minuten zur **Arnikahütte** 04, die zu einer wohlverdienten Rast einlädt.

Anschließend folgt man dem Rundweg, nun in mäßiger Steigung, weiter nach Norden zum Aussichtspunkt **Gollerkreuz** 05 und wandert am Rand der Hochfläche entlang, bis links ein Abstecher von wenigen Metern zu den Hexenbänken führt.

Kurz darauf hat man den höchsten Punkt des **Puflatsch** 06 erreicht und kann nun in aller Ruhe das Dolomitenpanorama über den weiten Böden der Seiser Alm bewundern. Ein kurzer Abstieg führt zum **Fillner Kreuz** 07, einem herrlichen Aussichtsplatz über dem Grödental. Dort schwenkt der Weg nach Süden und leitet über die sanft gewellten Almweiden zur Bergstation der Puflatsch-Kabinenbahn und zum **Restaurant Puflatsch** 08.

Bei der Terrasse des Gasthauses beginnt ein Wanderweg, der über die Wiesen zur **Tschötschalm** 09 und weiter zu einem asphaltierten Fahrweg hinunterführt. Ihm folgt man links zur Bergstation der Seiser-Alm-Bahn in **Kompatsch** 10. Mit der Seilbahn geht es hinunter zur Talstation in Seis und von dort mit dem Bus zurück nach Kastelruth.

MARINZEN • 1486 m

Sonnige Liegestühle und rätselhafte Hexensessel

 7,25 km 2:45 h 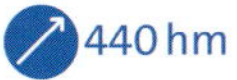440 hm 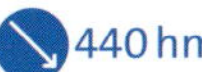440 hm 54

START | Talstation des Sessellifts Marinzen, 1070 m, in Kastelruth, Parkplatz. Bus von Brixen über Klausen und von Bozen über Völs und Seis.
[GPS: UTM Zone 32 x: 696.377 m y: 5.160.152 m]
CHARAKTER | Wander- und Fahrwege ohne Schwierigkeiten, kurzer steiler Anstieg nach dem Baumgartner-Hof. Der Waldweg zu den Hexenstühlen ist etwas holprig, Trittsicherheit von Vorteil.

Die Marinzenhütte über Kastelruth ist ein beliebtes Ausflugsziel für die ganze Familie. Abenteuerspielplatz, Fischteich und Streichelzoo lassen Kinderaugen leuchten. Liegestühle mit Schlernblick und Südtiroler Leckerbissen kommen bei den Eltern gut an. Ganz bequem könnte man mit dem Sessellift zu der bewaldeten Anhöhe unterhalb des Puflatsch hinaufschweben. Doch richtig verdient hat sich die Einkehr, wer den Anstieg über aussichtsreiche Wiesen und durch schattige Waldstücke zu Fuß zurücklegt. Auch beim Abstieg gibt es mit der urigen Schafstallhütte und den felsigen Hexenstühlen einiges zu entdecken.

▶ Vom Parkplatz bei der **Talstation des Sessellifts Marinzen** 01 in Kastelruth folgt man der Zufahrtsstraße ein kurzes Stück weiter bergauf und zweigt rechts auf

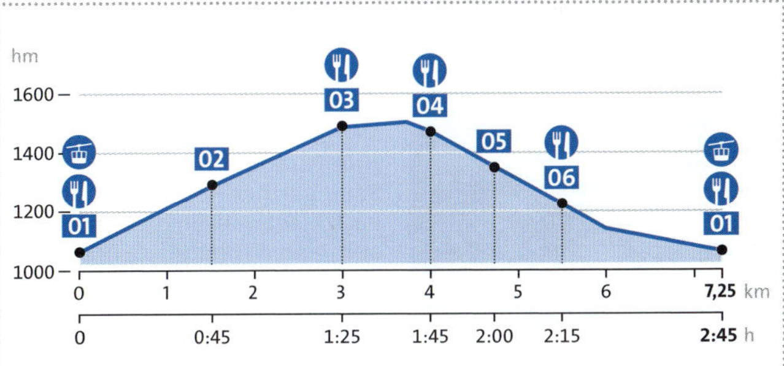

01 Kastelruth, Talstation Sessellift Marinzen, 1070 m; 02 Baumgartner-Hof, 1287 m; 03 Marinzenhütte, 1486 m; 04 Schafstallhütte, 1473 m; 05 Hexenstühle, 1368 m; 06 Restaurant Wasserebene, 1210 m

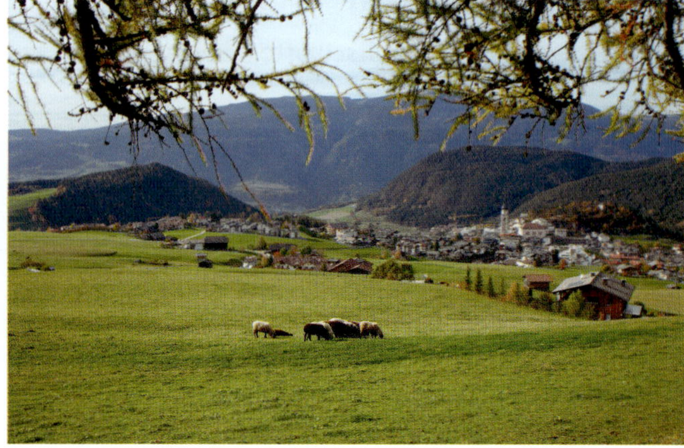

Sonnige und aussichtsreiche Wege oberhalb von Kastelruth

den nach Marinzen und zur Seiser Alm ausgeschilderten Steig ab (Mark. 4). Er führt rechts des Sessellifts über Wiesen bergauf und bietet eine schöne Aussicht auf den Schlern mit der markanten Santner Spitze und bis zu den Ortleralpen am Horizont. Bei einem Hof kreuzt man einen Fahrweg und steigt in einem Waldstück auf einem Treppenweg kurz steiler bergauf. Wieder über Wiesenhänge gelangt man zu einer aussichtsreichen Rastbank und dort zu einem breiten Weg. Wer nun dem Schild „Marinzen" nach links folgt, ist auf einem waldreichen Anstieg unterwegs. Schönere Ausblicke hat man, wenn man sich zunächst Richtung „Gschtatsch, Seiser Alm" orientiert und den Weg geradeaus überquert. Man trifft auf eine Straße und geht rechts zum Parnoar-Hof und weiter zum **Baumgartner-Hof** 02. Kurz danach biegt man links ab und steigt auf einem breiten Schotterweg ziemlich steil auf der Südseite des Marinzen an (Mark. 11a). Bei einem Sendemast wird das Gelände flacher. Wenige Minuten später trifft man beim Kinderspielplatz auf eine Forststraße und geht links zur **Marinzenhütte** 03 mit der Sessellift-Bergstation (rechts

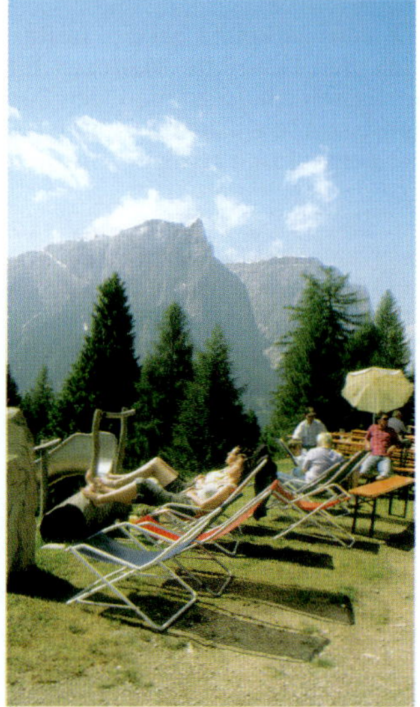

Marinzenhütte mit Schlern

befindet sich der Fischweiher). Wer sich vom sonnigen Platz losreißen kann, kehrt von der Hütte 100 Meter zurück und zweigt links auf den Weg zur **Schafstallhütte** **04** ab (Mark. 9). Er quert die bewaldeten Hänge des Puflatsch und fällt kurz zur Lichtung mit der urigen Almhütte ab. Auch hier würde sich eine Einkehr lohnen. Für den Weiterweg folgt man der Schotterstraße durch zwei Kehren bergab, bis nach 10 Min. rechts ein Waldweg Richtung „Hexenstühle, Kastelruth" beginnt (Mark. 8). Auf ihm steigt man weiter abwärts und achtet nach gut 5 Min. auf die Markierungen, die nach rechts zu den **Hexenstühlen** **05** leiten. Die beiden Felssessel befinden sich unterhalb einer Bank, die mitten im Wald steht. Wie sie entstanden sind, ob durch eine Laune der Natur oder durch menschliche Einwirkung, ist ungeklärt. Man wandert zu einem steinigen Weg hinunter und biegt rechts ein. Nach weiterem Waldabstieg trifft man auf eine Straße, deren Kehren ein Pfad abkürzt. Hat man sie insgesamt dreimal gekreuzt, geht man rechts zum Sportplatz mit dem **Restaurant Wasserebene** **06**. Ein Sträßchen führt zum Weiler Tiosels hinunter, den man durchquert. Kurz darauf hält man sich in einer Rechtskurve geradeaus, um dem Asphalt auf einem Schotterweg auszuweichen, kehrt dann rechts zur Straße Tiosels – Kastelruth zurück und steigt an einigen Höfen vorbei nach Kastelruth ab. Dort biegt man links in die Hauptstraße ein und kehrt in wenigen Minuten zur **Talstation des Sessellifts Marinzen** **01** zurück.

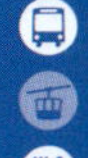

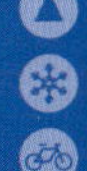

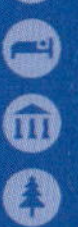

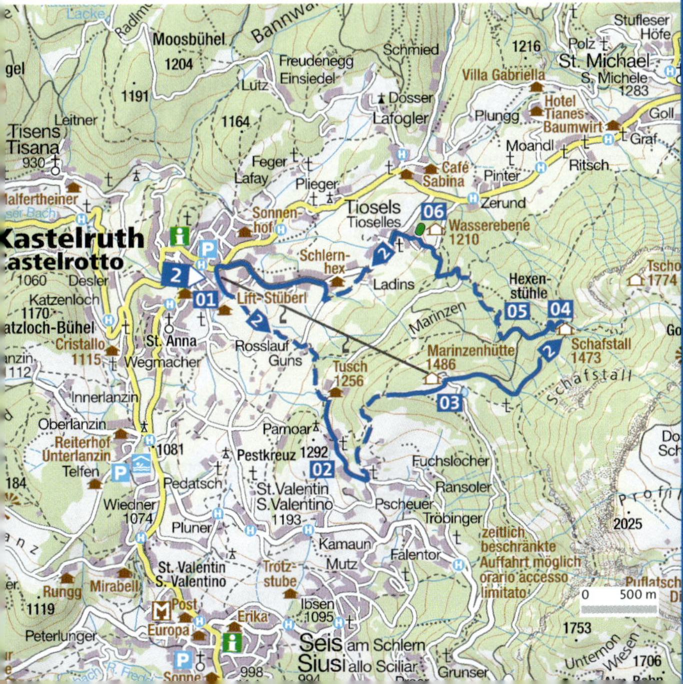

KOFEL UND FRIEDENSWEG

Auf den Dorfhügel von Kastelruth

 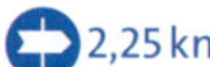    

2,25 km | 1:00 h | 110 hm | 110 hm | 54

START | Pfarrkirche in Kastelruth, 1060 m, ausgeschildertes Parkhaus im Zentrum. Bus von Brixen über Klausen und von Bozen über Völs und Seis.
[GPS: UTM Zone 32 x: 696.173 m y: 5.160.308 m]
CHARAKTER | Am Kofel bequeme Fußwege, etwas steilerer Abstieg auf dem Friedensweg, einem schmalen, oft feuchten Waldsteig, jedoch ohne Schwierigkeit.

Ein Spaziergang auf den Kofel, eine kleine waldige Anhöhe über dem Dorfzentrum von Kastelruth, ist die richtige Einstimmung auf das Gebiet rund um den Schlern. Ein bequemer Rundweg führt um den Hügel und bietet immer wieder neue Ausblicke auf Kastelruth, auf den mächtigen Felsklotz des Schlern und über das Eisacktal zur Rittner Hochfläche. Kreuzweg-Kapellen mit fast lebensgroßen Figuren säumen den Weg. Die hier beschriebene kleine Wanderung führt zum höchsten Punkt des Kofels hinauf und folgt anschließend auf seiner Nordseite dem Friedensweg, der sich ins Föstlbachtal hinabschlängelt. Schüler und Schülerinnen der Mittelschule Kastelruth haben dort Steinplatten mit Motiven rund um das Thema Frieden farbenfroh gestaltet.

▶ Vom Krausplatz, dem Dorfplatz in **Kastelruth** 01 mit der Pfarrkirche, geht man durch den rechten Torbogen des Rathauses, in dem auch die Tourismusinformation untergebracht ist, und folgt der Gasse am Turmwirt und Pfarrsaal vorbei bergauf. Nach wenigen

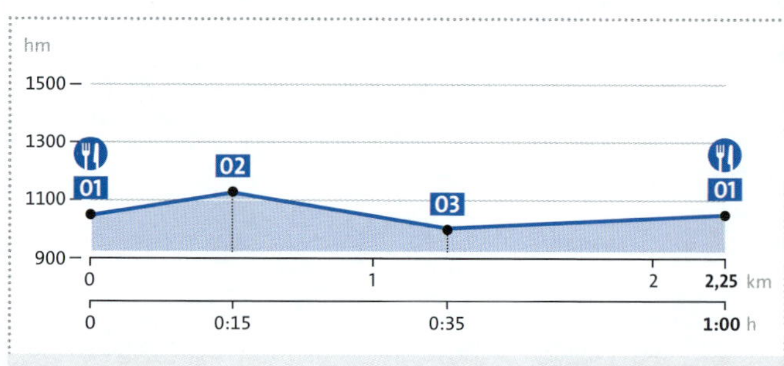

01 Kastelruth, Pfarrkirche, 1060 m; 02 Kofel, 1108 m; 03 Föstlbach, 1002 m

Ein Ort mit Geschichte

Auf dem Kofel stand einst eine Burganlage, die zerstört und so namensgebend für Kastelruth wurde. 985 ist „Castellum Ruptum", das zerstörte Schloss, erstmals in einer Urkunde erwähnt. Der viereckige Turm, der heute noch auf dem Kofel steht, stammt vermutlich von einer später wieder aufgebauten Burganlage. Seit dem 17. Jh. beherbergt er zwei Kapellen. Um dieselbe Zeit entstanden die sieben Kreuzweg-Kapellen und die Kreuzigungsszene, weshalb der Kofel auch Kalvarienberg genannt wird. Der Kaiserjubiläumsbrunnen in der Mitte des Kofelplateaus war ursprünglich eine Kapelle. Er wurde 1908 zum 60-jährigen Regierungsjubiläum von Kaiser Franz Joseph I. eingeweiht.

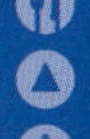
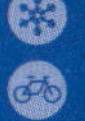
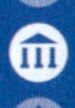

Minuten zweigt rechts ein breiter Fußweg zum Kofel ab. Blickfang sind beim Anstieg die imposanten Felsabstürze des Schlernmassivs. Bei einer Verzweigung umrundet der Weg geradeaus den Waldhügel. Links geht es dagegen zum höchsten Punkt des **Kofels** 02 hinauf, einem von Bäumen eingerahmten Plateau, auf dem einst eine Burg stand. Heute sind dort noch ein ehemaliger Burgturm, eine Kapelle und der Kaiserjubiläumsbrunnen zu sehen.
Auf der linken Seite des Turms steigt man wieder bergab und trifft beim sogenannten Kegelplatz erneut auf den Rundweg. An

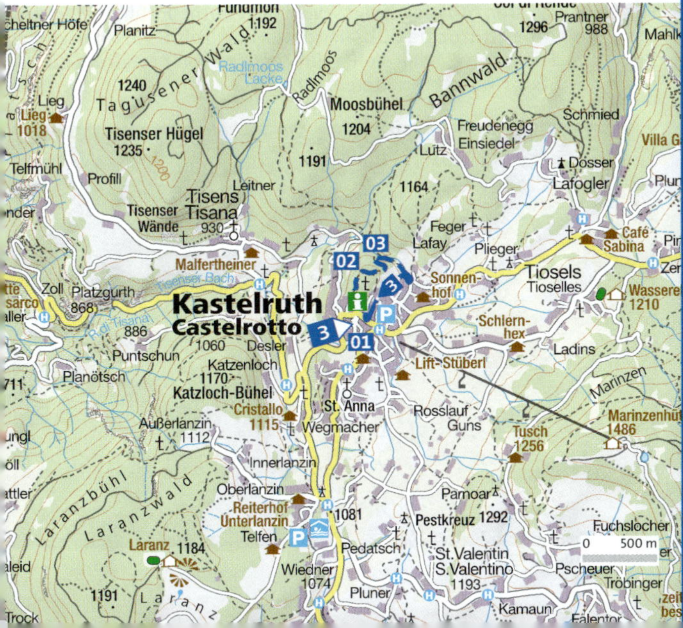

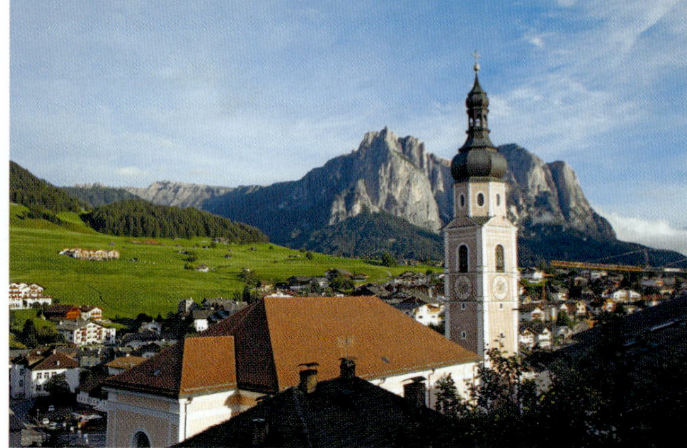

Kastelruth mit dem Schlernmassiv

dem flachen Platz im Wald sollen sich laut der Sage um Mitternacht Rittersleute beim Kegelspiel vergnügen. Geht man einige Meter nach links, öffnet sich der Blick über das Eisacktal.

Für den weiteren Abstieg folgt man bei einer Informationstafel zum Friedensweg den Kehren eines Steigs über bewaldete Hänge hinab. Dabei kommt man an 14 Stationen mit bemalten Felsplatten vorbei. Am Ufer des **Föstlbachs** 03 biegt man rechts in einen Forstweg ein und gelangt etwas ansteigend zum Ortsrand von Kastelruth. Dort hält man sich rechts und kehrt zur Pfarrkirche im Zentrum von **Kastelruth** 01 zurück.

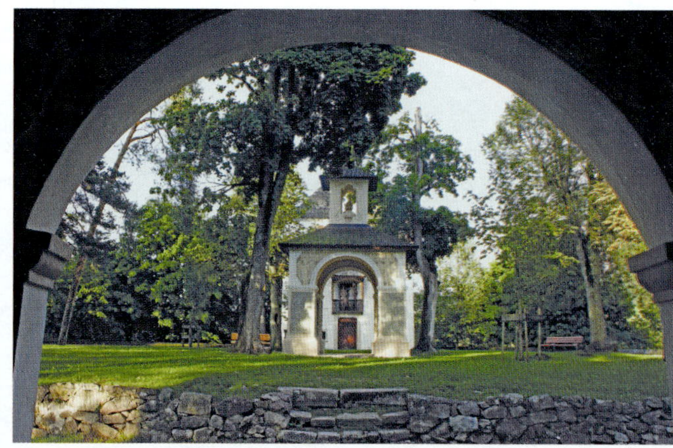

Kaiserjubiläumsbrunnen am Kofel

NACH TISENS UND TAGUSENS

Abgeschiedene Dörfer und Höfe bei Kastelruth

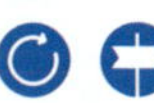 12,5 km 3:45 h 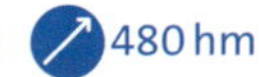480 hm 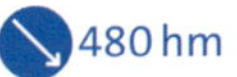480 hm 54

START | Pfarrkirche in Kastelruth, 1060 m, ausgeschildertes Parkhaus im Zentrum. Bus von Brixen über Klausen und von Bozen über Völs und Seis.
[GPS: UTM Zone 32 x: 696.173 m y: 5.160.308 m]
CHARAKTER | Leichte Wanderung durch eine hügelige Mittelgebirgslandschaft, die vorwiegend auf wenig befahrenen Nebenstraßen und auf Forstwegen verläuft.

Das kleine Dorf Tagusens liegt am nördlichsten Rand der Hochfläche von Kastelruth, versteckt hinter waldigen Hügeln und hoch über dem schluchtartigen Eingang des Grödental. Es ist nicht schwer, sich vorzustellen, wie abgelegen seine Bewohner einmal gelebt haben. Wie in vielen Bergbauerndörfern in Südtirol gab es dort für die Kinder eine Zwergschule. Ein Lehrer unterrichtete Schüler von vier Jahrgangsstufen, manchmal über 40 Kinder in einem Klassenraum. 1993 wurde die Schule geschlossen. Heute ist dort ein Museum untergebracht, das Einblicke in den Schulalltag von 1933 bis zur Schließung gewährt. Das ehemalige Klassenzimmer mit seiner Einrichtung ist dort ebenso zu sehen wie Lehrmaterialien, Fotos, alte Schulhefte und Zeugnisse. Das Schulmuseum ist von Ostern bis Allerheiligen Mittwoch und Frei-

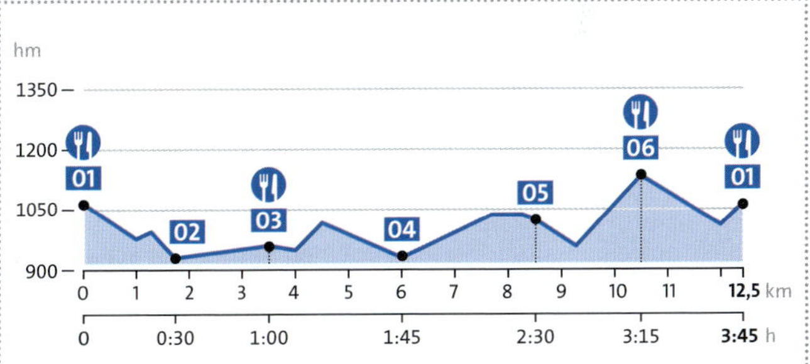

01 Kastelruth, Pfarrkirche, 1060 m; 02 Tisens, 930 m; 03 Gasthaus Lieg, 1018 m; 04 Tagusens, Schulmuseum, 932 m; 05 Tamines-Hof, 1023 m; 06 Jausenstation Sabina, 1134 m

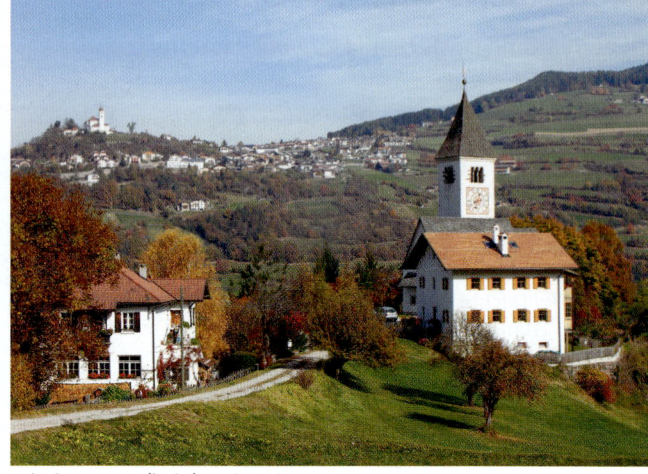

Schulmuseum (links) und Kirche von Tagusens

tag von 10 bis 16 Uhr geöffnet (Infos unter Tel. +39/334/7423915).

Die Wanderung startet am Krausplatz, dem Dorfplatz von **Kastelruth** 01. Vom Eingang der Pfarrkirche geht man an Kirchturm und Brunnen vorbei und geradeaus in die Gasse, die zum Dorfcafe und zur Dolomitenstraße führt. Ihr folgt man nach rechts und zweigt nach einem Kinderspielplatz wiederum rechts in die Sabine-Jäger-Straße ab (Wegweiser „Tisens"). Sie leitet ziemlich steil aus dem Ort und zum Föstlbach hinunter. Aus dem Bachtal steigt man kurz an und geht beim letzten Haus am Hang links auf einen alten Pflasterweg. Steil gelangt man zu einer Straße hinunter und auf ihr nach **Tisens** 02. In der kleinen Ortschaft hält man sich links und biegt bei der Bushaltestelle rechts in das Sträßchen nach Tagusens ein. Aussichtsreich führt es an schön gelegenen Bauernhöfen vorbei zum **Gasthaus Lieg** 03 (Dienstag Nachmittag und Mittwoch geschlossen) und weiter zum Planitz-Hof, wo man den höchsten Punkt erreicht hat. Entlang von Viehweiden geht es nun nach **Tagusens** 04 hinunter, dessen spitzer Kirchturm bereits in Sichtweite ist. Dahinter thront das sonnig gelegene Lajen über dem Eingang des Grödentals. In Tagusens bieten sich beim Dorfbrunnen Bänke zu einer Verschnaufpause an. Wer auf einer etwas kürzeren Variante nach Kastelruth zurückkehren will, zweigt vor dem Brunnen, am Riemerhof vorbei, rechts auf Weg Nr. 2 ab (1:10 Std. nach Kastelruth).

Für einen Besuch des Schulmuseums spaziert man geradeaus am Brunnen vorbei zur Kirche. Die ehemalige Dorfschule befindet sich gleich nebenan. Anschließend kehrt man zum Brunnen zurück und folgt dort dem Wegweiser „Kastelruth" nach links aus dem Dorf (Mark. 2a). Am Waldrand trifft man auf eine Schotterstraße, biegt kurz darauf links in einen Forstweg ein und hält sich bei einer Weggabelung rechts. Der breite Schotterweg steigt zu den mit Moos überzogenen Felsblöcken eines Bergsturzes an und verläuft etwas auf und ab durch einen märchenhaften Wald. Beim abgelegenen **Tamines-Hof** **05**, einem ehemaligen Hofschank, der nur noch zum Törggelen geöffnet ist, geht man rechts auf einen Wiesenweg und wandert ins Brembachtal hinein. Eine Straße führt zum Bach hinunter und über eine Brücke. Auf der linken Bachseite wandert man, an ehemaligen Mühlen vorbei, in dem schattigen, von steilen Hängen eingerahmten Tal bergauf. Nach einer halben Stunde Anstieg kommt man zu einem sonnigen Wiesenplateau mit schönen Höfen und dort zu einer Verzweigung. Links lädt die **Jausenstation Sabina** **06** (Montag Ruhetag) zur Einkehr ein, rechts setzt sich die Wanderung nach Kastelruth fort (Mark. 10). Nach wenigen Metern Anstieg zweigt man links ab und geht zwischen Weidezäunen über Wiesen hinunter und auf Kastelruth zu. Bänke laden noch einmal dazu ein, die Südtiroler Bilderbuchlandschaft und den Blick auf den Schlern zu genießen. Beim Lafay-Hof hält man sich geradeaus und folgt kurz darauf links einem Pflasterweg zum Föstlbach hinunter. Nach der Brücke biegt man rechts ab, wendet sich kurz darauf nach links und kehrt noch einmal etwas ansteigend ins Zentrum und zur Pfarrkirche von **Kastelruth** **01** zurück.

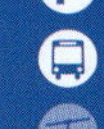

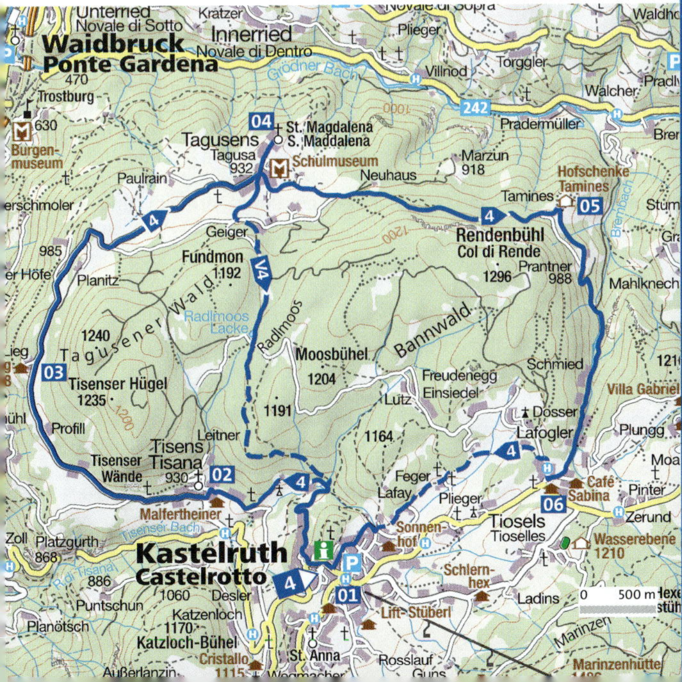

5

KIRCHE ST. VALENTIN • 1120 m

Kleinod zwischen Kastelruth und Seis

  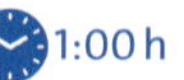 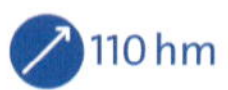 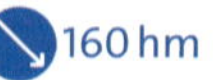 

START | Pfarrkirche in Kastelruth, 1060 m, ausgeschildertes Parkhaus im Zentrum. Bus von Brixen über Klausen und von Bozen über Völs und Seis.
[GPS: UTM Zone 32 x: 696.173 m y: 5.160.308 m]
CHARAKTER | Beliebter Spaziergang auf bequemen Wegen und Wiesenpfaden; kurzer, etwas steiler Abstieg nach Seis.

Die dem heiligen Valentin geweihte Kirche liegt nicht weit von der geschäftigen Ortschaft Seis entfernt und ist doch ein Platz, der eine besondere Ruhe ausstrahlt. Man rastet unter einem Schatten spendenden Nussbaum, blickt auf die trutzige Felsburg des Schlern gleich gegenüber und lauscht dem Zirpen der Grillen aus den Wiesen ringsum. Die sehenswerten Fresken, die die Außenwand und den Innenraum verzieren, stammen aus dem 14. und 15. Jahrhundert. Die Kirche ist donnerstags von 17 bis 18 Uhr geöffnet.

▶ Am Krausplatz mit der Pfarrkirche von **Kastelruth** 01 biegt man auf der rechten Seite des Hotels Goldenes Rössl in eine Gasse ein und geht kurz darauf rechts zur Hauptstraße. Gegenüber bei der Sparkasse beginnt die Marinzenstraße, der man bergauf und geradeaus aus dem Ort folgt (Mark. 6). Nach dem Wegmacher-Hof hält man sich links und kommt weiter ansteigend auf freies Wiesengelände. Bei einigen Heustadeln hat man den höchsten Punkt erreicht und spaziert flach über die Wiesen auf die

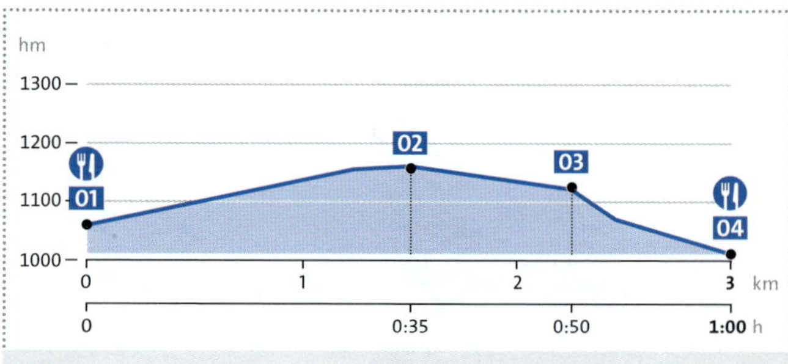

01 Kastelruth, Pfarrkirche, 1060 m; 02 Marienbildstock, 1165 m; 03 Kirche St. Valentin, 1120 m; 04 Seis, Busbahnhof, 1010 m

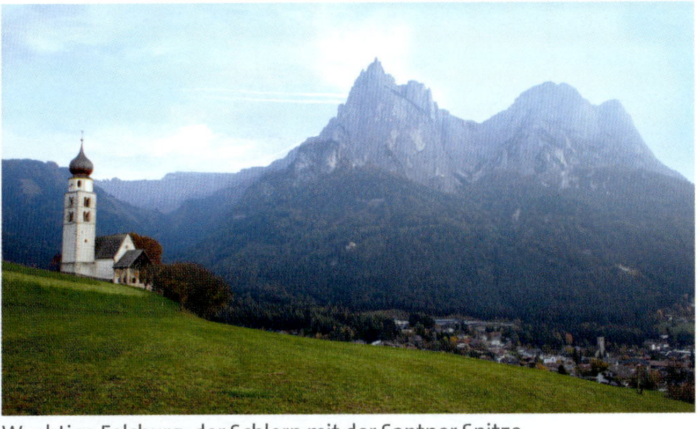

Wuchtige Felsburg: der Schlern mit der Santner Spitze

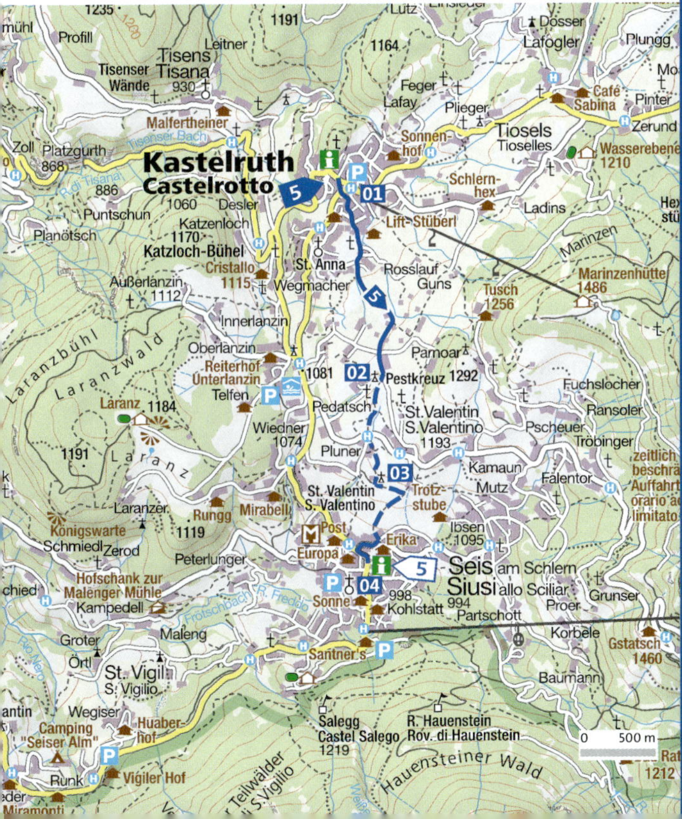

Kastelruth
Castelrotto
Seis am Schlern
Siusi allo Sciliar
Tisens
Tisana
Tisenser Wände
930
Leitner
Profill
1235
1191
1164
Lutz
Dosser
Lafogler
Plungg
Malfertheiner
Tisenser Bach
Zoll
Platzgurth
868
R. di Tisana
886
Puntschun
Planötsch
1060
Desler
Katzenloch
1170
Katzloch-Bühel
Cristallo
1115
Außerlanzin
1112
Wegmacher
St. Anna
Innerlanzin
Oberlanzin
Reiterhof
Unterlanzin
Telfen
1081
Laranzbühl
Laranzwald
Laranz
1184
1191
Laranzer
Königswarte
1119
Rungg
Mirabell
Wiedner
1074
Pluner
Pedatsch
St. Valentin
S. Valentino
Schmiedl
Zerod
Peterlunger
Hofschank zur Malenger Mühle
Kampedell
Frötschbach
R. Freddo
Groter
Örtl
Maleng
St. Vigil
S. Vigilio
Wegiser
Huaberhof
Camping "Seiser Alm"
Runk
Vigiler Hof
Miramonti
Teilwälder
S. Vigilio
Feger
Lafay
Plieger
Sonnenhof
Tiosels
Tioselles
Café Sabina
Pinter
Zerund
Wasserebene
1210
Schlernhex
Lift-Stüberl
Ladins
Marinzen
Marinzenhütte
1486
Rosslauf
Guns
Tusch
1256
Pamoar
Pestkreuz
1292
St. Valentin
S. Valentino
1193
Fuchslocher
Ransoler
Pscheuer
Tröbinger
Kamaun
Mutz
Falentor
Trotzstube
Ibsen
1095
Erika
Post
Europa
Sonne
998
Kohlstatt
994
Partschott
Proer
Grunser
Korbele
Gstatsch
1460
Santner's
Baumann
Salegg
Castel Salego
1219
R. Hauenstein
Rov. di Hauenstein
Hauensteiner Wald
zeitlich beschrä
Auffahrt
orario a
limitato
0 500 m
1212
01
02
03
04
5

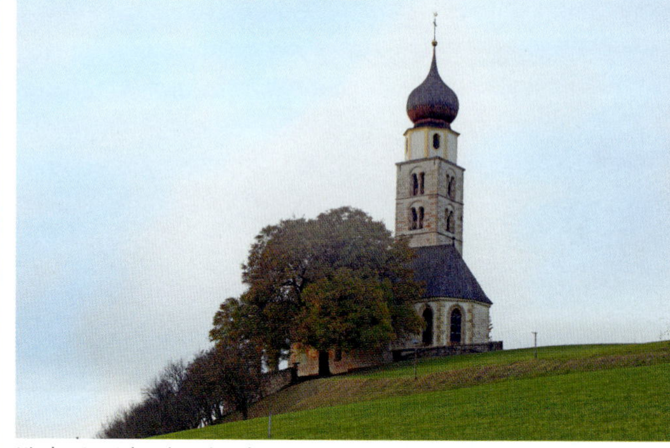

Kirche St. Valentin mit sehenswerten Fresken

Felsburg des Schlern zu. Sie dominiert das Panorama, doch auch der Weitblick kann sich sehen lassen. Über dem Eisacktal ragen die grasigen Bergrücken der Sarntaler Alpen empor und in der Ferne leuchten die eisbedeckten Gipfel der Ortlergruppe. An einer Wegkreuzung behält man geradeaus die Richtung bei und zweigt wenig später bei einem **Marienbildstock** 02 rechts auf einen Steig ab (Mark. 7). Er leitet leicht bergab zur Straße, die zur Seiser Alm führt. Man quert sie, geht geradeaus zwischen dem Zonner-Hof und einer Scheune hindurch und hält auf die bereits sichtbare **Kirche St. Valentin** 03 zu (Mark. 13a). Zu Füßen der Schlernwände überblickt man nun die Ortschaft Seis. Unterhalb der Kirche quert ein Pfad den Wiesenhang. Man biegt, mit Blickrichtung auf Seis links ein (rechts geht es zu einem breiten Weg, der ebenfalls nach Seis führt) und folgt kurz darauf dem Wiesensteig rechts über die Hänge hinunter (Mark. 11a). Er mündet bei den ersten Häusern von Seis in eine Straße, auf der man zur Hauptstraße gelangt. Links befindet sich der Busbahnhof von **Seis** 04 für die Rückkehr nach Kastelruth. Zu Fuß ist man wie auf dem Hinweg etwa eine Stunde unterwegs.

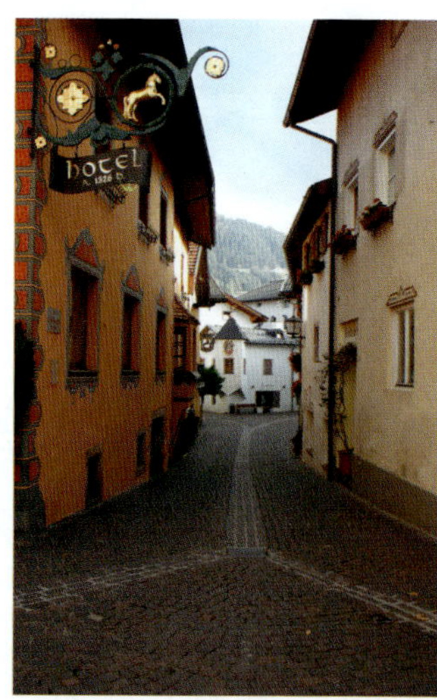

Alter Ortskern von Kastelruth

TROSTBURG • 630 m

Trutzige Festung über dem Eisacktal

 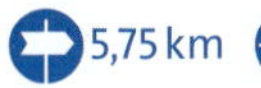 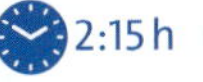 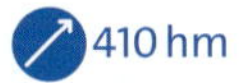 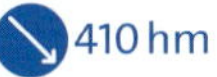 

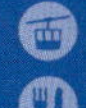
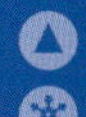

START | Tagusens, 950 m, kleines Dorf nördlich von Kastelruth, beschränkte Parkmöglichkeit bei der Kirche. Bus von Seis und Kastelruth.
[GPS: UTM Zone 32 x: 695.608 m y: 5.162.911 m]
CHARAKTER | Feld- und Waldwege ohne Schwierigkeiten. Erst ab-, dann aufzusteigen, ist vielleicht nicht jedermanns Geschmack.

Manchem wird sie von der Brennerautobahn aus bereits aufgefallen sein: Weithin sichtbar thront die Trostburg bei Waidbruck auf einem Geländevorsprung über dem Eisacktal. Sie ist eine Burg, wie man sie sich vorstellt – mit dicken Mauern, einem mächtigen Bergfried und einer Lage, die für einen guten Überblick sorgt. Von Waidbruck ist die Festung in 20 Min. zu erreichen, doch auch vom Kastelruther Plateau führt ein schöner Weg über die Hänge, die das Eisacktal einrahmen, zu ihr hinunter.

▶ Vom Brunnen in **Tagusens** 01 geht man auf der Zufahrtsstraße gut fünf Minuten zurück, bis bei einer Bushaltestelle rechts die Zufahrt zum Paulrainer-Hof abzweigt (Wegweiser „Trostburg, Waidbruck“, Mark. 2). Auf halbem Weg zum Hof biegt man rechts auf einen Feldweg ab und folgt ihm nach wenigen Metern nach links und über die Wiesen hin-

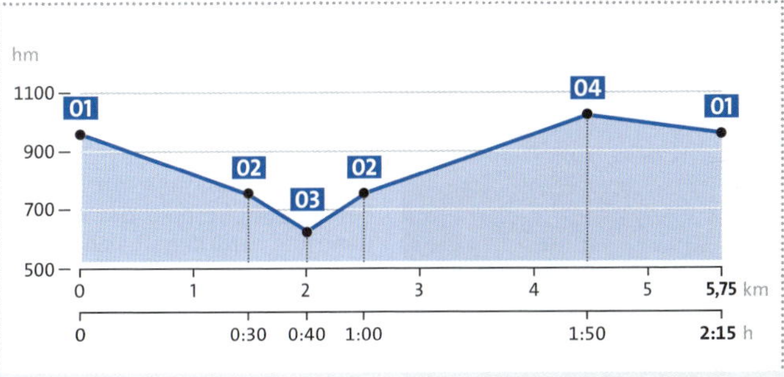

01 Tagusens, Brunnen, 950 m; 02 Weggabelung, 739 m; 03 Trostburg, 630 m; 04 Nähe Planitz-Hof, 1030 m

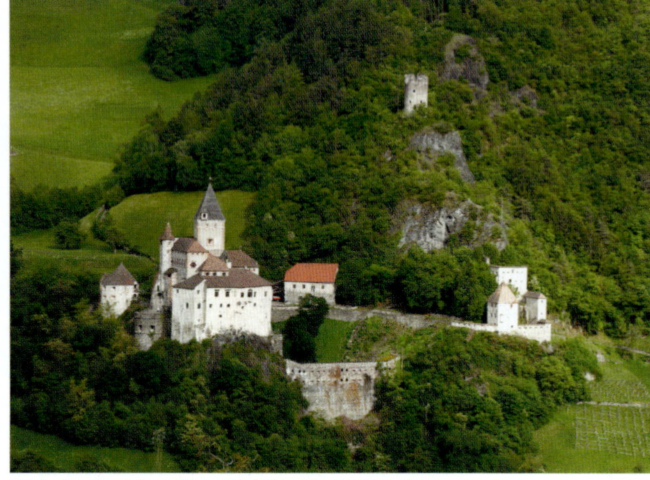

Bilderbuchschloss über Waidbruck: die Trostburg

unter, vorbei an einer Aussichtsbank mit einer Infotafel. Gegenüber blickt man auf die Hänge unter dem Rittner Horn mit der Ortschaft Barbian. Der Weg taucht in den Wald ein, verläuft über einen schmalen Rücken und führt in ein Bachtal hinab. Man quert eine kleine Brücke und kommt kurz darauf zu einer **Weggabelung** 02, an der links der spätere Rückweg abzweigt. Doch zuerst hält man sich weiter bergab, passiert ein verlassenes Gehöft und steigt entlang von Wiesenhängen und auf einem von Steinmauern eingefassten Weg zur **Trostburg** 03 ab. Durch einen Torbogen betritt man den Innenhof – ein lauschiger Platz mit Schatten spendenden Ahornbäumen, einem plätschernden Brunnen und Bänken zum Rasten. Nach der Besichtigung der Burg kehrt man zur **Weggabelung** 02 oberhalb des verfallenen Hofs zurück, hält sich nun an den Wegweiser nach Tisens und Kastelruth und quert nach rechts leicht ansteigend den Waldhang (Mark. 1). Bei einem Holzkreuz biegt man links ab und wandert am oberen Rand einer Lichtung entlang. Nach ein paar Minuten

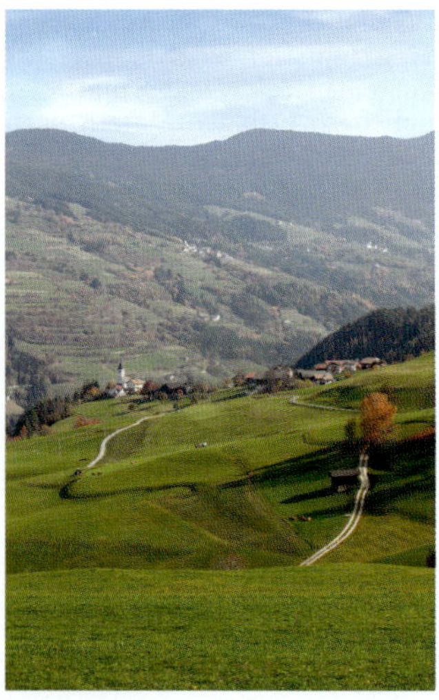

Bei Tagusens

Sitz der Herren von Wolkenstein

Die Trostburg wurde erstmals im 12. Jh. erwähnt, später jedoch erweitert und im 17. Jh. im Renaissancestil umgebaut. 600 Jahre lang waren die Grafen von Wolkenstein, aus deren Geschlecht auch der bekannte Minnesänger Oswald von Wolkenstein stammt, die Herren im Schloss Trostburg. Heute hat das Südtiroler Burgeninstitut dort seinen Sitz. Die Trostburg kann mit Führung besichtigt werden. Zu sehen sind Räume und Einrichtung aus verschiedenen Epochen, etwa ein Ritter- und ein Renaissancesaal, eine gotische Stube, außerdem die größte Weinpresse Südtirols. In einer Ausstellung des Südtiroler Burgenmuseums werden 86 Modelle von Südtiroler Burgen gezeigt. Die Trostburg ist von Gründonnerstag bis Ende Oktober täglich außer Montag geöffnet, Infos zu den Führungszeiten bei www.burgeninstitut.com, Tel. +39 0471 654401.

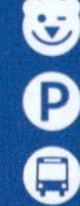

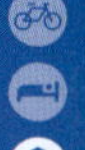

schwenkt der Anstieg wieder nach rechts und führt meist durch Wald zum Mayrlhof. Auf der Hofzufahrt kommt man zur Straße Kastelruth – Tagusens, folgt ihr nach links und hat kurz darauf beim **Planitz-Hof** 04 die Anstiegshöhenmeter geschafft. Entlang der Straße geht es über aussichtsreiche Wiesen zurück nach **Tagusens** 01. Dort lohnt das Schulmuseum noch einen Besuch (siehe Tour 4).

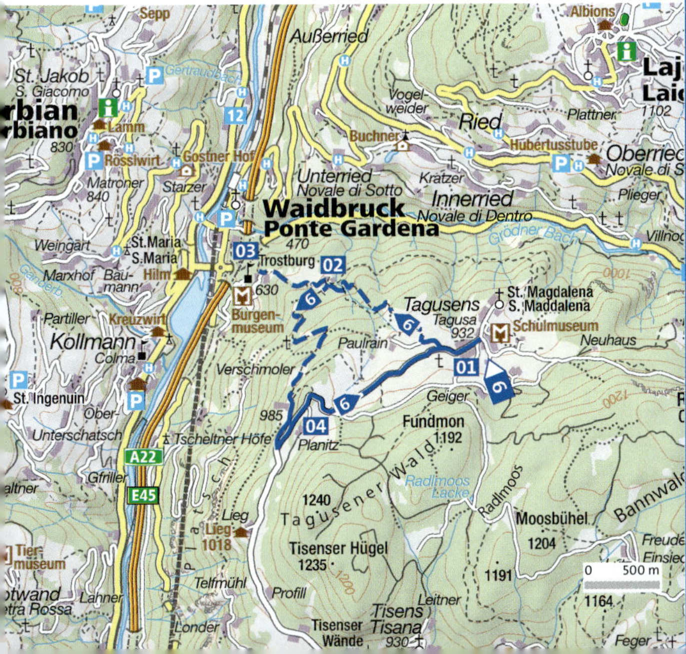

POSTSTEIG ÜBER DEM GRÖDENTAL

Aussichtspromenade für Müßiggänger

 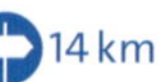 14 km 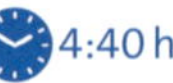 4:40 h 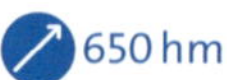 650 hm  650 hm 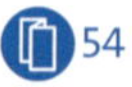 54

START | Lajen, 1095 m, Parkplatz beim Sportplatz, beschilderte Abzweigung an der Straße nach Gröden. Bus von St. Ulrich im Grödental sowie von Brixen und Klausen.
[GPS: UTM Zone 32 x: 696.546 m y: 5.164.963 m]
CHARAKTER | Der Poststeig verläuft auf Feldwegen und auf Wald- und Wiesenpfaden, die gut zu begehen sind. Zur Unterpulghütte auf Forststraßen, ein steiler Anstieg ist zu bewältigen. Beim Abstieg erfordert ein Wegstück auf einem steileren und steinigen Waldweg etwas Aufmerksamkeit.

Ob der Postillon, der einst die Post von Klausen über Lajen nach St. Ulrich brachte, einen Blick für die herrlichen Landschaftsbilder entlang des Weges hatte? Ganz im Gegensatz zu den Wanderern, die heute auf dem Poststeig unterwegs sind, hatte er keine Zeit zu verlieren. Glück hat da, wer es auf dem Höhenweg über dem Grödental nicht eilig und Muße zum Schauen hat. Da sind die großartigen Eindrücke wie der Blick auf die steinernen Bastionen von Schlern, Langkofel und Sellastock, aber auch kleine Beobachtungen am Wegesrand, ein mit frischen Blumen geschmückter Bildstock, eine Eidechse auf der sonnenwarmen Steinmauer ... Ein besonders schöner Platz, um die Zeit verstreichen zu lassen, ist der aussichts-

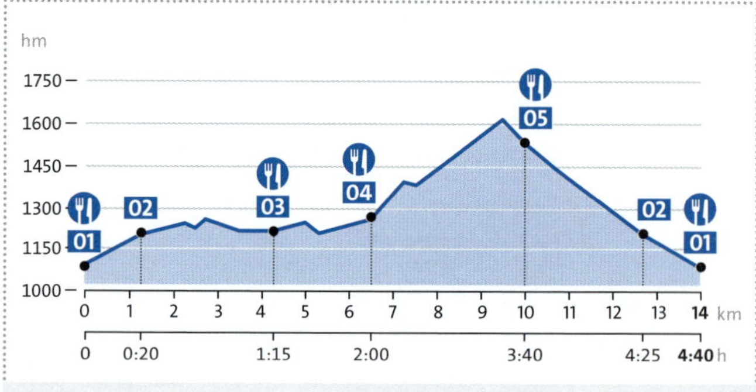

01 Lajen, 1095 m; 02 Tschöfas, 1206 m; 03 St. Peter, 1215 m; 04 Gasthaus Pedrutscherhof, 1264 m; 05 Unterpulghütte, 1577 m

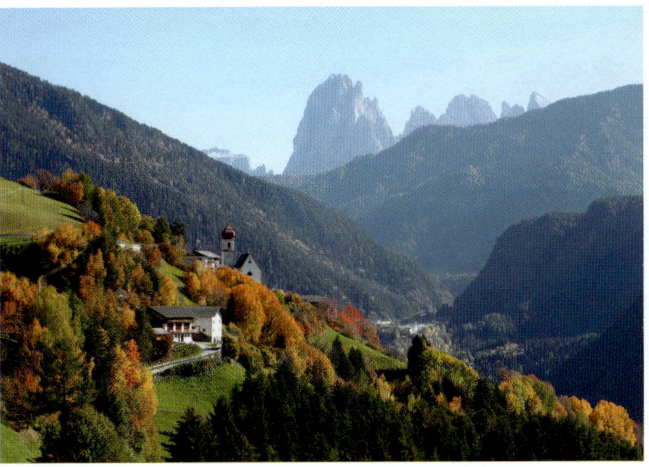

Bekannte Dolomitensilhouette: der Langkofel mit St. Peter

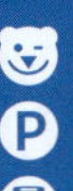

reiche Wirtsgarten des Pedrutscherhofs. Beim Rückweg über die Unterpulghütte muss man noch einmal einige Anstiegshöhenmeter in Kauf nehmen, doch die sympathische und schön gelegene Hütte lohnt den Weg. Alternativ könnte man auch vom Pedrutscherhof auf dem Poststeig weiter nach St. Ulrich wandern und mit dem Bus zurück nach Lajen fahren (1:10 Std. ab Pedrutscherhof).

▶ Vom Rathaus mit der Tourismusinformation im Zentrum von **Lajen** 01 folgt man der Straße Richtung St. Peter und Gröden aus dem Ort. Wer beim Sportplatz geparkt hat, geht ebenfalls zur Hauptstraße zurück und hält sich dort links. Am Ortsende, bei einer Bushaltestelle, zweigt links der Tschöfaser Weg ab und führt über Wiesenhänge in die kleine Ortschaft Tschöfas. Von Anfang an genießt man eine herrliche Aussicht über das Eisacktal und auf das Schlernmassiv. In **Tschöfas** 02 geht man bei einer Tafel, die über die Wandermöglichkeiten informiert, rechts bergauf und geradeaus aus dem Dorf. Der folgende Abschnitt des Poststeigs ist landschaftlich besonders reizvoll. Er führt sanft bergauf über sonnige Wiesen und wird von Laubgehölz gesäumt. Der massige Sellastock und das gezackte Langkofelmassiv lassen sich dabei immer mehr blicken. Nach 15 Min. ab Tschöfas folgt der Poststeig rechts bergab einem Wiesenpfad. Bei einer Verzweigung durchquert man links bergauf ein Waldstück, lässt kurz darauf eine Abzweigung zur Unterpulghütte links liegen und steigt schließlich etwas steiler zur Straße nach St. Peter hinunter. Der Poststeig setzt sich 50 Meter nach links fort und mündet in ein Sträßchen, das an einigen Höfen vorbei nach **St. Peter** 03 führt. Dort geht man an der Kirche und am Hauptplatz mit dem Gasthof Überbacher vorbei und biegt bei einem Supermarkt links ab. Am Ortsende zweigt links ein Pfad ab, der zum Waldrand hinaufleitet. Zwei

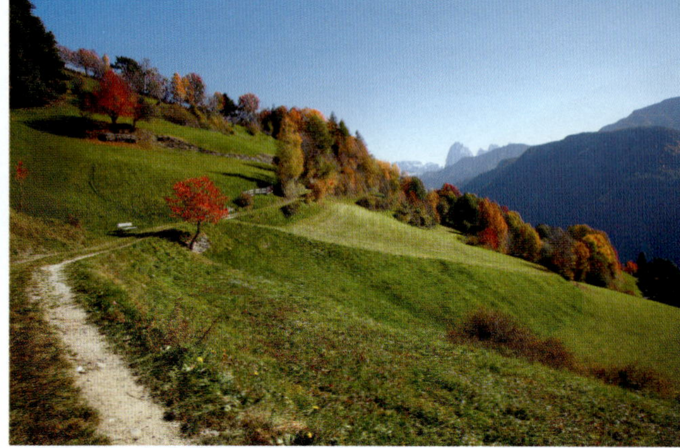
Am Poststeig: Wege zum Genießen

Bachgräben werden gequert. Eine Kneippanlage bietet dort wohltuende Erfrischung. Anschließend geht es in zwei Kehren zu einer Straße hinunter, der man links in gut 20 Min. zum **Gasthaus Pedrutscherhof** **04** folgt (Donnerstag Ruhetag). Nach der Einkehr kehrt man auf der kurzen Hofzufahrt zu dem Sträßchen zurück und steigt rechts steil zu zwei weiteren Höfen hinauf. Dieses Wegstück ist nicht ausgeschildert. Beim oberen Gehöft folgt man einem Wirtschaftsweg weiter steil aufwärts, hält sich bei einer Verzweigung rechts und gelangt wieder zu einer Straße. Dort stößt man auf einen Wegweiser, der die Richtung zur Unterpulghütte, dem nächsten Ziel, nach links vorgibt. Nach kurzem Abstieg zweigt man rechts auf einen Forstweg ab, der meist durch Wald bergaufführt (Mark. 8a). Er mündet in die Kehre einer weiteren Schotterstraße, auf der sich der Waldanstieg rechts fortsetzt. Nach etwa 10 Min. gabelt sie sich. Zur Unterpulghütte biegt man rechts ab (Mark. 36) und hat bei einer Forstwegkreuzung den Anstieg schließlich hinter sich gebracht. Man hält sich dort links und wandert kurz darauf erneut links zur gemütlichen **Unterpulghütte** **05** hinunter. Westlich der

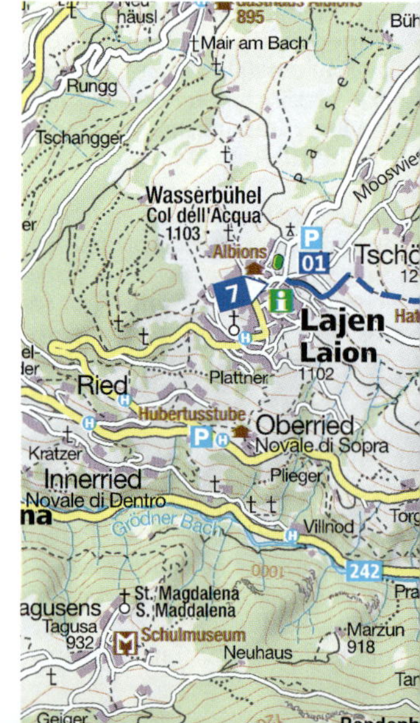

Rückweg von St. Peter

Für eine kürzere Runde biegt man, von Lajen kommend, vor der Kirche von St. Peter links ab und folgt einer Straße in einer weiten Linkskehre den Hang hinauf (Mark. 8 und 36). Man orientiert sich an den Wegweisern Richtung Tschöfas und steigt auf einem mit 36 markierten Forstweg weiter an. Nach dem Jos-Hof zweigt man links ab, wandert über Weidegelände weiter bergauf und trifft auf den von der Unterpulghütte herunterführenden Weg 34. Wie in der Tourenbeschreibung erläutert kehrt man nach Tschöfas und Lajen zurück (1:30 Std.).

Hütte beginnen zwei Wege. Man wählt den linken, der nach Tschöfas und Lajen ausgeschildert ist, und folgt ihm durch Wald bergab (Mark. 34). Bei einer Verzweigung geht man erneut links und kurz darauf zu den Wiesenhängen hinaus. Ein Wiesenweg leitet am Waldrand entlang abwärts und bietet noch einmal viel Panoramagenuss. Man passiert eine Abzweigung nach St. Peter – dort kommt die kürzere Variante herauf – und wandert auf einem Forstweg zum Gspoi-Hof hinunter. Dort stößt man auf eine Straße, verlässt sie aber in der ersten Kehre bereits wieder und folgt geradeaus einem Waldweg, der ziemlich steil nach **Tschöfas** **02** hinunterführt.

Nun trifft man wieder auf den Poststeig und kehrt auf dem bekannten Weg nach **Lajen** **01** zurück.

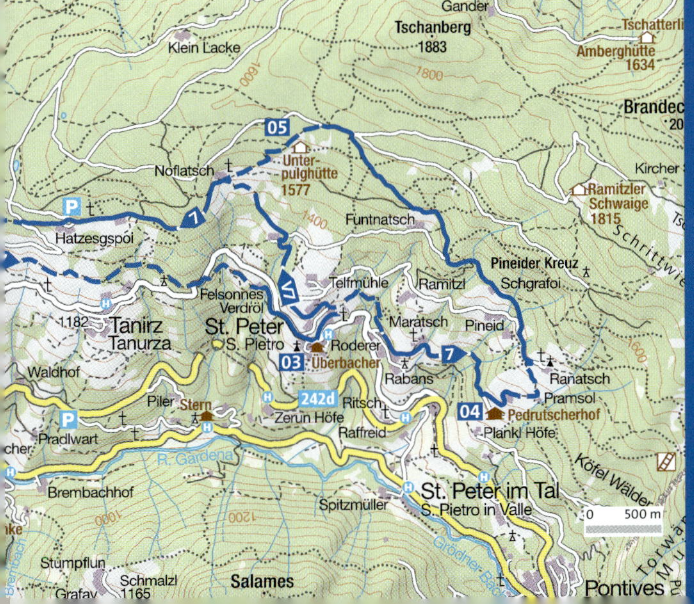

AUF DEM SCHNÜRLSTEIG ZUM PUFLATSCH • 2174 m

Steiler Anstieg zur Seiser Alm

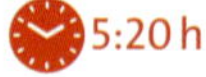

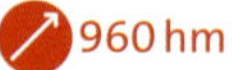

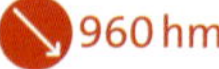

START | Hotel Panider Sattel, 1443 m, beim Hotelparkplatz links zu Parkmöglichkeiten beim Wildgehege. Bus von Bozen, Völs, Seis und Kastelruth.
[GPS: UTM Zone 32 x: 701.020 m y: 5.161.749 m]
CHARAKTER | Steiler An- und Abstieg zum bzw. vom Puflatsch-Plateau auf teils schmalen Steigen, Trittsicherheit erforderlich. Im oberen Teil des Schnürlsteigs gesicherte Felspassagen, die für trittsichere Wanderer aber nicht schwierig sind.

Die Hochfläche des Puflatsch fällt nach fast allen Seiten steil ab. Wer zu ihr aus eigener Kraft, ohne die Seilbahnunterstützung zur Seiser Alm, hinaufwandern will, wird deshalb schon etwas ins Schwitzen kommen. Mit dem Aufstieg von Pufels, dem aussichtsreichen Wegstück auf dem Puflatsch-Rundweg und dem Abstieg Richtung Kastelruth ergibt sich eine ausgedehnte und abwechslungsreiche Runde.

▶ Der erste Wegabschnitt verläuft auf dem Geotrail, der auf der rechten Seite des **Hotels Panider Sattel** 01 beginnt. Er führt über die Wiesen zu einem breiten Feldweg hinauf, dem man links mit schönem Blick ins Grödental zum Waldrand folgt. Mit nur wenig Höhenunterschied quert man die bewaldeten Hänge, hält sich bei einer Verzweigung rechts und wandert auf schmalem Steig zu den Wiesen bei den obersten Höfen von **Pufels** 02. Bei einem Holzkreuz mit Bank und einer Infotafel des Geotrails verlässt man den geologischen Lehrpfad und biegt rechts in einen Wirtschafts-

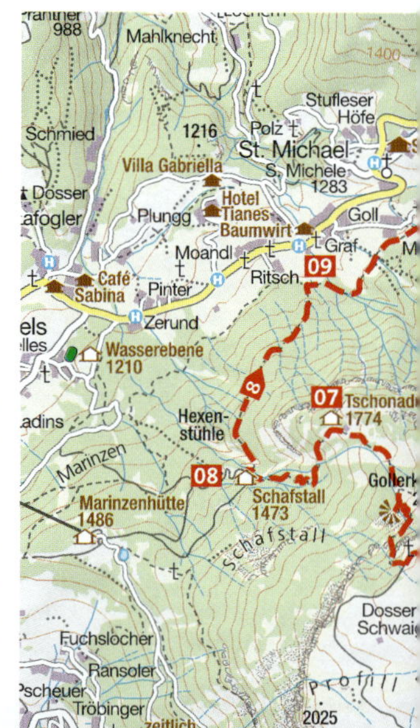

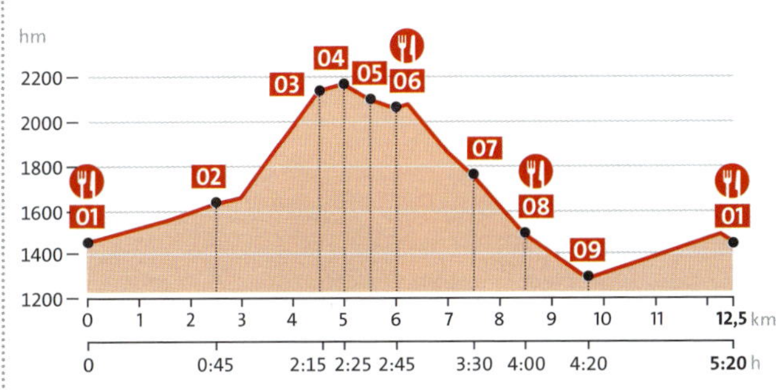

01 Hotel Panider Sattel, 1443 m; **02** Nähe Pufels, 1603 m; **03** Fillner Kreuz, 2150 m; **04** Puflatsch, 2174 m; **05** Gollerkreuz, 2104 m; **06** Arnikahütte, 2051 m; **07** Tschonaduihütte, 1771 m; **08** Schafstallhütte, 1473 m; **09** Weg 7, 1272 m

weg ein, der zu einem Hof führt (Wegweiser „Seiser Alm"). Man geht hinter der Scheune vorbei und trifft im Wald auf den Weg, der von Pufels heraufkommt. Kurz darauf zweigt man bei einer Weggabelung rechts ab und steigt teils ziemlich steil über die bewaldeten Osthänge des Puflatsch an, vorbei an einem Aussichtspunkt mit Bänken (Mark. 24). Schließlich zieht der Anstiegsweg über

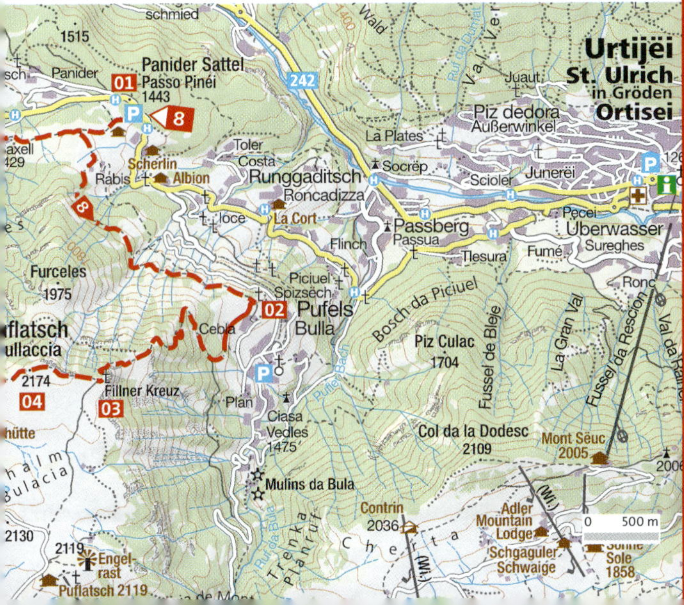

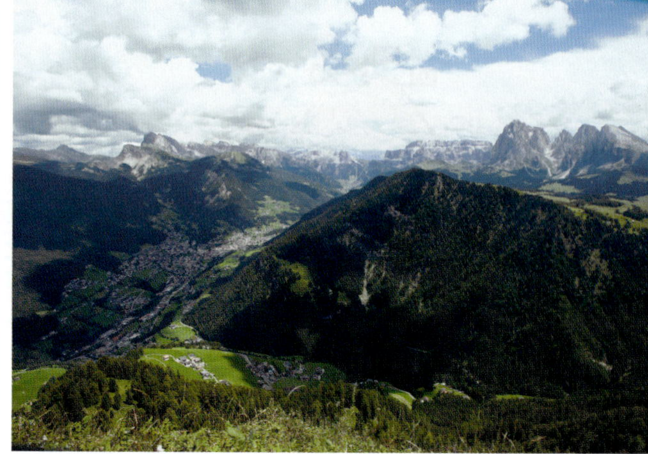

Vogelschau am Fillner Kreuz auf Grödental und St. Ulrich

den Nordostrücken bergauf und überwindet einen letzten steilen Aufschwung, bei dem kurze felsige Passagen gesichert sind. Dann hat man die Hochfläche des Puflatsch mit den weiten welligen Almwiesen erreicht und genießt beim **Fillner Kreuz** 03 eine fantastische Aussicht über das Grödental mit seiner Dolomiten-Umrahmung – von der Geislergruppe über Sella und Langkofel bis zum Schlern. Man geht durch den Weidezaun und geradeaus am Rand des Plateaus entlang zum höchsten Punkt des **Puflatsch** 04. Beim

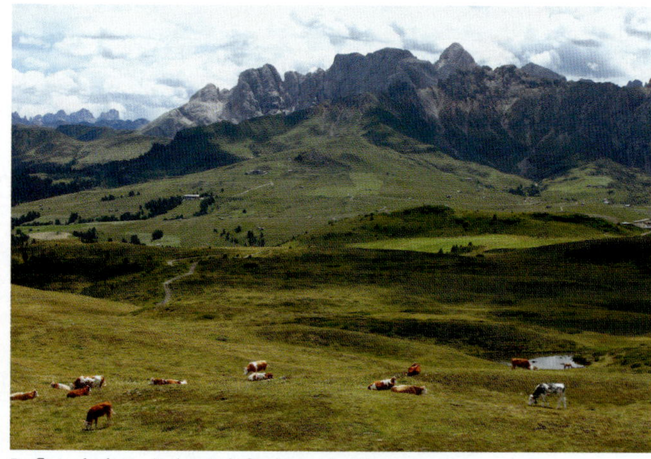

Puflatschalm mit den Felsfluchten des Rosengartens

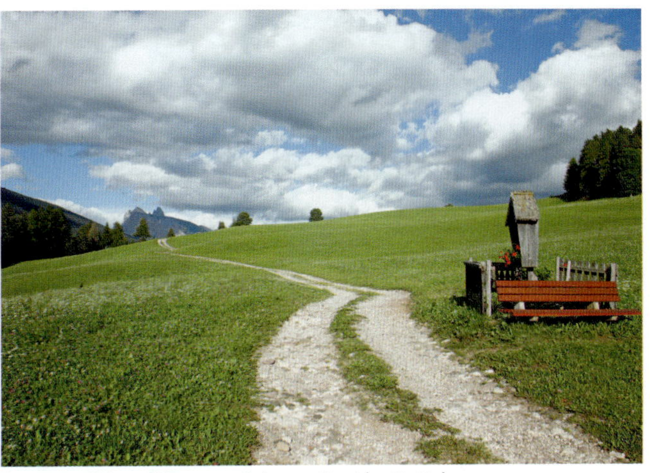

Bequeme Wege führen zurück zum Panider Sattel

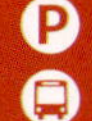
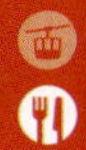
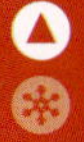
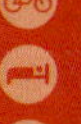

Blick nach Norden stehen die eisbedeckten Gipfel des Alpenhauptkamms Spalier.
Zweigt man nach kurzem Abstieg scharf rechts ab, gelangt man zu den felsigen Hexenbänken, um die sich manch Legende rankt (siehe Tour 1). Man wandert weiter an der Kante der Hochfläche entlang, passiert den Aussichtspunkt **Gollerkreuz** 05 und steigt zur **Arnikahütte** 06 ab, wo man sich für den weiteren Abstieg stärken kann. Beim Gasthaus folgt man dem Wegweiser „Kompatsch, Marinzen" nach rechts, steigt kurz an und verlässt nach einem Wetterkreuz den Puflatschrundweg, um rechts Richtung Kastelruth abzusteigen (Mark. 8). Ein schmaler Steig windet sich in Kehren über die steilen Hänge hinab und führt durch schönen Bergwald. Stufen helfen immer wieder über Geländeabsätze. Ein Felssturzgelände wird nach rechts umgangen, dann überquert man etwas flacher ein bewaldetes Plateau und kommt zur Lichtung mit der **Tschonaduihütte** 07. Die kleine private Almhütte ist ein idyllischer Platz, der richtige Ort, um noch einmal eine Verschnaufpause einzulegen. Auch die urige **Schafstallhütte** 08, die man nach weiterem Abstieg erreicht, bietet sich dazu an. Dort werden Wanderer mit Speis und Trank versorgt. Kurz vor der Hütte zweigt rechts der Abstiegsweg Richtung „St. Michael, Panider Sattel" ab (Mark. 9). Er führt eine knappe halbe Stunde durch Wald abwärts und mündet oberhalb der Häuser von St. Michael in den **Weg 7** 09, dem man nach rechts folgt. Ein gutes Stück oberhalb der Straße zum Panider Sattel geht es meist auf kleinen Wegen durch Waldstücke und über Wiesen. Kurze Anstiege und flache Passagen wechseln sich dabei ab. Nach den Gebäuden des Saxell-Hofs führt eine Schotterstraße über Weiden mit Blick auf die Geislerspitzen etwas bergauf. Am Ende des Anstiegs trifft man wieder auf den Geotrail und kehrt links zum **Hotel Panider Sattel** 01 zurück.

GEOTRAIL PUFELS

Einblicke in die Erdgeschichte

 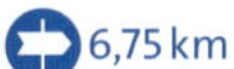 6,75 km  2:15 h 300 hm 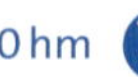 300 hm  54

START | Hotel Panider Sattel, 1443 m, beim Hotelparkplatz links zu Parkmöglichkeiten beim Wildgehege. Bus von Bozen, Völs, Seis und Kastelruth.
[GPS: UTM Zone 32 x: 701.020 m y: 5.161.749 m]
CHARAKTER | Kleine, lehrreiche Runde, die auf unschwierigen Waldsteigen und auf Fahrwegen verläuft.

Es muss eine große Katastrophe gewesen sein. Vor 252 Millionen Jahren, an der Grenze zweier Erdzeitalter, dem Perm und dem Trias, kam es zum größten Massenaussterben der Erdgeschichte. Rund 90 Prozent der Tier- und Pflanzenarten verschwanden in dieser Zeit. Ursache waren vermutlich Vulkanausbrüche, die zu einer Klimaerwärmung führten. An den Nordabhängen des Puflatsch lässt sich dieses Ereignis in einer Abfolge von Gesteinsschichten nachvollziehen, wie es weltweit nur selten der Fall ist. Die Pufler Schichten erlangten so unter Geologen einige Bekanntheit. Über dies und andere spannende Vorgänge in der Erdgeschichte informiert der Geotrail, der vom Panider Sattel nach Pufels führt. Dazu öffnen sich immer wieder Blicke über das Grödental und auf seine Bergumrahmung.

▶ Eine Informationstafel über den Wegverlauf und die Stationen des Geotrails rechts des **Hotels Panider Sattel** 01 markiert den

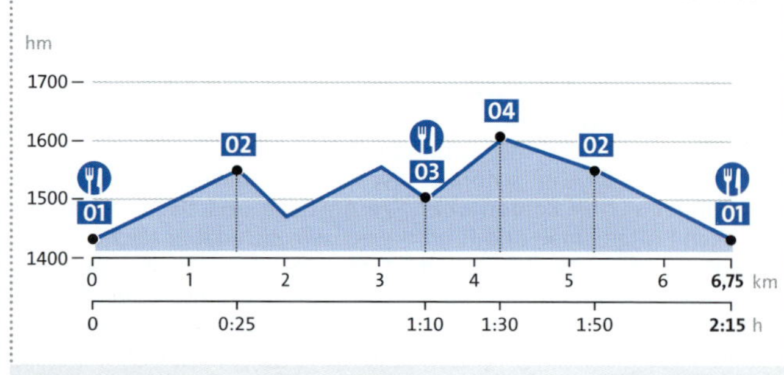

01 Hotel Panider Sattel, 1443 m; 02 Verzweigung, 1550 m; 03 Pufels, 1500 m; 04 Holzkreuz, 1603 m

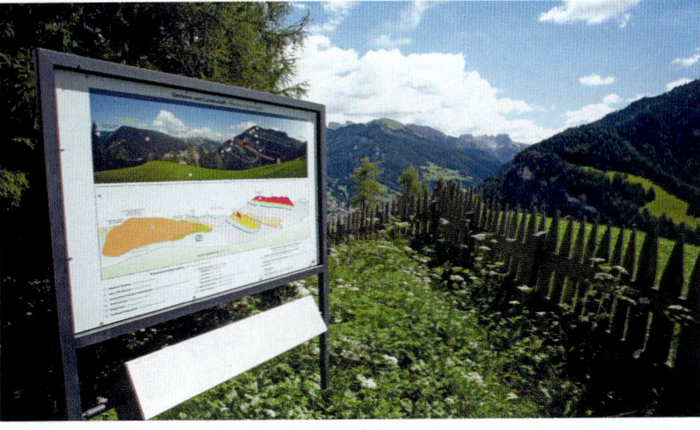

Für Wissensdurstige: der Geotrail Pufels

Beginn des Lehrpfades. Am Weg über die Wiese hinauf erläutert die erste Station die Entstehung der Dolomiten. Kurz darauf biegt man links in einen breiten Weg ein und wandert auf die bewaldeten Hänge des Puflatsch zu. Dabei genießt man einen herrlichen Ausblick über das Grödental mit der Ortschaft St. Ulrich. Nach kurzem Anstieg verläuft der Geotrail in leichtem Auf und Ab durch den

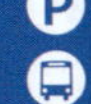
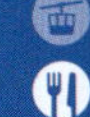
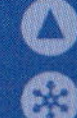

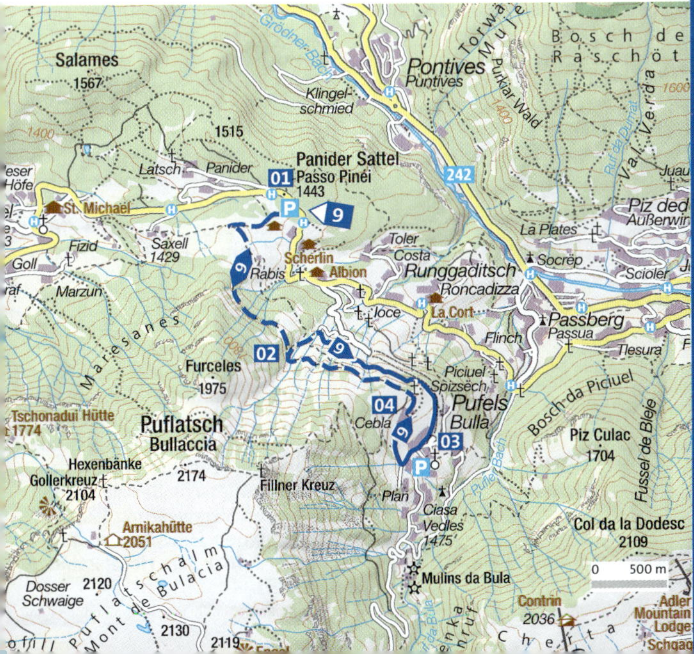

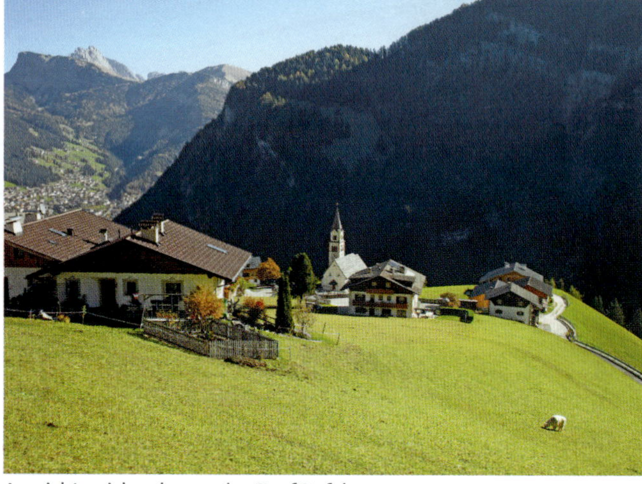

Aussichtsreich gelegen: das Dorf Pufels

Wald, bis man bei einer **Verzweigung** 02 links abbiegt und ziemlich steil neben einem Bachgraben zur alten Pufler Straße hinuntersteigt. Man folgt der Schotterstraße rechts bergauf und kommt bei der Infotafel 2 zu den Gesteins-

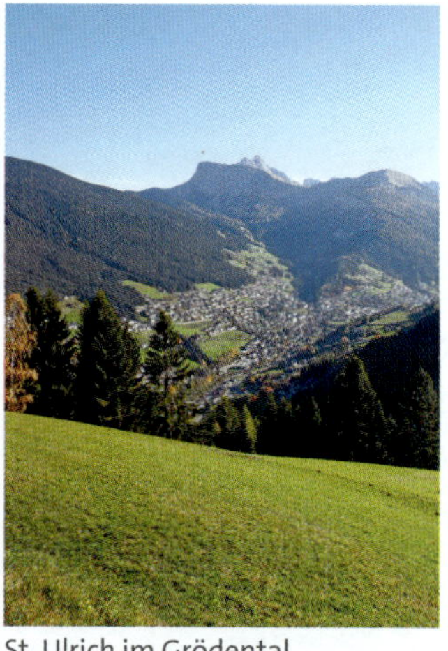

St. Ulrich im Grödental

schichten, die das Massenaussterben an der Perm-Trias-Grenze dokumentieren.

An weiteren Stationen des Geotrails vorbei geht es bergauf, bis man bei einem Kreuz den höchsten Punkt erreicht hat und nach **Pufels** 03 hinunterwandert. Dort trifft man am Ortseingang auf die neue Fahrstraße und hält sich beim Hotel Mesavia rechts bergauf, um auf einem Sträßchen wieder anzusteigen. Bei einer Verzweigung biegt man rechts ab und gelangt, an den obersten Höfen von Pufels vorbei, zu einem **Holzkreuz** 04 mit einer Bank zum Rasten. Eine Tafel erklärt, wie sich unterschiedliche Gesteine in der Landschaft rundum ablesen lassen. Der Geotrail folgt nun einem schmalen Waldsteig und quert wieder die bewaldeten Nordhänge des Puflatsch. Bei der schon bekannten **Verzweigung** 02 trifft man auf den Hinweg und kehrt auf ihm zurück zum **Hotel Panider Sattel** 01.

PUFLATSCHRUNDE

Panoramablicke und Blütenpracht

  7,75 km  3:00 h  350 hm  350 hm  54

START | Kompatsch, 1855 m, Bergstation der Seiser-Alm-Bahn, Talstation mit Parkplatz in Seis. Parkplatz (hohe Gebühr) auch in Kompatsch, die Straße zur Seiser Alm ist aber von 9 bis 17 Uhr für den privaten Verkehr gesperrt. Bus nach Seis von Brixen über Klausen und Kastelruth und von Bozen über Völs, von Seis und Kastelruth auch Busverbindung nach Kompatsch.
[GPS: UTM Zone 32 x: 700.692 m y: 5.157.625 m]
CHARAKTER | Gemütliche Wanderung für die ganze Familie auf Berg- und Almwegen ohne Schwierigkeiten.

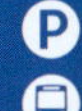

Bei einer Rundwanderung über die Hochfläche des Puflatsch im Nordwesten der Seiser Alm kommen Genießer auf ihre Kosten. Das großartige Dolomitenpanorama, schön gelegene Berggasthäuser und weite Almböden, die sich im Frühsommer in einen bunten Blütenteppich verwandeln, lassen kaum Wünsche offen. Wer zusätzlich die Puflatsch-Kabinenbahn nutzt, hat nur wenige Anstiegshöhenmeter zurückzulegen. Zu ihrer Talstation gelangt man, wenn man von der Seiser-Alm-Bahn-Bergstation geradeaus einem ausgeschilderten Fußweg einige Meter bergab folgt.

▶ Für den Aufstieg zu Fuß hält man sich bei der Bergstation der

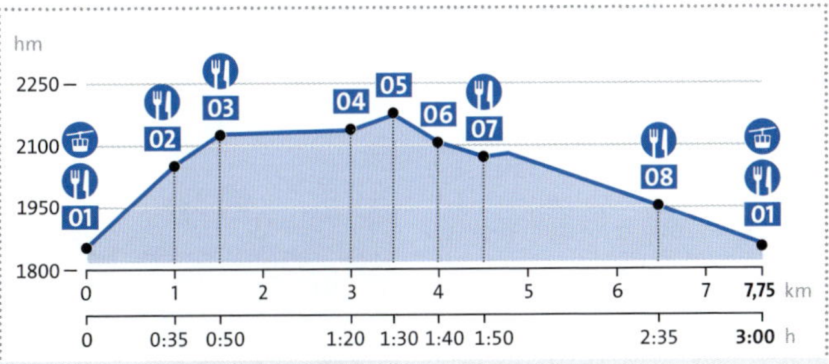

01 Kompatsch, Bergstation Seiser-Alm-Bahn, 1855 m; 02 Tschötschalm, 2035 m; 03 Restaurant Puflatsch, 2119 m; 04 Fillner Kreuz, 2150 m; 05 Puflatsch, 2174 m; 06 Gollerkreuz, 2104 m; 07 Arnikahütte, 2051 m; 08 Puflatschhütte Dibaita, 1950 m

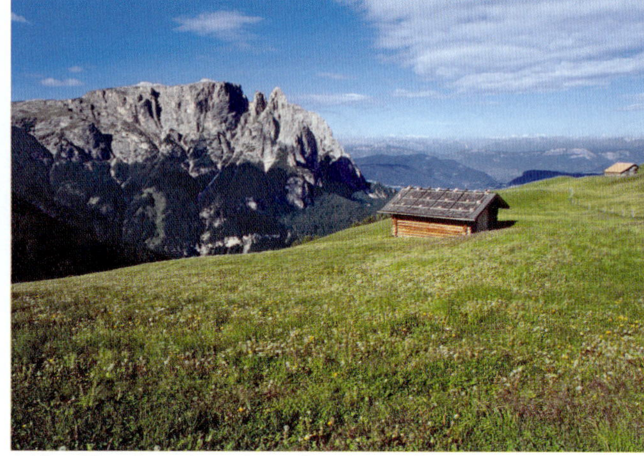
Schlern über den Wiesen der Puflatsch-Hochfläche

Seiser-Alm-Bahn in **Kompatsch** 01 links und geht auf dem Sträßchen, vorbei am Fünf-Sterne-Hotel Alpina Dolomites, bergauf. Nach einem kurzen Flachstück zweigt rechts ein Steig ab und leitet über die Wiesen hinauf zur urigen **Tschötschalm** 02, einer ersten Einkehrmöglichkeit mit Blick über die Seiser Alm zum Schlern, und weiter zum **Restaurant Puflatsch** 03 und zur Bergstation der Puflatsch-Kabinenbahn. Dort lohnt sich ein Abstecher zur östlich der Seilbahn gelegenen Aussichtsplattform Engelrast, wo sich ein großartiges Panorama öffnet. Auf einer kreisförmigen Tafel sind die Gipfelnamen aufgeführt. Anschließend folgt man dem rechten (nördlichen) der beiden zum Aussichtspunkt führenden Fußwege und trifft auf eine Almstraße. Auf ihr wandert man nach Norden und verlässt sie nach wenigen Minuten geradeaus auf einen breiten Wanderweg, der ziemlich flach über die Hochfläche führt (Wegweiser „Puflatsch-Umrundung“). Dabei blickt man auf das felsige Geschwisterpaar Lang- und Plattkofel, die steinerne Bastion der Sella und die schroffen Gipfel der Geisler- und Puezgruppe. Am **Fill-**

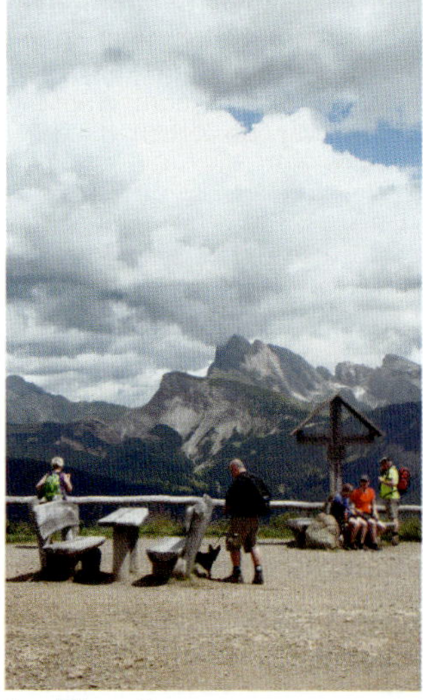
Am Fillner Kreuz

ner Kreuz 04 mit herrlicher Aussicht ins Grödental schwenkt der Rundweg nach links und verläuft am Nordrand des steil abbrechenden Plateaus entlang zum höchsten Punkt des **Puflatsch** 05. Nach kurzem Abstieg befinden sich rechts unterhalb des Gipfels die Hexenbänke, eigenartig geformte Felsstufen, auf denen es sich Hexen bequem gemacht haben sollen. Ein etwas steiniger Weg führt leicht fallend zum Aussichtspunkt **Gollerkreuz** 06 mit Tiefblick auf die Ortschaft Kastelruth und das Eisacktal. In südlicher Richtung geht es weiter bergab zur **Arnikahütte** 07, wo es eine Stärkung gibt. Vom Berggasthaus steigt man nach rechts kurz etwas bergauf (Schild „Kompatsch, Marinzen"), passiert den Abstiegsweg nach Kastelruth und trifft schließlich auf einen breiten Schotterweg. Mit schönem Blick auf den wuchtigen Felsklotz des Schlern und den Talkessel von Bozen spaziert man über Wiesen mit einigen Almhütten, bis man oberhalb der **Puflatschhütte Dibaita** 08 auf den Fahrweg nach Kompatsch stößt. Vor dem Abstieg lohnt es sich, dem schön gelegenen Berggasthaus einen Besuch abzustatten. Anschließend folgt man der Zufahrtsstraße hinunter zur Bergstation der Seiser-Alm-Bahn in **Kompatsch** 01.

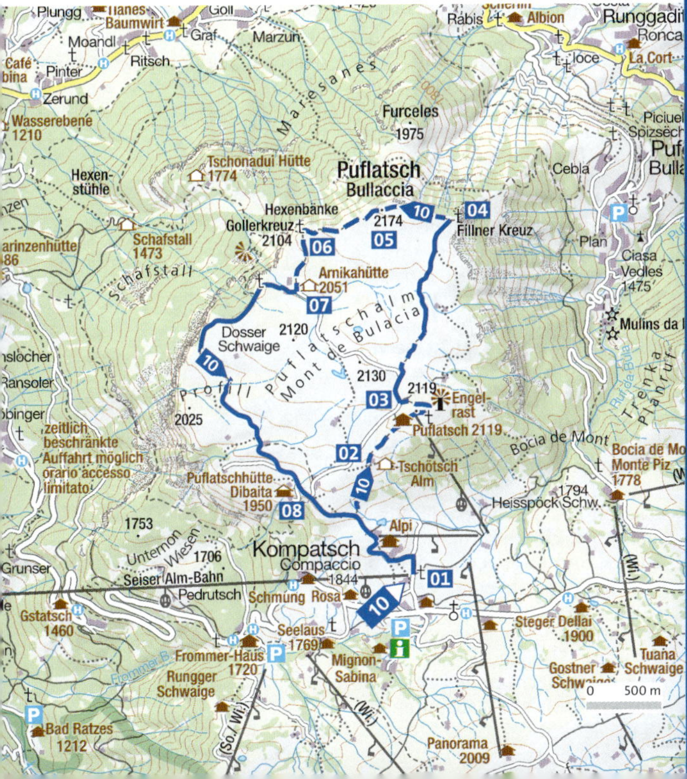

ÜBER DEN PIZ NACH SALTRIA

Dolomitengrößen über grünen Wiesen

 8,75 km  2:30 h 280 hm  470 hm  54

START | Ritsch Schwaige, 1875 m, zwischen Kompatsch und Saltria. Von Kompatsch (Anfahrt siehe Tour 10) mit dem Bus Richtung Saltria zur Haltestelle „Ritsch“, die Straße Kompatsch – Saltria ist für den privaten Verkehr gesperrt.
[GPS: UTM Zone 32 x: 702.833 m y: 5.157.378 m]
CHARAKTER | Kleine, aussichtsreiche Runde auf gut begehbaren Wanderwegen.

Die sanft geneigten Almböden am Piz und am Col da la Dodesc, beides Erhebungen nördlich über Saltria, sind bestens zum Dolomiten-Sightseeing geeignet. Dort befindet sich die „Einflugschneise“ für die Auflügler aus dem Grödental. Die Seilbahn Mont Sëuc befördert zahlreiche Schaulustige von St. Ulrich herauf. Dennoch wird jeder ein Wiesenpolster abseits des Trubels finden, um die Dolomiten-Ansichten auf sich wirken zu lassen. Ein ruhiges Eck der Seiser Alm erkundet, wer einen Abstecher zur (nicht bewirtschafteten) Hartl Schwaige unternimmt (siehe Variante). Dort hat man den herrlichen Blick auf die Langkofelgruppe meist für sich alleine.

Von der Bushaltestelle **Ritsch Schwaige** 01 geht man 100 m zurück und folgt rechts dem asphaltierten Fahrweg, der zum Hotel Icaro hinaufführt. Man verlässt ihn gleich wieder nach links auf dem Sträßchen nach Pufels und biegt nach einer Linkskurve auf undeutliche Pfadspuren ab, die über die Wiesen ebenfalls zum **Hotel Icaro** 02 hinaufziehen. Dort stößt man wieder auf den Fahrweg und folgt ihm noch

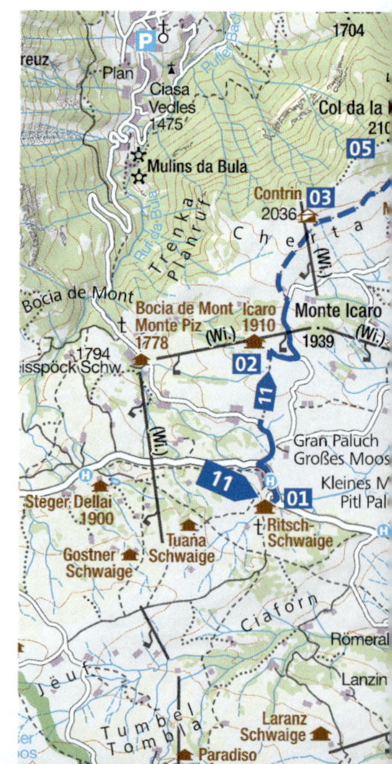

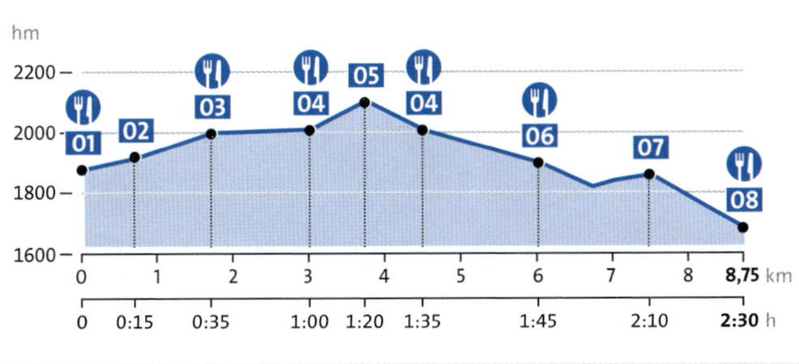

01 Ritsch Schwaige, 1875 m; **02** Hotel Icaro, 1914 m; **03** Contrin Schwaige, 2000 m; **04** Mont Sëuc, 2005 m; **05** Col da la Dodesc, 2109 m; **06** Schgaguler Schwaige, 1900 m; **07** Abzweigung Hartl, 1851 m; **08** Saltria, 1680 m

etwa 5 Min., bis links ein mit 6a markierter Wanderweg abzweigt. Er steigt über die Wiesenhänge an, führt unterhalb der gemütlichen Einkehr **Contrin Schwaige** **03** vorbei und quert aussichtsreich über die Südseite des Col da la Dodesc zum Restaurant **Mont**

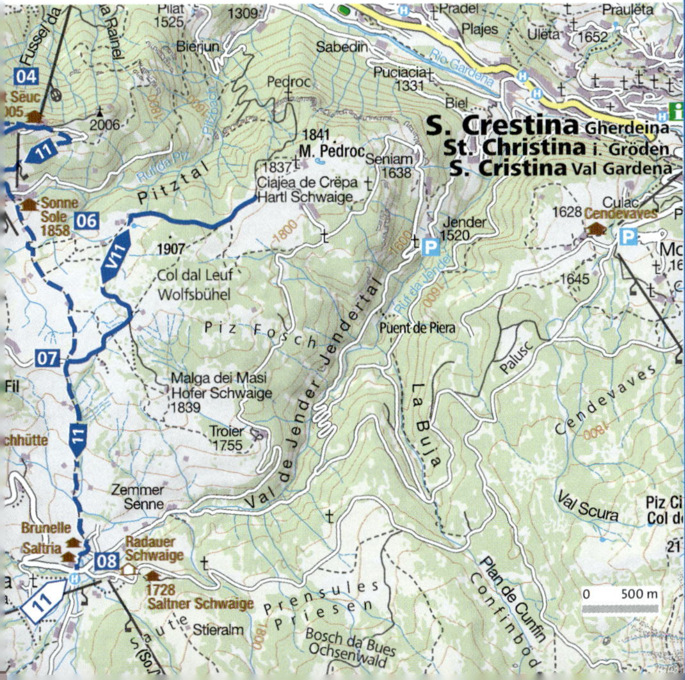

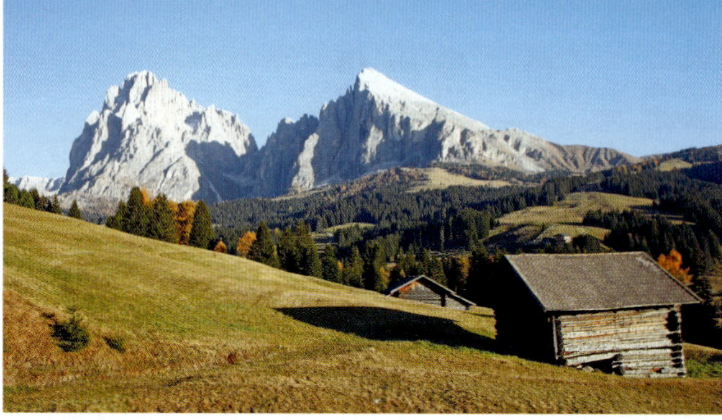
Felsiger Blickfang: Langkofelmassiv beim Abstieg nach Saltria

Sëuc 04 mit der Bergstation der Seilbahn von St. Ulrich. Noch vor der Bergstation zweigt links ein steiniger Weg ab (nicht markiert), der, an einem Holzkreuz und einer Skilift-Bergstation vorbei, zum höchsten Punkt des **Col da la Dodesc** 05 hinaufleitet – ein aussichtsreicher Abstecher. Man kehrt zur Bergstation **Mont Sëuc** 04 zurück und steigt auf dem Wanderweg ab, der den weiten Bogen der Schotterstraße zur **Schgaguler Schwaige** 06 abkürzt. Nach dem Gasthaus hält man sich links und orientiert sich kurz darauf beim Sporthotel Sonne am Wegweiser „Saltria", der halblinks über die Wiesen zeigt (Mark. 9). Man durchquert ein Bachtal und wandert anschließend ziemlich flach über die Wiesen mit Blick über die weiten Almflächen auf den Schlern und das Langkofelmassiv. Der Fußweg kreuzt eine Forststraße – dort befindet sich die **Abzweigung zur Hartl Schwaige** 07 – und führt entlang eines bewaldeten Bachgrabens hinunter nach **Saltria** 08. An der Vorderseite des Hotels Saltria vorbei gelangt man zur Straße und links zur Bushaltestelle für die Rückkehr nach Kompatsch.

Zur Hartl Schwaige

Beim Abstieg nach Saltria biegt man bei Wegpunkt 07 links in die Forststraße ein (Wegweiser „Hartl, St. Ulrich") und wandert etwas auf und ab über Wiesen und durch Waldstücke (Mark. 19). Nach einer knappen halben Stunde fällt der Weg zum eingezäunten Wiesenplateau der Hartl Schwaige ab. Gegenüber bauen sich die Felsbastionen von Langkofel und Sella auf – eine großartige Dolomitenszenerie. Bei einem Weidegatter weist ein Schild darauf hin, dass der Durchgang zu den Almhütten nicht erwünscht ist. Man kehrt auf demselben Weg zurück (hin und zurück ab WP 07 1:20 Std.).

LANGKOFELHÜTTE • 2253 m

Inmitten der Felsbastion des Langkofels

 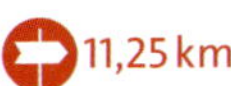 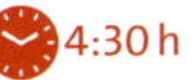 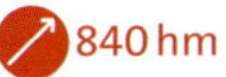 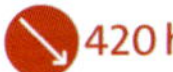 

11,25 km · 4:30 h · 840 hm · 420 hm · 54

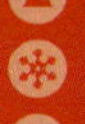
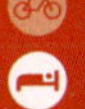

START | Saltria, 1680 m, auf der Seiser Alm, erreichbar mit Bus von Kompatsch (Anfahrt siehe Tour 10), die Straße Kompatsch – Saltria ist für den privaten Verkehr gesperrt.
[GPS: UTM Zone 32 x: 704.634 m y: 5.156.564 m]
CHARAKTER | Bis zum Confinboden ist man auf bequemen Forst- und Almwegen unterwegs, anschließend auf Bergsteigen ohne besondere Schwierigkeiten, Trittsicherheit ist von Vorteil. Der Anstieg über die steilen Geröllhänge des Langkofelkars ist etwas mühsam.

Die Langkofelhütte hat ihren Platz seit mehr als 120 Jahren inmitten der Felsarena des Langkofelkars. Winzig klein fühlt man sich angesichts der imposanten Felsfluchten von Langkofel, Langkofelkarspitze und Plattkofelturm. Auch verwöhnte Dolomitenliebhaber kommen dort ins Staunen. Die richtige Einstimmung für den Eintritt in das Felsenrund bietet der Confinboden, ein mit landschaftlicher Schönheit besonders gesegnetes Fleckchen Erde. Über den grünen Wiesen bauen sich die Zinnen und Türme des Langkofelmassivs auf.

▶ Bei der Bushaltestelle in **Saltria** 01 zweigt man auf den mit Nr.

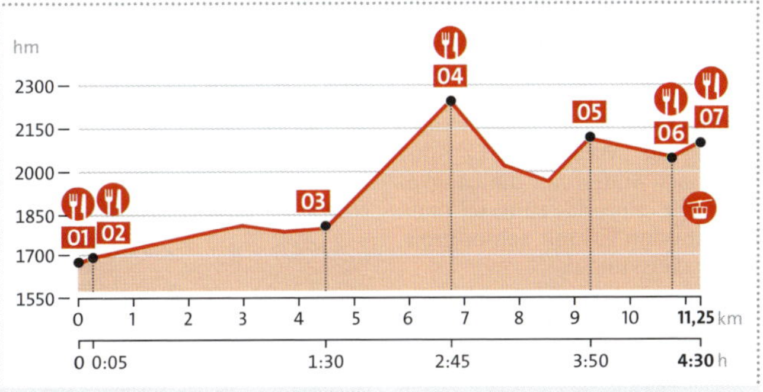

01 Saltria, 1680 m; 02 Radauer Schwaige, 1690 m; 03 Confinboden, 1810 m; 04 Langkofelhütte, 2253 m; 05 Piz da Uridl, 2122 m; 06 Zallinger, 2054 m; 07 Bergstation Florianlift, Williamshütte, 2100 m

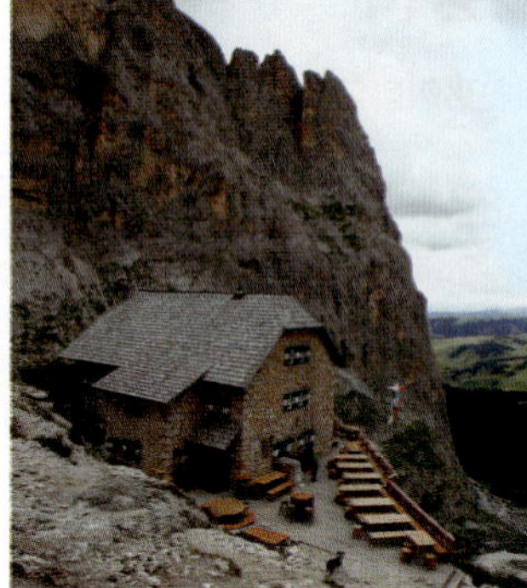

Langkofelhütte

30 markierten Fahrweg Richtung Monte Pana ab, überquert den Jenderbach und wandert an der Talstation des Florianlifts vorbei. Kurz darauf liegen zwei Almwirtschaften am Weg, die **Radauer Schwaige** 02 und einige Meter oberhalb die Saltner Schwaige. Man überschreitet ein weiteres Bachtal und folgt der Forststraße in leichtem Auf und Ab über Wiesen und durch Waldstücke. Dabei blickt man hinauf zu den mächtigen Flanken des Plattkofels. Ein Bergrücken wird umgangen, dann hält man sich an einer Abzweigung geradeaus und durchquert das bewaldete Tälchen des Confinbachs. Wenig später zweigt man rechts auf den breiten Santnerweg ab (Mark. 525). Er führt flach nach Süden auf die Langkofelgruppe zu und zum schönen **Confinboden** 03 mit seiner großartigen Felskulisse.

Man passiert eine Abzweigung zur Plattkofelhütte und taucht wieder in den Wald ein. Dort biegt man links auf den Hüttenzustieg ab, der sich in zahlreichen Kehren nach oben windet. Das Gelände wird nun immer steiler, die Landschaft alpiner.

Man betritt die Felsarena des Langkofelkars. Anfangs steigt man noch durch lichten Bergwald an, dann kreuzt man einen Wanderweg, der später der Rückweg sein wird, und folgt den Serpentinen über die Schutthänge des Kars zur **Langkofelhütte** 04 hinauf. Die Hüttenterrasse unter den senkrecht aufragenden Wänden ist ein besonderer Logenplatz.

Nach der Einkehr geht man auf dem Anstiegsweg wieder über die Geröllhalden hinab, bis man den querverlaufenden Weg schneidet, und folgt ihm nach links. Man trifft auf die schottrige Hüttenzufahrt, steigt auf ihr kurz bergab und biegt links in den Weg Richtung „Plattkofelhütte" ein (Mark. 527). Er führt unter den Nordabstürzen des Plattkofels entlang und zu einem flachen Talboden hinab. Nun muss man noch einmal 20 Min. zum Geländerücken **Piz da Uridl** 05 ansteigen. Dort wen-

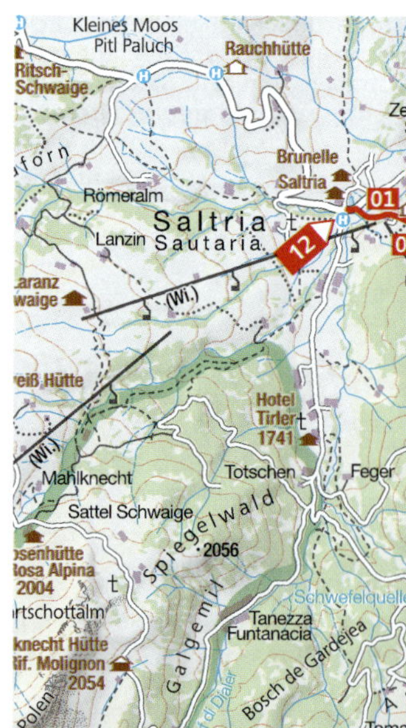

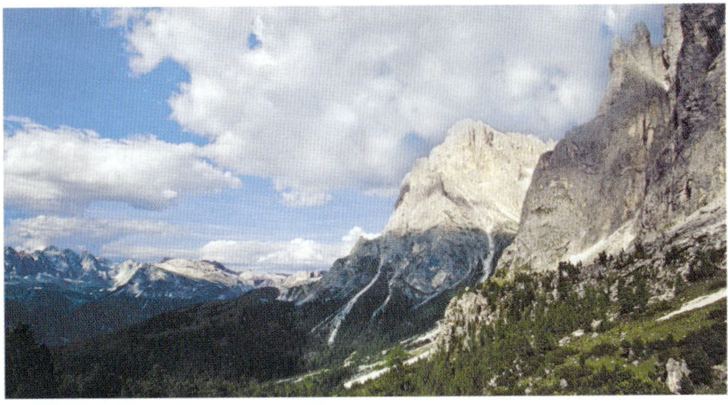

Die Nordabstürze des Langkofelmassivs vom Piz da Uridl aus

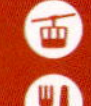
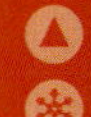

det sich der Weg nach Süden und gabelt sich wenig später. Man hält sich rechts und wandert über die Almböden zu einem Fahrweg, auf dem man links das Berggasthaus **Zallinger** 06 ansteuert.

Oberhalb des Gasthofs geht es rechts etwas ansteigend zur **Bergstation des Florianlifts** 07 mit einer weiteren Einkehrmöglichkeit, der Williamshütte. Mit dem Sessellift fährt man bequem zur Talstation in Saltria hinunter. Wer zu Fuß absteigen möchte, zweigt noch vor der Bergstation rechts auf den Steig 7a ab. Er führt über Wiesen nach Saltria hinab (0:45 Std.).

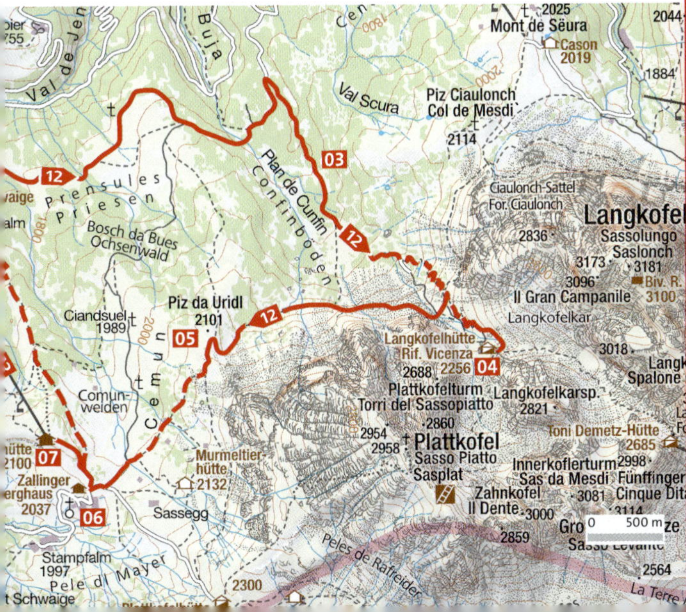

RUND UM PLATT- UND LANGKOFEL

Panoramawege unter senkrechtem Fels

 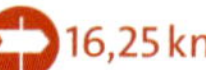 16,25 km  6:00 h 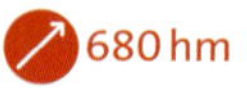 680 hm  680 hm  54

START | Bergstation des Florianlifts, 2100 m, Talstation in Saltria, erreichbar mit Bus von Kompatsch (Anfahrt siehe Tour 10), die Straße Kompatsch – Saltria ist für den privaten Verkehr gesperrt. [GPS: UTM Zone 32 x: 705.955 m y: 5.154.781 m]
CHARAKTER | Landschaftlich großartige Höhenwanderung, die wegen ihrer Länge Ausdauer erfordert. Sie verläuft in einigem Auf und Ab, aber ohne größere Steigungen auf guten Bergwegen.

Die Wege rund um Platt- und Langkofel gehören zu den beliebtesten Wanderungen der Region. Nicht ohne Grund, sind dort doch keine größeren Höhenunterschiede zu bewältigen und sorgen Bergbahnen und die Sellapassstraße für eine gute Erreichbarkeit. Dazu überraschen immer wieder neue Landschaftsbilder.

Die glänzende Schneeflanke der Marmolada, die schwindelerregenden Felswände des Langkofels und die verwunschene „Steinere Stadt" sind nur einige Höhepunkte. Eine ganze Reihe von Hütten und Berggasthäuser laden dazu ein, auf schön gelegenen Sonnenterrassen die Ausblicke zu genießen.

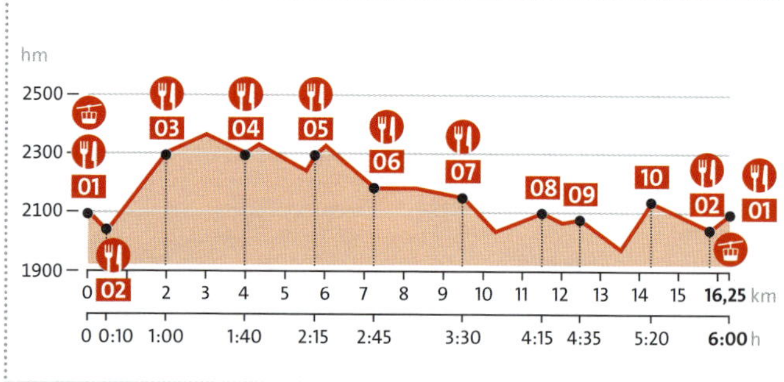

01 Bergstation Florianlift, Williamshütte, 2100 m; 02 Zallinger, 2054 m; 03 Plattkofelhütte, 2300 m; 04 Rifugio Sandro Pertini, 2300 m; 05 Friedrich-August-Hütte, 2298 m; 06 Sellajoch, 2180 m; 07 Rifugio E. Comici, 2153 m; 08 Ciaulonch-Sattel, 2100 m; 09 Langkofelkar, 2085 m; 10 Piz da Uridl, 2122 m

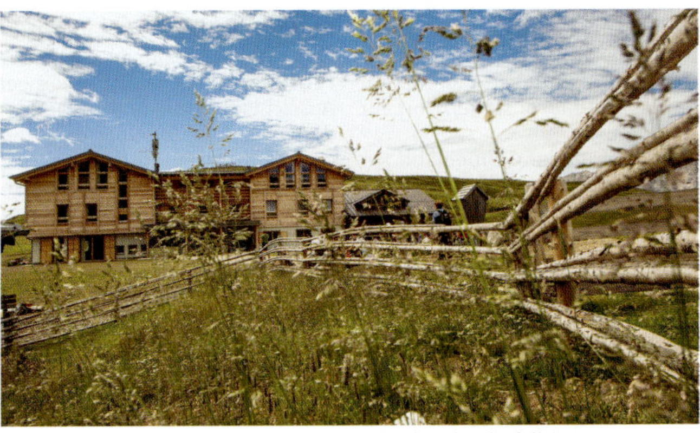

Schön gelegenes Berghaus am Fassajoch: die Plattkofelhütte

Von der **Bergstation des Florianlifts** 01 folgt man der Schotterstraße etwas bergab, bis oberhalb des Berggasthauses **Zallinger** 02 ein Fahrweg links abzweigt. Kurz darauf hält man sich rechts und steigt in einer knappen Stunde zur **Plattkofelhütte** 03 am Fassajoch hinauf. Dort trifft man auf den **Friedrich-August-Weg**, den der Sachsenkönig bereits vor über 100 Jahren anlegen ließ (siehe Tour 17) und folgt ihm Richtung Sellajoch (Mark. 557). Ohne große Höhenunterschiede führt er über die südseitigen Hänge hoch über dem Duron-Tal zum **Rifugio Sandro Pertini** 04 und weiter unter den eindrucksvollen Wänden von Zahnkofel und Innerkoflerturm, zwei Gräben querend, zur **Friedrich-August-Hütte** 05. Blickfang sind die vergletscherte Marmolada und der wuchtige Sellastock. Ein Fahrweg bringt einen in wenigen Minuten zu einem Sattel, der Forcella Rodella, hinauf. Dort wandert man links hinunter

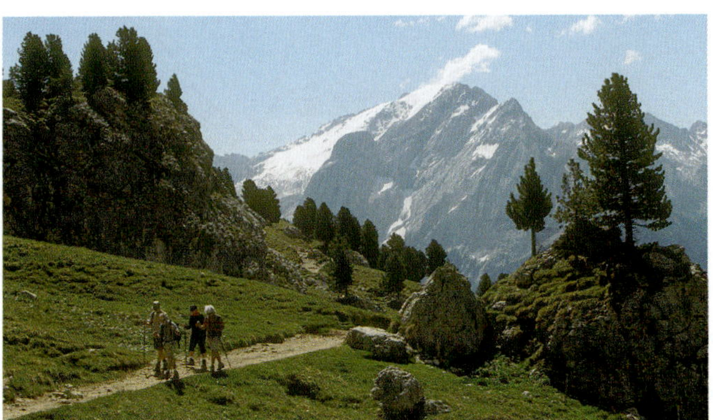

Unterwegs am Friedrich-August-Weg mit Blick auf die Marmolada

ins Skigebiet zwischen Langkofel und Sella und zum **Sellajoch** 06 mit der Dolomitenstraße. Mehrere Berggasthäuser stehen dort zur Auswahl.

Man geht an der Gondelbahn zur Langkofelscharte und hinter dem Vier-Sterne-Resort vorbei und biegt links auf den Wanderweg ab, der sich durch das Felslabyrinth der „Steinernen Stadt" schlängelt (Mark. 526). Riesige Felsblöcke eines Bergsturzes liegen dort verstreut. Alternativ könnte man auch den Lehrpfad Naturonda einschlagen, der oberhalb der Talstation der Langkofelbahn beginnt. Er verläuft einige Höhenmeter weiter oben durch das Felssturzgebiet, vorbei an zwei Aussichtspunkten und an Tafeln, die Wissenswertes über die Region erläutern. Ein bequemer Weg führt schließlich unter den gewaltigen Felsabstürzen des Langkofels zum Sattel mit dem **Rifugio E. Comici** 07. Dort steigt man auf einem etwas felsigen Steig nordöstlich in einen Talkessel hinab. Dabei orientiert man sich am Wegweiser „Langkofelhütte" und ignoriert die Rechtsabzweige. Nach etwa 15 Min. führt links Weg Nr. 526a unter den Nordwänden des Langko-

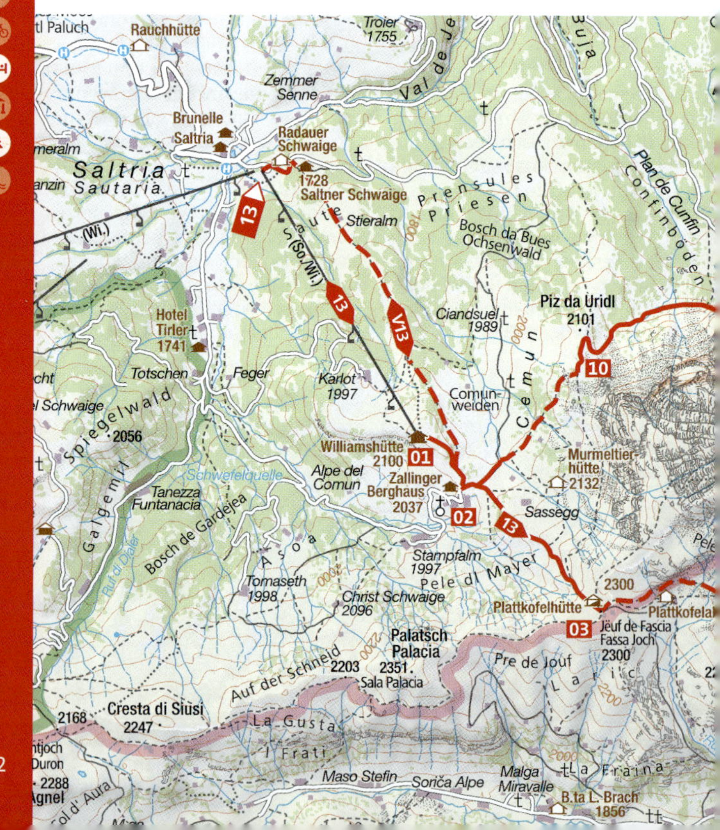

fels leicht bergan und passiert ein malerisches Felssturzgelände. An einer Verzweigung hält man sich links und kommt kurz darauf zum **Ciaulonch-Sattel** **08**. Dort biegt der Weg nach Süden ab und leitet ins **Langkofelkar** **09**, wo der Steig zur Langkofelhütte abzweigt. Wer noch genügend Energie hat, kann einen Abstecher dorthin unternehmen (25 Min.). Andernfalls quert man die Geröllhalden zum breiten Hüttenfahrweg, folgt ihm kurz bergab und zweigt links auf Weg Nr. 527 Richtung „Plattkofelhütte" ab. Er fällt zu einem mit Zirben bestandenen Talboden ab und steigt anschließend noch einmal 150 Höhenmeter zum Rücken des **Piz da Uridl** **10** an. Dort schwenkt er nach links zu einer Weggabelung. Man folgt rechts dem Steig über Almmatten zu einer Schotterstraße, die nicht weit vom Gasthof **Zallinger** **02** in den Anstieg zur Plattkofelhütte mündet. Dort schließt sich der Kreis: Rechts kehrt man zur **Bergstation des Florianlifts** **01** zurück. Wer zu Fuß nach Saltria absteigen will, zweigt noch vorher rechts auf Steig Nr. 7a ab. Er führt über die Skipiste hinunter zur Talstation (0:45 Std.).

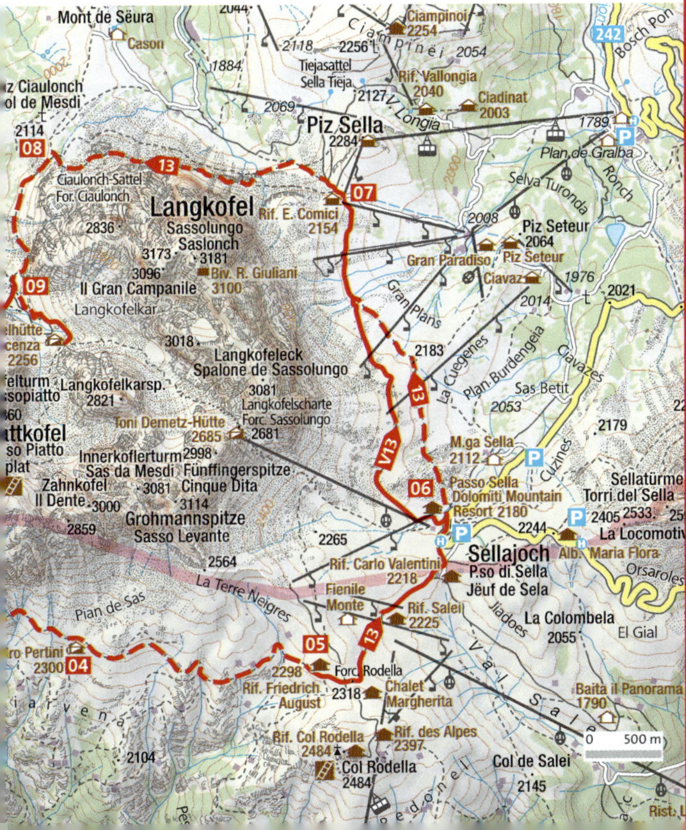

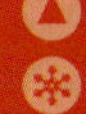

ÜBER DIE LANGKOFELSCHARTE • 2685 m

Zu Fuß und mit der Gondel in ein wildes Felsenreich

 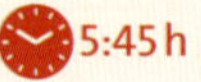 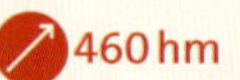  

14,5 km | 5:45 h | 460 hm | 1380 hm | 54

START | Bergstation des Florianlifts, 2100 m, Talstation in Saltria, erreichbar mit Bus von Kompatsch (Anfahrt siehe Tour 10), die Straße Kompatsch – Saltria ist für den privaten Verkehr gesperrt. [GPS: UTM Zone 32 x: 705.955 m y: 5.154.781 m]
CHARAKTER | Durch das Langkofelkar steiler Abstieg über Geröll, der Trittsicherheit verlangt, sonst unschwierige Bergwege, beim Abstieg zum Sellajoch und nach Saltria auch Fahrwege.

Eine Wanderung, die viel Abwechslung bietet – von den Weitblicken am Friedrich-August-Weg bis zum Abstieg durch den wilden Felskessel des Langkofelkars. Für ein kurzweiliges Intermezzo sorgt die Auffahrt mit den kleinen Zweier-Gondeln zur Langkofelscharte. Dort oben, eingerahmt von Langkofel und Fünffingerspitze, steht die Toni-Demetz-Hütte. Sie wurde zum Gedenken an einen jungen

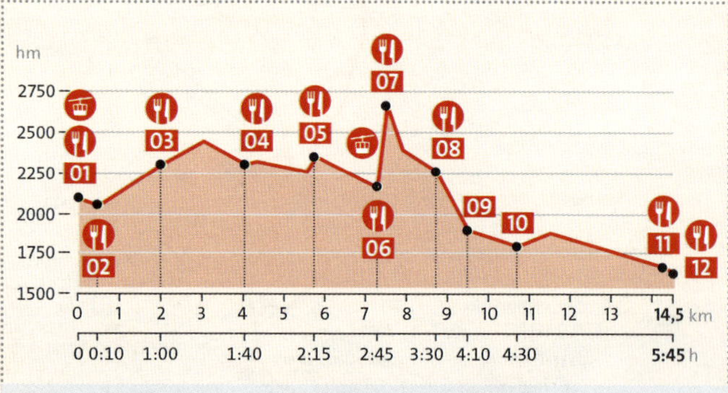

01 Bergstation Florianlift, Williamshütte, 2100 m; 02 Zallinger, 2054 m; 03 Plattkofelhütte, 2300 m; 04 Rifugio Sandro Pertini, 2300 m; 05 Friedrich-August-Hütte, 2298 m; 06 Sellajoch, Talstation Gondelbahn, 2180 m; 07 Langkofelscharte, Toni-Demetz-Hütte, 2685 m; 08 Langkofelhütte, 2253 m; 09 Confinboden, 1870 m; 10 Weg 30, 1784 m; 11 Radauer Schwaige, 1690 m; 12 Saltria, 1680 m

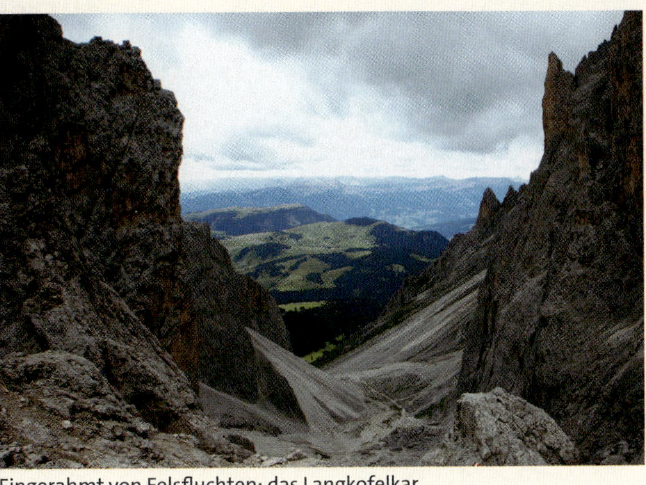

Eingerahmt von Felsfluchten: das Langkofelkar

Bergsteiger, der am Langkofel durch einen Blitzschlag ums Leben kam, von dessen Vater errichtet und 1954 eröffnet. Oft lassen sich in den Wänden über der schmalen Scharte Kletterer ausmachen, die sich an einer der zahlreichen Routen versuchen.

▶ Von Saltria fährt man mit dem Florianlift zur **Bergstation** 01 mit der **Williamshütte** hinauf und wandert auf dem breiten Schotterweg einige Meter abwärts, bis vor dem Gasthaus **Zallinger** 02 links ein weiterer Fahrweg abzweigt. Kurz darauf hält man sich rechts und steigt unter den Hängen des Plattkofels zum Fassajoch mit der **Plattkofelhütte** 03 an. Dort beginnt der östliche Abschnitt des Friedrich-August-Wegs, der zum Sellajoch führt (Mark. 557). Auf ihm geht man die Mulde mit der Plattkofelalm aus, gelangt zu einem Geländerücken und – mit schönem Blick auf das Fassatal und die Schneeflanke der Marmolada – zum **Rifugio Sandro Pertini** 04. Unterhalb der steil aufragenden Wände und Türme des Plattkofelmassivs verläuft der Steig über südseitige Hänge, geht einige Gräben aus und erreicht schließlich die **Friedrich-August-Hütte** 05, wo man auf einen Fahrweg trifft. Auf ihm steigt man kurz zu einem Sattel unter dem Col Rodella an und hält sich dort links, um vorbei an Skiliften und zwei Berggasthäusern zum **Sellajoch** hinunterzuwandern. Dort kommt man zur **Talstation der Gondelbahn** 06, mit der man sich zur **Langkofelscharte** 07 und der **Toni-Demetz-Hütte** hinaufbringen lässt (zur Hochsaison Wartezeit einkalkulieren). Wer den Anstieg zu Fuß zurücklegen möchte, folgt oberhalb der Talstation dem Weg 525, der links der Seilbahn über die immer steiler werdenden Hänge zur Scharte hinaufzieht (1:20 Std.). Vom schmalen, von Felsen eingerahmten Einschnitt schlängelt sich ein Steig über Geröll und Schotter und an Felsblöcken vorbei ziemlich steil das Langkofel-

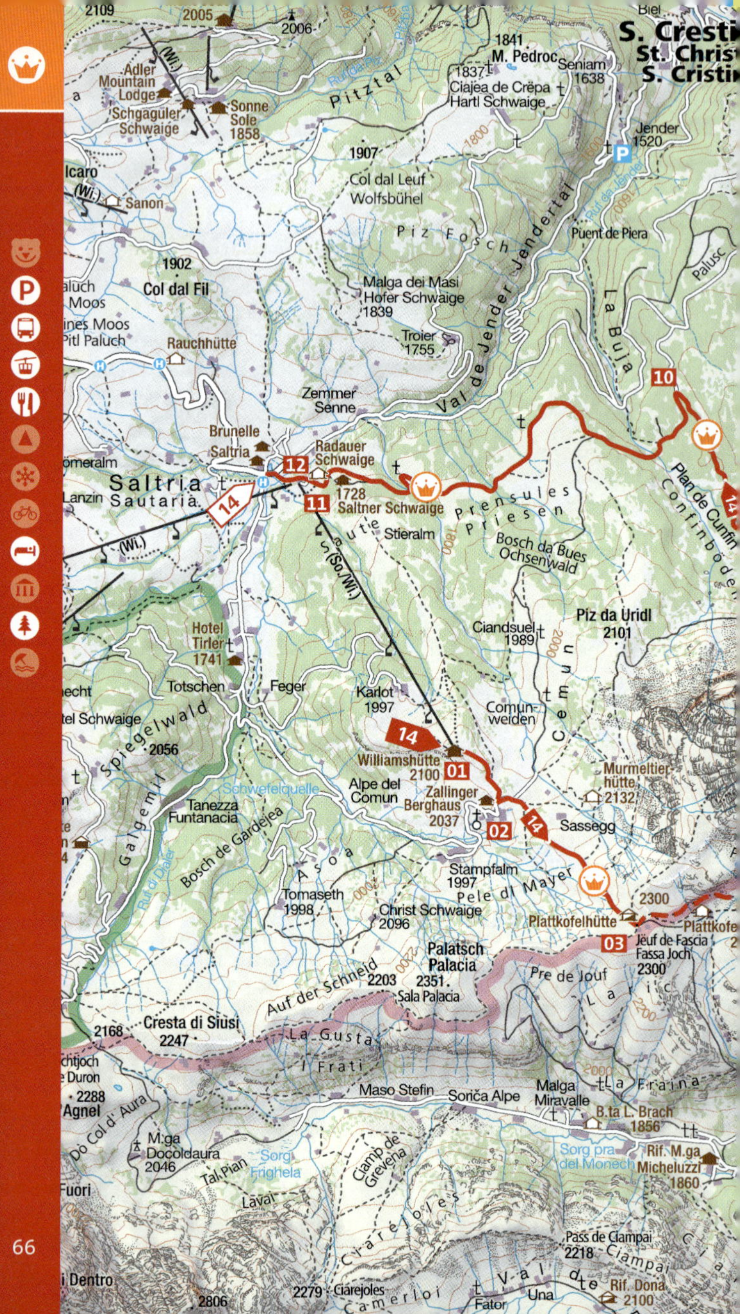
S. Cresti
St. Chris
S. Cristi
Saltria
Sautaria
Col dal Fil
1902
Rauchhütte
Brunelle
Saltria
Radauer Schwaige
1728
Saltner Schwaige
Adler Mountain Lodge
Schgaguler Schwaige
Sonne Sole 1858
Sanon
Pitztal
Col dal Leuf
Wolfsbühel
1907
Piz Fosch
Malga dei Masi
Hofer Schwaige
1839
Troier 1755
Zemmer Senne
Val de Jender
Jendertal
M. Pedroc
1841
Ciajea de Crëpa
Hartl Schwaige
Seniam 1638
Jender 1520
Puent de Piera
La Buja
Palusc
Plan de Cunfin
Confinböden
Prensules
Priesen
Stieralm
Bosch da Bues
Ochsenwald
Piz da Uridl
2101
Ciandsuel 1989
Comun-weiden
Cemun
Hotel Tirler 1741
Totschen
Feger
Karlot 1997
Williamshütte 2100
Alpe del Comun
Zallinger Berghaus 2037
Sassegg
Murmeltierhütte 2132
Spiegelwald
2056
Schwefelquelle
Tanezza Funtanacia
Bosch de Gardejea
Galgemil
Asoa
Tomaseth 1998
Stampfalm 1997
Pele dl Mayer
Christ Schwaige 2096
Plattkofelhütte
2300
Jëuf de Fascia
Fassa Joch
2300
Palatsch
Palacia
2351
Sala Palacia
Auf der Schneid
2203
Pre de Jouf
Cresta di Siusi
2247
2168
La Gusta
I Frati
Maso Stefin
Sorića Alpe
Malga Miravalle
La Fraina
B.ta L. Brach 1856
Rif. M.ga Micheluzzi 1860
Sorg pra del Monech
M.ga Docoldaura 2046
Tal Pian
Sorg Frighela
Laval
Ciamp de Grevena
Ciarejoles
Pass de Ciampai 2218
Val dte Camerloi
Rif. Dona 2100
Fator
Una
2279
Ciarejoles
2806
Dentro
Fuori
Agnel
2288
Col d' Aura
Duron
Icaro
Moos
Pitl Paluch
Lanzin
2005
2006
2109
1837
10
11
12
14
01
02
03

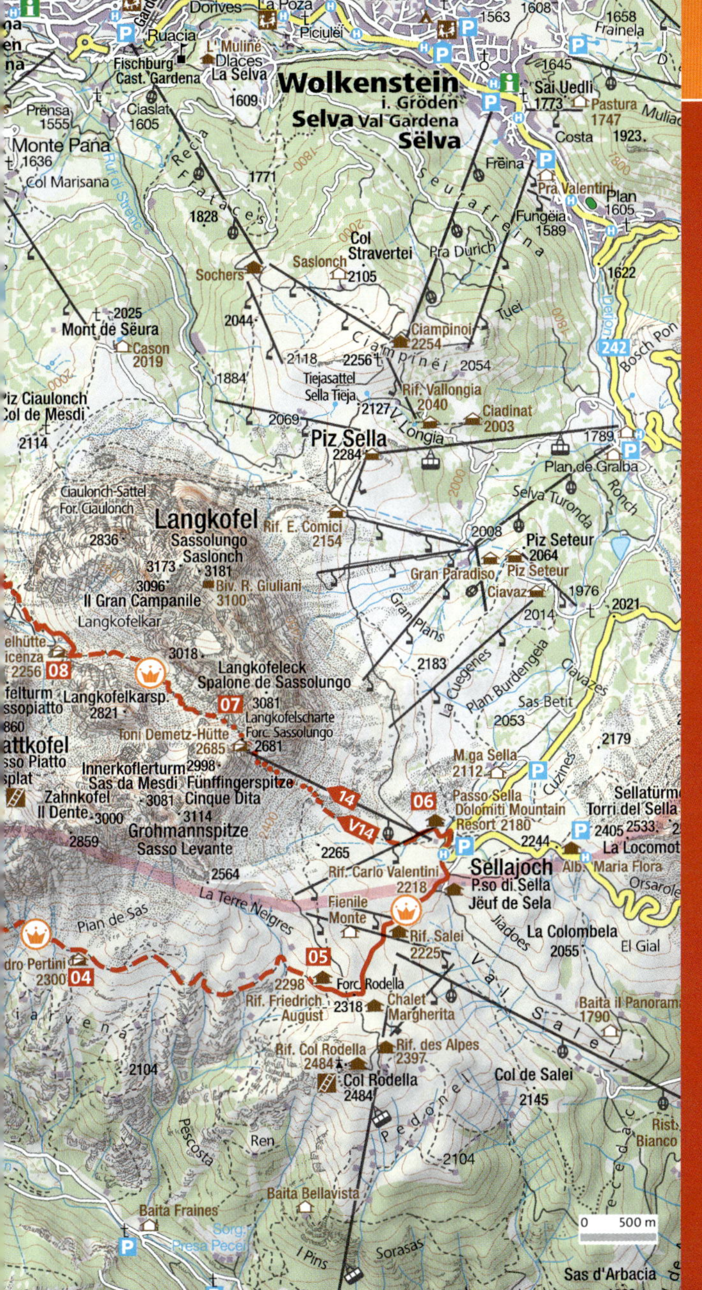
Wolkenstein
i. Gröden
Selva Val Gardena
Sëlva
Dorives
La Poza
Rustlea
Piciulëi
Ruacia
Fischburg
Cast. Gardena
L' Muline
Dlaces
La Selva
1609
1563
1608
1658
Frainela
1645
Sai Uedli
1773
Pastura
1747
Muliac
Costa
1923
Prënsa
1555
Ciaslat
1605
Monte Pana
1636
Col Marisana
Rëcia
Frataces
1771
1828
Frëina
Pra Valentini
Plan
1605
Fungëia
1589
Seurafreina
Col
Stravertei
Saslonch
2105
Pra Durich
Sochers
1622
Tuei
2025
Mont de Sëura
Cason
2019
2044
Ciampinoi
2254
Ciampinëi
2054
242
Bosch Pon
2118
2256
1884
Tiejasattel
Sella Tieja
Rif. Vallongia
2040
2127
V. Longia
Cladinat
2003
Piz Ciaulonch
Col de Mesdì
2114
2069
Piz Sella
2284
1789
Plan de Gralba
Ronch
Ciaulonch-Sattel
For. Ciaulonch
Langkofel
Sassolungo
Saslonch
Rif. E. Comici
2154
Selva Turonda
2836
3173
3181
3096
Biv. R. Giuliani
3100
2008
Piz Seteur
2064
Gran Paradiso
Piz Seteur
Il Gran Campanile
Langkofelkar
Ciavaz
1976
2021
2014
Gran Plans
3018
Langkofeleck
Spalone de Sassolungo
2183
La Cuegenes
Plan Burdengeia
Ciavazes
08
07
Langkofelkarsp.
2821
3081
Langkofelscharte
Forc. Sassolungo
Sas Betit
2053
Toni Demetz-Hütte
2685
2681
2179
Innerkoflerturm
2998
Sas da Mesdi
Fünffingerspitze
Cinque Dita
3081
M.ga Sella
2112
Zahnkofel
Il Dente
3000
3114
14
06
Passo Sella
Dolomiti Mountain
Resort 2180
Cuzines
Sellatürme
Torri del Sella
2405
2533
Grohmannspitze
Sasso Levante
2859
V14
2244
La Locomot
2265
2564
Rif. Carlo Valentini
2218
Sellajoch
P.so di Sella
Jëuf de Sela
Alb. Maria Flora
Orsarole
La Terre Neigres
Fienile
Monte
Pian de Sas
Rif. Salei
2225
Jiadoes
La Colombela
2055
El Gial
Val Salei
05
Pertini
2300
04
2298
Forc. Rodella
Rif. Friedrich
August
2318
Chalet
Margherita
Baita il Panorama
1790
Rif. Col Rodella
2484
Rif. des Alpes
2397
Col Rodella
2484
Col de Salei
2145
2104
Pedonel
Pescosta
Ren
2104
Rist.
Bianco
Baita Bellavista
Baita Fraines
Sorg.
Presa Pecei
I Pins
Sorasas
Ronch
Sas d'Arbacia
1803
0
500 m

kar hinunter (Mark. 525). Immer wieder wird man den Kopf in den Nacken legen, um die himmelstrebenden Felswände zu bestaunen. Die grünen Böden der Seiser Alm bilden dazu einen faszinierenden Kontrast. Schließlich lässt das Gefälle nach. Man überquert einen flachen, mit Schutt bedeckten Boden, bevor es zur **Langkofelhütte** 08 noch einmal etwas steiler bergab geht. Ihre Terrasse ist der perfekte Platz, um den Felsenzirkus auf sich wirken zu lassen. Der weitere Abstieg führt kehrenreich durch den unteren Teil des Kars hinab, kreuzt einen Wanderweg und leitet durch Zirben- und Lärchenwald weiter abwärts. Der Steig mündet in einen breiten Schotterweg, auf dem man zu den Wiesen des **Confinbodens** 09 gelangt. Beim Blick zurück türmt sich das Langkofelmassiv als ein Labyrinth aus Türmen und Zacken auf. Ziemlich flach geht es nach Norden, bis man auf den **Weg 30** 10, der vom Monte Pana zur Seiser Alm führt, trifft. Ihm folgt man nach links zum Confinbach, überquert ihn und muss noch einmal einige Meter zu einem Bergrücken ansteigen. In leichtem Auf und Ab wandert man gemütlich über Wiesen und steigt schließlich zu zwei bewirtschafteten Almen ab, der etwas oberhalb des Weges gelegenen Saltner Schwaige und der **Radauer Schwaige** 11. Nach **Saltria** 12 sind es von dort nur noch wenige Minuten.

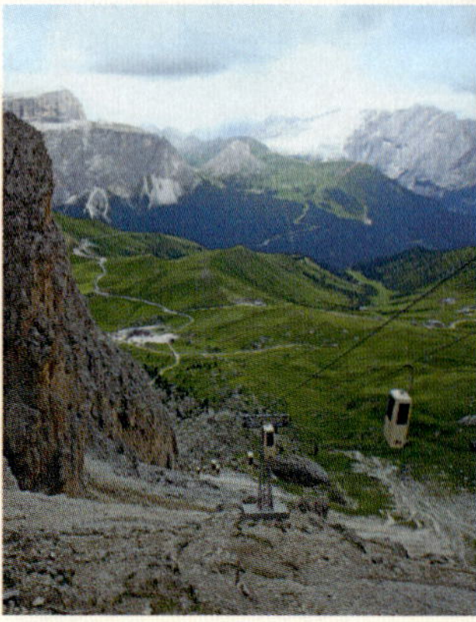

Langkofelbahn

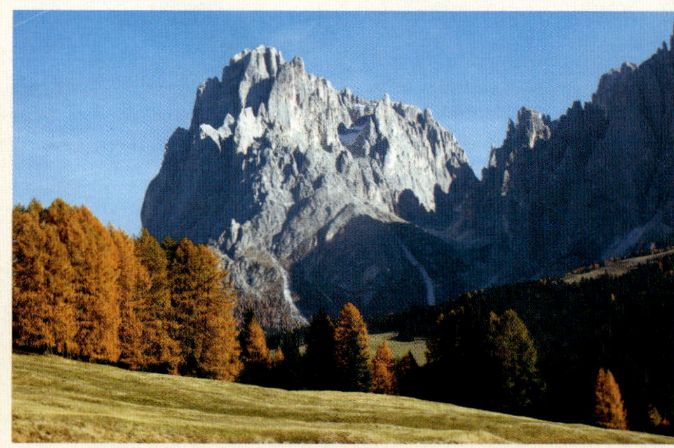

Das schattige Langkofelkar von der Seiser Alm aus

PLATTKOFEL • 2958 m

Serpentinenreigen auf einen Fastdreitausender

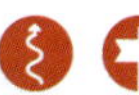 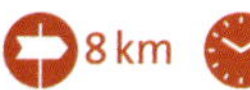 8 km  5:00 h 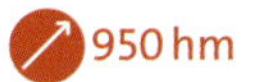 950 hm 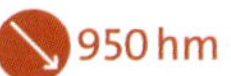 950 hm  54

START | Bergstation des Florianlifts, 2100 m, Talstation in Saltria, erreichbar mit Bus von Kompatsch (Anfahrt siehe Tour 10), die Straße Kompatsch – Saltria ist für den privaten Verkehr gesperrt. [GPS: UTM Zone 32 x: 705.955 m y: 5.154.781 m]
CHARAKTER | Der serpentinenreiche Anstieg setzt einige Ausdauer voraus, außerdem gute Trittsicherheit. Am Gipfelgrat ist Schwindelfreiheit erforderlich. Für geübte Wanderer ist die Tour aber gut zu bewältigen. Sie sollte nur bei sicherem Wetter unternommen werden.

Der Plattkofel ist der einzige Gipfel in der Langkofelgruppe, der von Wanderern ohne Kletterambitionen bestiegen werden kann. Sein Markenzeichen ist die breite, 30 Grad geneigte Südwestflanke, eine mächtige Platte aus Fels und Geröll, die ihm zu seinem Namen verholfen hat. Ihre Besteigung erfordert etwas Durchhaltevermögen, doch das Panorama, das der lang gezogene Gipfelgrat zu bieten hat, ist vom Feinsten. Der Blick fällt hinab in den wilden Bergkessel des Plattkofelkars, wandert zu den nahen Felsabstürzen des Langkofels und über die weiten Böden der Seiser Alm und erfreut sich an den Firngipfeln der Ötztaler und der Ortleralpen.

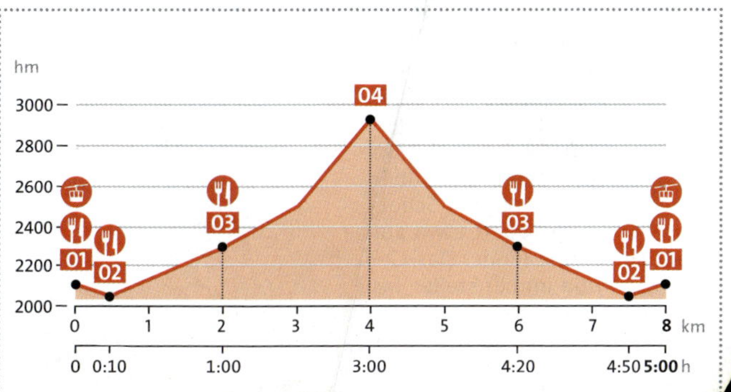

01 Bergstation Florianlift, Williamshütte, 2100 m; 02 Zallinger, 2054 m; 03 Plattkofelhütte, 2300 m; 04 Plattkofel, 2958 m

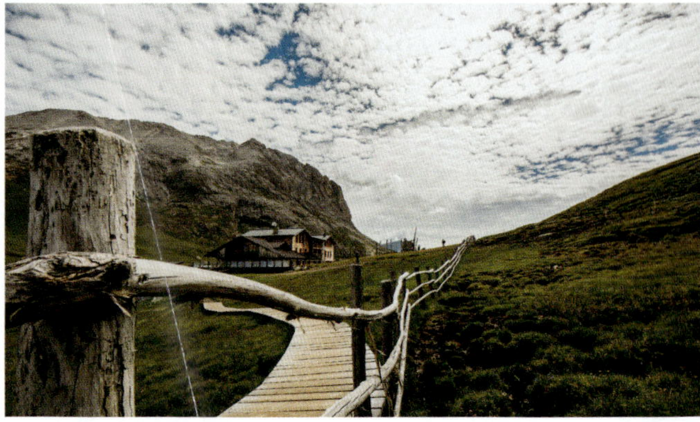

Die Plattkofelhütte lädt zur wohlverdienten Einkehr ein

▶ Von der **Bergstation des Florianlifts** 01 mit der **Williamshütte** führt ein Fahrweg zur Einkehr **Zallinger** 02. Kurz vor dem Berggasthof zweigt links ein breiter Schotterweg ab, der sich gleich darauf erneut gabelt. Rechts geht es Richtung Plattkofelhütte (Mark. 9). Der Anstieg verläuft zuerst über einen Bergrücken und führt schließlich ziemlich steil zur am Fuß des Plattkofels gelegenen **Plattkofelhütte** 03 hinauf.

Dort hält man sich links und folgt dem Steig über einen grasigen Rücken bergauf und weiter in nordöstlicher Richtung auf den riesigen Gipfelhang zu. Bei einer Mulde hat man den Fuß der weiten Schotterflanke erreicht. In vielen Kehren steigt man über Wiesenflecken, Geröll und Schotter weiter an und quert etwa auf halber Höhe eine Rinne. Das Gelände wird nun immer steiler, bis man nach rechts den Gipfelgrat erreicht. Dort endet auch der aus dem Plattkofelkar heraufführende Klettersteig, der Oskar-Schus-er-Steig.

un ist etwas Vorsicht geboten: Grat bricht steil nach Osten in das Plattkofelkar ab. Links gelangt man über den felsigen Kamm zum Mittelgipfel des **Plattkofels** 04. Auf den letzten Metern zum Gip-

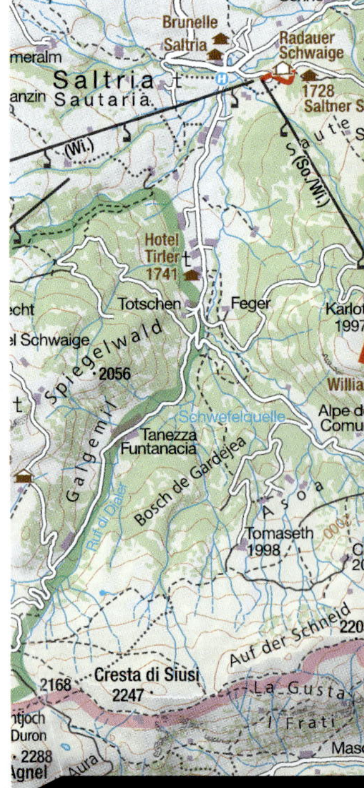

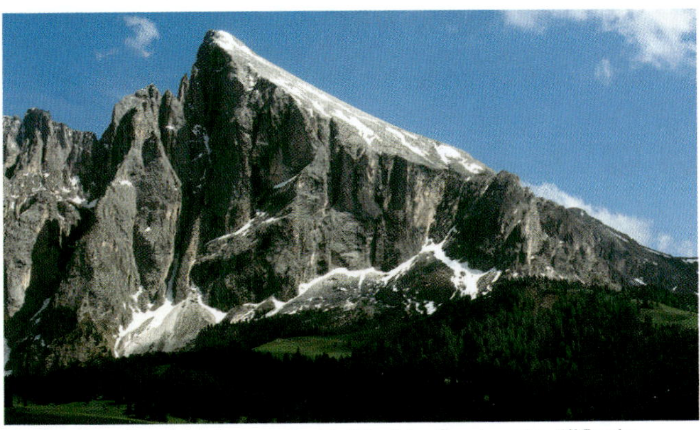

Großartiger Aussichtsberg – der Plattkofel mit seiner Geröllflanke

felkreuz ist leichte Kletterei erforderlich. Dann kann man in aller Ruhe das fantastische Panorama bestaunen, meist mit etlichen Gleichgesinnten, denn der Plattkofel gehört zu den Dolomitenklassikern. Der Abstieg erfolgt auf dem Anstiegsweg.

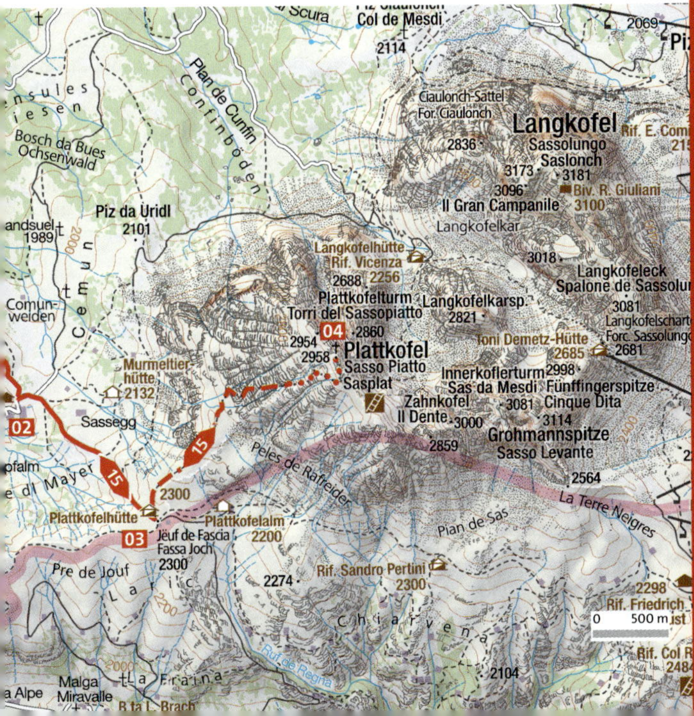

HEXENQUELLENWEG

Barfuß die Natur entdecken

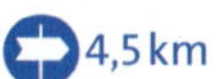

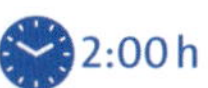

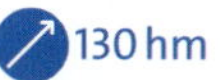

START | Saltria, 1680 m, auf der Seiser Alm, erreichbar mit Bus von Kompatsch (Anfahrt siehe Tour 10), die Straße Kompatsch – Saltria ist für den privaten Verkehr gesperrt.
[GPS: UTM Zone 32 x: 704.634 m y: 5.156.562 m]
CHARAKTER | Leichte und unterhaltsame Wanderung für die ganze Familie, bis zum Almgasthof Tirler auf Asphalt, auf dem Rundweg Wald- und Wiesenpfade.

Beim Almgasthof Tirler heißt es raus aus den Schuhen und auf dem Hexenquellenweg die Natur mit nackten Fußsohlen erspüren. Der rund 2 Kilometer lange Barfuß- und Erlebnisweg schlängelt sich über Wald- und Wiesenboden, führt über Holzstege und überquert Bäche auf abenteuerlichen Brücken. Dabei wartet manche Überraschung. Stationen wie eine Hexenhöhle, ein Baumtelefon oder ein Hexenpendel wecken die Neugierde. Skulpturen aus Holz und Stein säumen den Weg. Immer wieder begegnet den großen und kleinen Wanderern die Hexe Curandina. Ziel der kleinen Runde ist eine Schwefelquelle im sagenumwobenen Wald Bosch Curasoa, der einst von Hexen bewohnt gewesen sein soll. Zusätzlich zur hier angegebenen Gehzeit sollte genügend Zeit für das Erkunden des Weges und seiner Stationen eingeplant werden. In der Hauptsaison von Mitte Juni bis Mitte Oktober fährt einmal am Vormittag ein Bus von Kompatsch direkt zum Tirler.

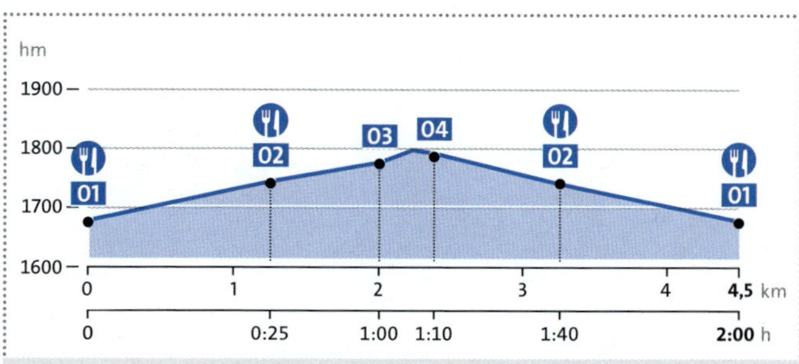

01 Saltria, 1680 m; 02 Almgasthof Tirler, 1741 m; 03 Brücke, 1780 m; 04 Schwefelquelle, 1793 m

Von der Bushaltestelle in **Saltria** 01 geht man kurz auf der Zufahrtsstraße zurück und biegt gegenüber dem Hotel Saltria in einen asphaltierten Fahrweg ein. Nur leicht ansteigend wandert man über Almwiesen, am Hotel Floralpina vorbei, zum Hotel und **Almgasthof Tirler** 02. Beim Spielplatz weist die Hexe Curandina, aus Holz geschnitzt, den Weg. Dort beginnt der Hexenquellenweg. Wer will, kann nun barfuß weitergehen. Gleich die erste Station lädt dazu ein, mit den Fußsohlen einen Barfuß-Parcours zu erkunden. Ein Pfad führt über Wiesen an einem hölzernen Bären vorbei zum Bach, den man auf einer kleinen Brücke überquert. Am linken Bachufer geht es auf einem wurzeligen Steig leicht bergauf. Ein Zeichen auf Steinen und Bäumen weist immer wieder den Weg. Nachdem man die Hexenhöhle erforscht hat, schlängelt sich der Pfad durch Wald und über Lichtungen. Auf einer wackeligen **Holzbrücke** 03 geht man schließ-

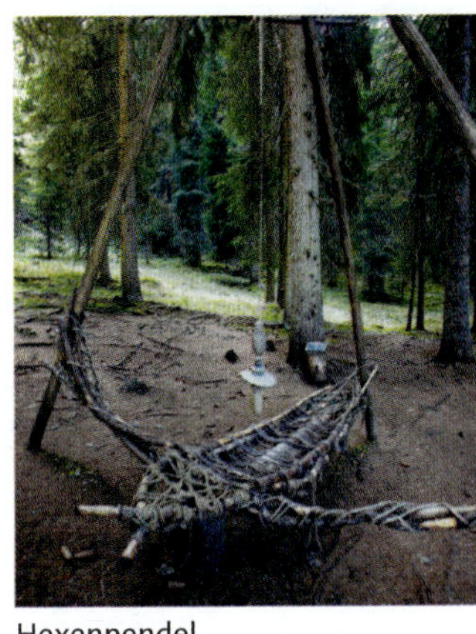

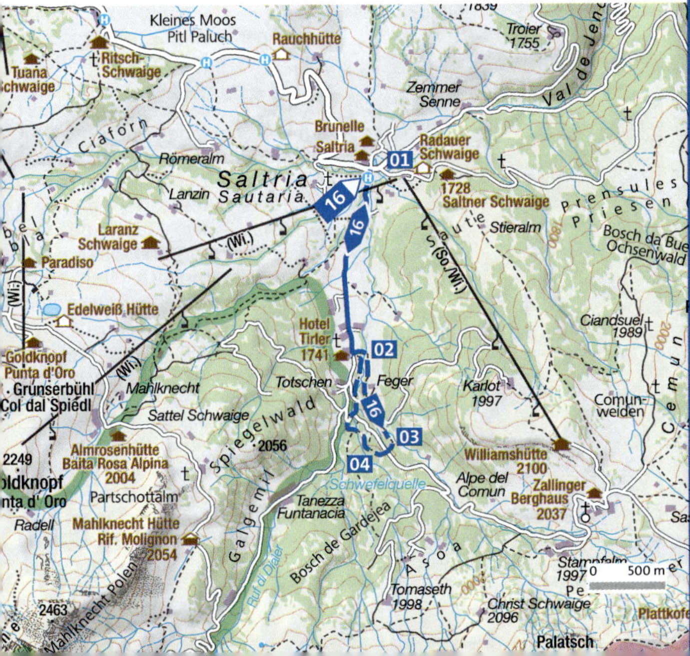

Hexenpendel

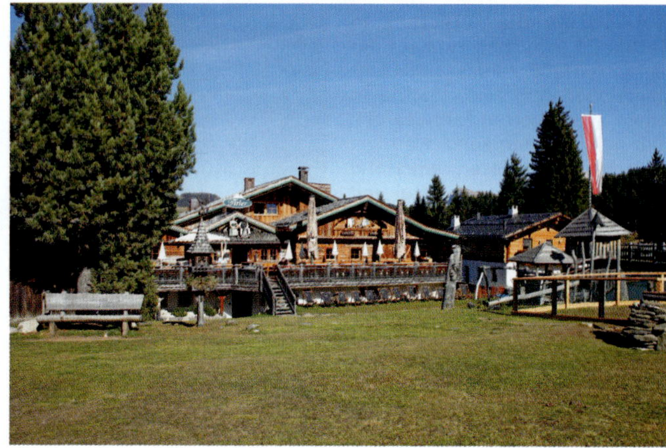

Einladender Sonnenplatz beim Almgasthof Tirler

lich wieder über den Bach und steigt am anderen Bachufer noch etwas bergauf. Holzstege leiten durch den Wald zu einer Forststraße, die gequert wird. Kurz darauf hat man die **Schwefelquelle** 04 erreicht, die mit einem Zaun aus Pfählen und Reisig eingefasst ist. Ihr Geruch nach faulen Eiern ist bereits aus einiger Entfernung auszumachen. Trotzdem kann man einen Schluck vom kühlen Wasser trinken, das sehr gesundheitsfördernd sein soll. Der Hexenquellenweg setzt sich unterhalb der Quelle fort und führt dort am Hexenpendel vorbei. Leicht fallend geht es nun wieder Richtung Almgasthof Tirler zurück. In der Nähe eines Bachs geht man rechts an einer „Steinsäule" vorbei – links am Ufer bieten sich schöne Spielmöglichkeiten. Holzstege leiten unter der Brücke einer Forststraße hindurch. Anschließend überquert man den Bach und trifft wieder auf den Hinweg, auf dem man zum **Almgasthof Tirler** 02 zurückkehrt. Dort ist es Zeit für eine gemütliche Einkehr – schließlich will ja auch der Spielplatz noch erkundet werden. Auf dem Fahrweg wandert man in 20 Min. zurück nach **Saltria** 01 und fährt mit dem Bus wieder nach Kompatsch.

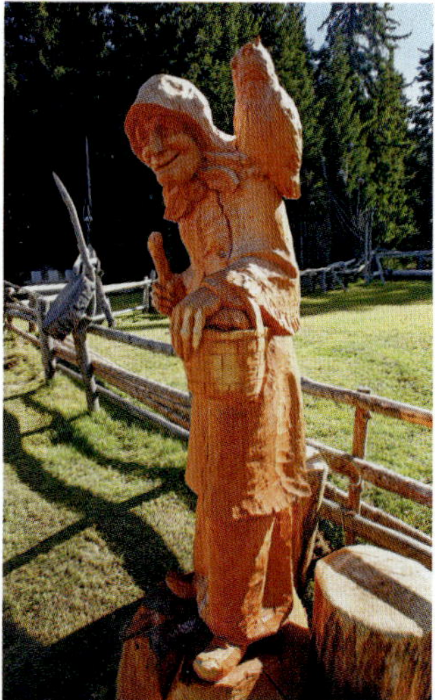

Hexe Curandina

AUF DEM FRIEDRICH-AUGUST-WEG

Höhenwanderung über der Seiser Alm

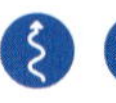 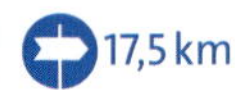 17,5 km 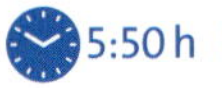 5:50 h 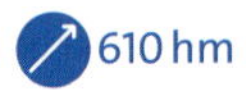 610 hm  780 hm  54

START | Kompatsch, 1855 m, Bergstation der Seiser-Alm-Bahn, Talstation mit Parkplatz in Seis. Parkplatz (hohe Gebühr) auch in Kompatsch, die Straße zur Seiser Alm ist aber von 9 bis 17 Uhr für den privaten Verkehr gesperrt. Bus nach Seis von Brixen über Klausen und Kastelruth und von Bozen über Völs, von Seis und Kastelruth auch Busverbindung nach Kompatsch.
[GPS: UTM Zone 32 x: 700.692 m y: 5.157.625 m]
CHARAKTER | Unschwierige Wanderung, die zu einem großen Teil auf Fahrwegen, über den Kamm auch auf guten Bergwegen verläuft. Wegen der Länge und der Wegstrecke ist allerdings Ausdauer erforderlich.

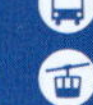

Der Sachsenkönig Friedrich August war vom Dolomitenpanorama zwischen Sellajoch und Seiser Alm so beeindruckt, dass 1906 auf seine Initiative hin ein Höhenweg angelegt wurde. Auch heute noch sind Wanderer auf dem Friedrich-August-Weg vom wahrhaft königlichen Panorama begeistert. Der bekannteste Abschnitt verläuft

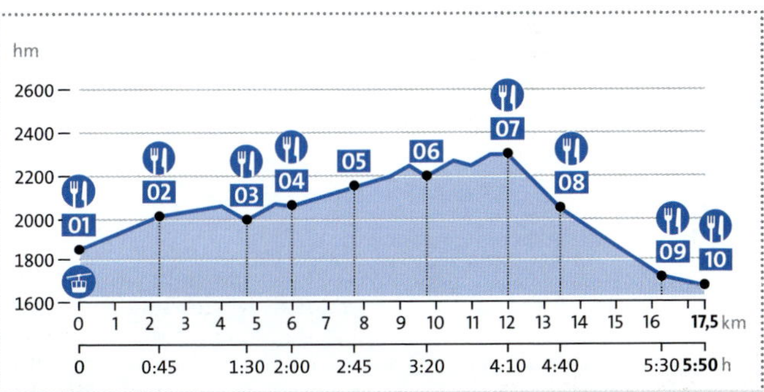

01 Kompatsch, Bergstation Seiser-Alm-Bahn, 1855 m; 02 Alpenhotel Panorama, 2009 m; 03 Almrosenhütte, 2004 m; 04 Mahlknechthütte, 2054 m; 05 Mahlknechtjoch, 2168 m; 06 Palacia-Sattel, 2203 m; 07 Plattkofelhütte, 2300 m; 08 Zallinger, 2037 m; 09 Almgasthof Tirler, 1741 m; 10 Saltria, 1680 m

unter den Südwänden der Langkofelgruppe vom Fassa- zum Sellajoch (siehe Tour 13 und 14), doch auch der westliche Teil über den Höhenrücken „Auf der Schneid“ bietet großartige Dolomitenansichten.

▶ Von der Bergstation der Seiser-Alm-Bahn in **Kompatsch** 01 geht man rechts zur Seiser-Alm-Straße und gegenüber an der Informationsstelle vorbei auf den asphaltierten Fahrweg, der in Kehren zum **Alpenhotel Panorama** 02 hinaufführt. Dorthin gelangt man auch mit dem Sessellift (Talstation östlich der Bergstation der Seiser-Alm-Bahn, ausgeschilderter Fußweg).
Beim Hotel beginnt ein mit der Nr. 2 markierter Fußweg, der über die Almwiesen gemütlich bergauf leitet und dabei das Ladinser Moos durchquert. Bei einer Verzweigung geht man links zum Fahrweg und folgt ihm unterhalb des Hotel-Restaurants Goldknopf vorbei und in ein Bachtal hinab (Mark. 7). Man passiert die kleine, urige **Almrosenhütte** 03, hält sich dort rechts und kommt etwas ansteigend zur **Mahlknechthütte** 04, einer gemütlichen Einkehr mit eindrucksvollem Blick auf die düsteren Nordwände des Molignonkamms, den nördlichsten Ausläufern des Rosengartens.
Für eine kürzere Almenrunde – ohne Begehung des Friedrich-August-Wegs – könnte man vom Gasthaus auf dem Fahrweg ins Tal des Dialerbachs absteigen und nach Saltria hinauswandern (Mark. 8a und 8, 1:15 Std.).
Geradeaus führt der Wanderweg 7 durch ein Wiesentälchen sanft bergauf und mündet nach der Querung einiger Bäche in eine Schotterstraße, der man weiter aufwärts folgt. Bei einer Weggabelung hält man sich zunächst geradeaus, zweigt aber kurz darauf links ab, um zum **Mahlknecht-**

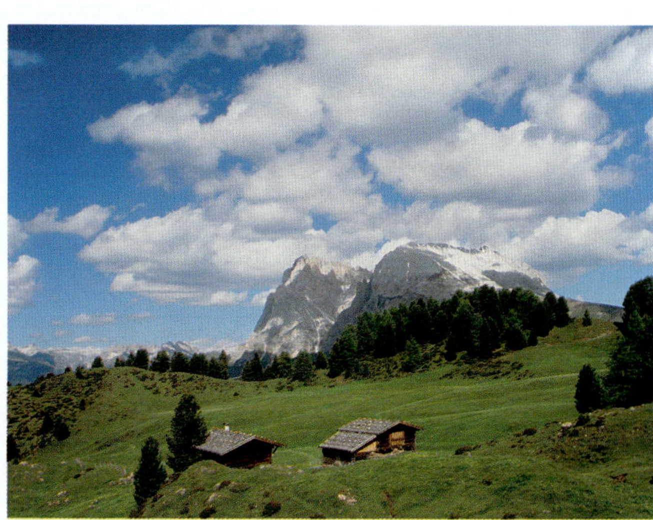
Immer wieder neue Ausblicke bietet der Anstieg zur Mahlknechthütte

joch 05 anzusteigen (Mark. 4B). Dort trifft man auf den Friedrich-August-Weg und biegt links ein (Mark. 4) Man wandert nun entlang des Höhenrückens, der Seiser Alm und Durontal trennt, auch „Auf der Schneid" genannt, nach Osten. Der Steig verläuft in einigem Auf und Ab über die Südseite des Kamms und gewährt eindrucksvolle Blicke auf den nordöstlichen Teil der Rosengartengruppe und auf die firnglänzende Marmolada. Nach dem **Palacia-Sattel** 06 wird die gleichnamige Erhebung rechts umgangen, dann steigt man noch einmal etwas an, bis man am Fassajoch unter der mächtigen Südwestflanke des Plattkofels den höchsten Punkt erreicht hat und in der **Plattkofelhütte** 07 rasten kann. Anschließend bringt einen der Fahrweg ziemlich steil hinunter zu einer Verzweigung beim Berggasthaus **Zallinger** 08. Dort kann man wählen: Rechts geht es zur Bergstation des Florianlifts, der eine knieschonende Alternative für den Abstieg nach Saltria bietet. Für den Fußweg hält man sich links, wandert am Gasthof vorbei zu einem Bach hinab und folgt der Forststraße das waldige Tal hinaus (Mark. 9). Sie mündet schließlich in den breiten Schotterweg, der von der Mahlknechthütte herunterführt. Kurz darauf gelangt man zum Hotel und **Almgasthof Tirler** 09 und kann dort auf der Sonnenterrasse die Wanderung ausklingen lassen.

Nach **Saltria** 10 mit der Bushaltestelle für die Rückkehr nach Kompatsch sind es noch einmal 20 Min. Fußweg auf der asphaltierten Zufahrtsstraße. Wer zu Fuß nach Kompatsch zurückkehren will, biegt in Saltria zunächst in die Fahrstraße ein, zweigt in der ersten Rechtskehre links auf den Wanderweg 30 ab und folgt dieser Markierung zum Ausgangspunkt (1:45 Std).

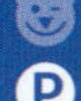
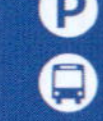

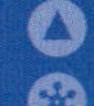

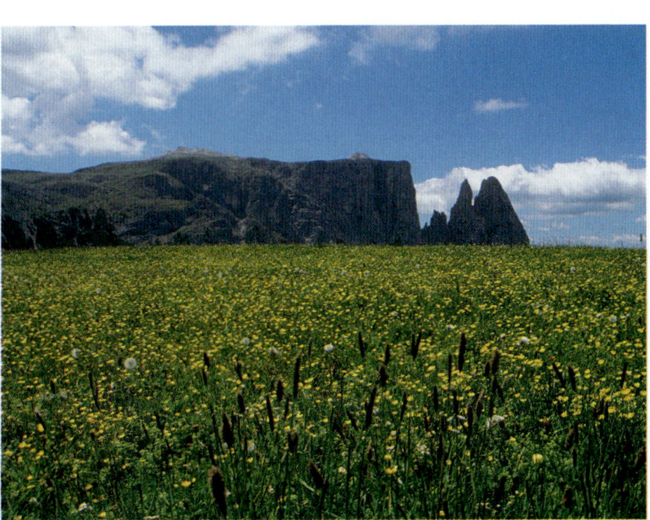

Blumenmeer Seiser Alm mit dem markanten Profil des Schlern

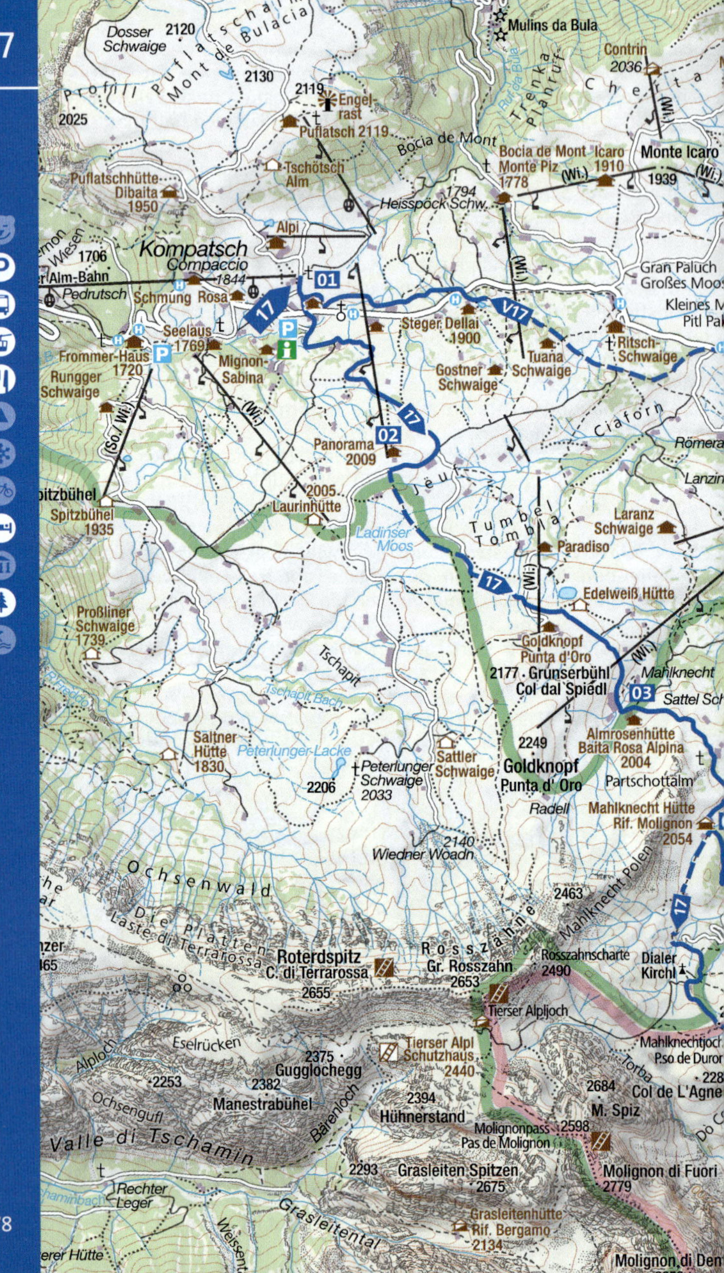
Mulins da Bula
Contrin
2036
Dosser Schwaige
2120
Pufflatschalm
Mont de Bulacia
2130
Profil
2025
2119
Engelrast
Puflatsch 2119
Bocia de Mont
Bocia de Mont
Monte Piz
1778
Icaro
1910
Monte Icaro
1939
Tschötsch Alm
Puflatschhütte
Dibaita
1950
1794
Heisspöck Schw.
Alpi
Kompatsch
Compaccio
1844
1706
Pedrutsch
Schmung
Rosa
01
17
V17
Gran Paluch
Großes Moos
Kleines M
Steger Dellai
1900
Seelaus
1769
Frommer-Haus
1720
Rungger Schwaige
Mignon-Sabina
Gostner Schwaige
Tuana Schwaige
Ritsch-Schwaige
Ciaforn
02
Panorama
2009
Spitzbühel
1935
2005
Laurinhütte
Ladinser Moos
Jëuf
Tumbel
Tombla
Laranz Schwaige
Paradiso
Edelweiß Hütte
Proßliner Schwaige
1739
Goldknopf
Punta d'Oro
2177 · Grunserbühl
Col dal Spiedl
Mahlknecht
03
Tschapit
Tschapit Bach
Saltner Hütte
1830
Peterlunger Lacke
2206
Peterlunger Schwaige
2033
Sattler Schwaige
2249
Goldknopf
Punta d' Oro
Almrosenhütte
Baita Rosa Alpina
2004
Partschottalm
Radell
Mahlknecht Hütte
Rif. Molignon
2054
2140
Wiedner Woadn
Ochsenwald
Die Platten
Laste di Terrarossa
Mahlknecht Polen
2463
Rosszähne
Roterdspitz
C. di Terrarossa
2655
Gr. Rosszahn
2653
Rosszahnscharte
2490
Dialer Kirchl
Tierser Alpljoch
Mahlknechtjoch
P.so de Duron
Eselrücken
2375
Gugglochegg
2382
Tierser Alpl Schutzhaus
2440
Alploch
2253
Manestrabühel
Ochsengufl
Bärenloch
2394
Hühnerstand
2684
Col de L'Agnel
M. Spiz
Molignonpass
Pas de Molignon
2598
Valle di Tschamin
2293
Grasleiten Spitzen
2675
Molignon di Fuori
2779
Rechter Leger
Grasleitental
Weissental
Gräsleitenhütte
Rif. Bergamo
2134
Molignon di Den
2852

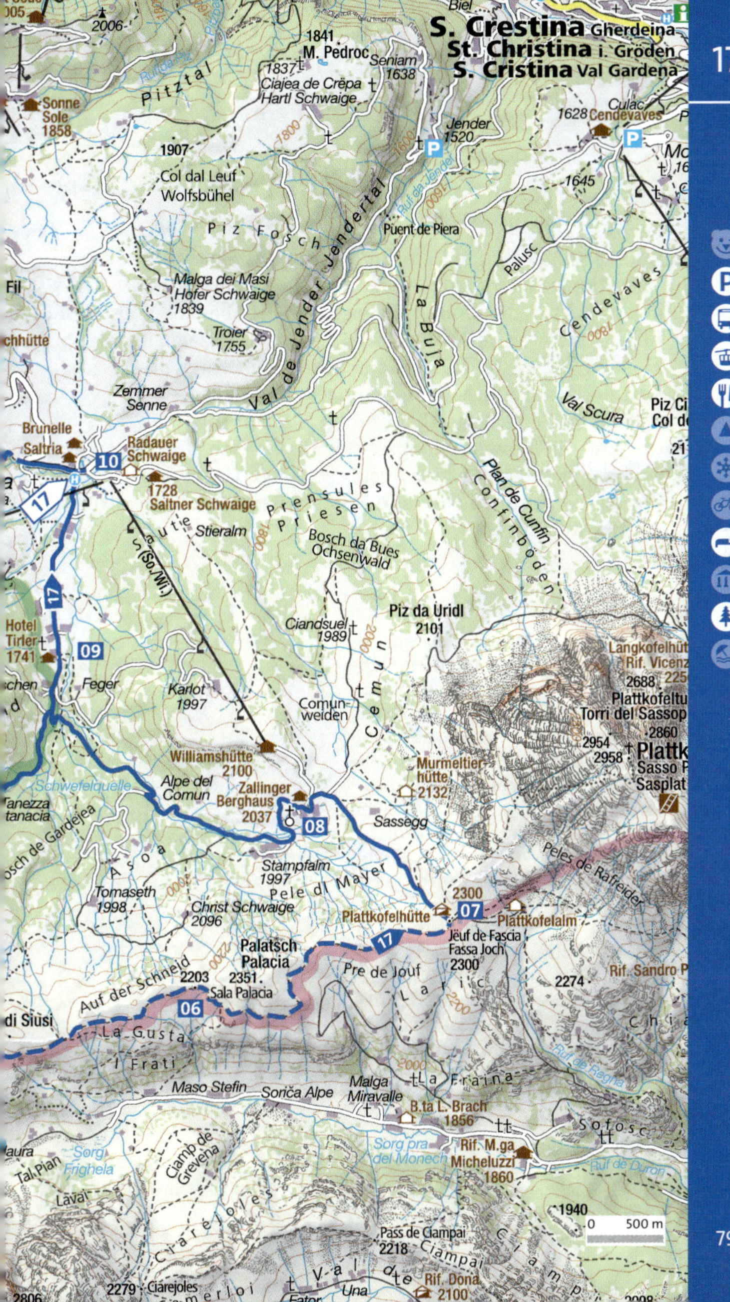
S. Crestina Gherdeina
St. Christina i. Gröden
S. Cristina Val Gardena
Col dal Leuf
Wolfsbühel
Val de Jender Jendertal
Piz da Uridl
2101
Williamshütte
2100
Zallinger Berghaus
2037
Plattkofelhütte
2300
Plattkofelalm
Jëuf de Fascia
Fassa Joch
2300
Palatsch
Palacia
Sala Palacia
Langkofelhütte
Rif. Vicenza
Pass de Ciampai
2218
Rif. M.ga Micheluzzi
1860
Saltner Schwaige
1728
Radauer Schwaige
Brunelle
Saltria
Hotel Tirler
1741
Murmeltierhütte
2132
0 500 m

HANS-UND-PAULA-STEGER-WEG

Auf den Spuren zweier Bergpioniere

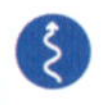 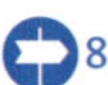 8,75 km  2:50 h  220 hm 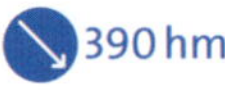 390 hm 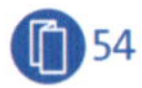 54

START | Kompatsch, 1855 m, Bergstation der Seiser-Alm-Bahn, Talstation mit Parkplatz in Seis. Parkplatz (hohe Gebühr) auch in Kompatsch, die Straße zur Seiser Alm ist aber von 9 bis 17 Uhr für den privaten Verkehr gesperrt. Bus nach Seis von Brixen über Klausen und Kastelruth und von Bozen über Völs, von Seis und Kastelruth auch Busverbindung nach Kompatsch.
[GPS: UTM Zone 32 x: 700.692 m y: 5.157.625 m]
CHARAKTER | Abwechslungsreiche Wanderung, die interessante Einsichten und großartige Ausblicke bietet. Gut markierte Wanderwege sowie Alm- und Forststraßen mit keinen allzu langen Steigungen.

Weite Almböden und malerische Lärchenwiesen, schattige Fichtenwälder und sonnenverbrannte Almhütten, ein fantastisches Dolomitenpanorama – auf dem Hans-und-Paula-Steger-Weg erlebt man Naturraum und Kulturlandschaft Seiser Alm in ihren unterschiedlichen Facetten. Infotafeln am Wegesrand erzählen dazu allerlei Wissenswertes.

▶ Von der Bergstation der Seiser-Alm-Bahn in **Kompatsch** 01 geht man rechts zur Straße nach Saltria und hält sich dort links. Kurz darauf biegt man zwischen dem modernen Kirchengebäude und der Bergrettung links ab und kommt zur Infotafel am Beginn des **Hans-und-Paula-Steger-Wegs**. Zunächst mit Nr. 30 markiert verläuft er parallel zur Fahrstraße über die Wiesen, kreuzt diese und führt am **Hotel Steger Dellai** 02 vorbei, einst von Hans und Paula

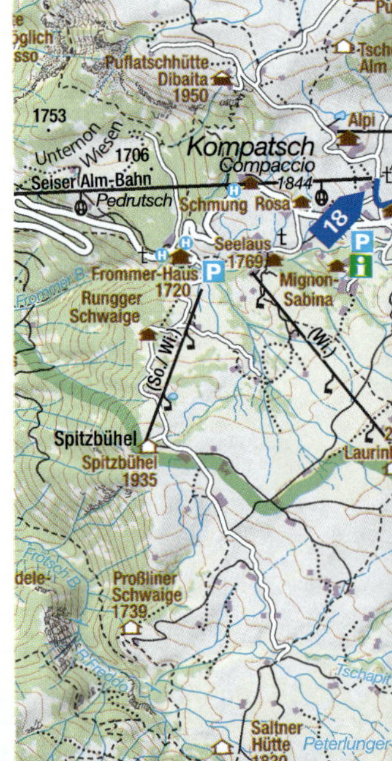

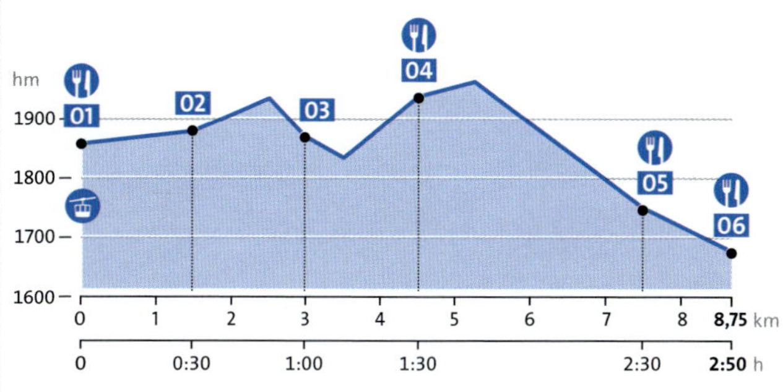

01 Kompatsch, 1855 m; **02** Hotel Steger Dellai, 1875 m; **03** Straße nach Saltria, 1862 m; **04** Laranz Schwaige, 1927 m; **05** Almgasthof Tirler, 1741 m; **06** Saltria, 1680 m

Steger geleitet und heute Sitz der aus ihrem Nachlass begründeten Stiftung. Leicht ansteigend geht es über schöne Lärchenwiesen. Die beiden Einkehrmöglichkeiten Gostner Schwaige und Ritsch Schwaige sind jeweils in einem Abstecher von wenigen Minuten

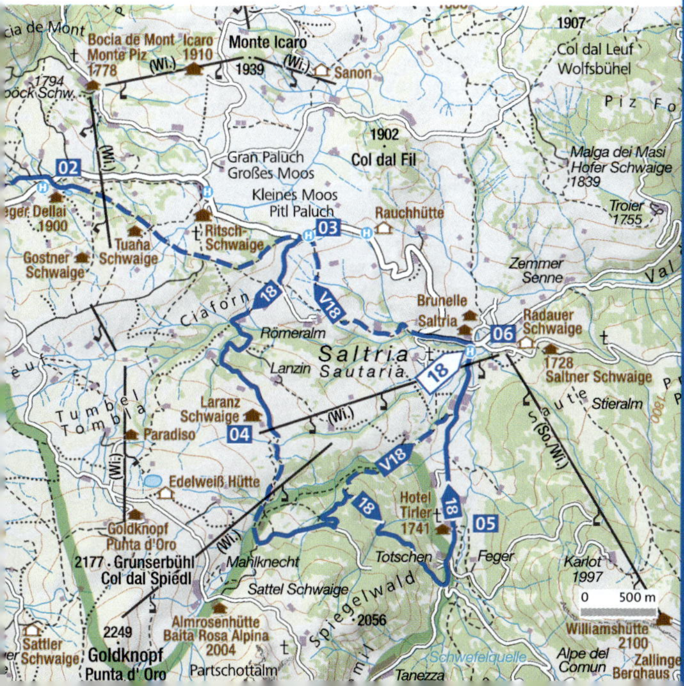

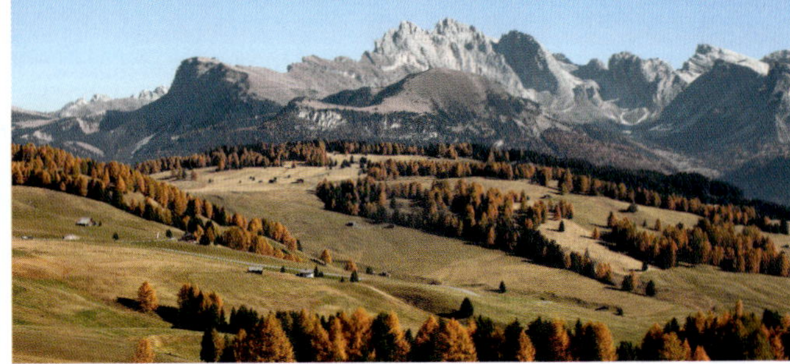

Grödener Felsgipfel über der Seiser Alm

zu erreichen. Nach einer Stunde berührt die Wanderung die **Straße nach Saltria** 03, wendet sich dort nach rechts und leitet auf einem breiten Almweg in ein Bachtal hinab (Mark. 12a). Nachdem man im waldigen Gelände angestiegen ist, tritt man auf freie Almböden hinaus. Nun folgt ein besonders genussvolles Wegstück mit herrlichem Blick über die Wiesen der Seiser Alm zu den schroffen Felsgipfeln der Geislergruppe und des Langkofelmassivs. Ein schöner Platz, um das Panorama zu würdigen, ist die bewirtschaftete **Laranz Schwaige** 04.

Dort geht man links durch ein Gatter auf einen Fußweg, der sich über Wiesenhänge schlängelt und zu einem Bachtal führt. Kurze Zeit wandert man am erfrischenden Gebirgsbach entlang, dann verlässt man ansteigend das Bachbett und trifft bei der Hütte der Mutzalm wieder auf einen Fahrweg. Nach 150 Metern hat man den höchsten Punkt der

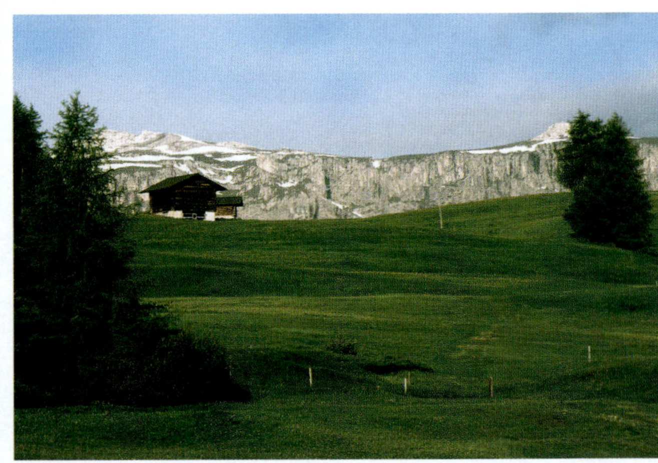

Almböden und Felswände – ein faszinierender Kontrast

Wanderung erreicht und biegt links auf einen Pfad ab, der, an nassen Stellen über Stege, zu einer Forststraße hinunterführt. Auf ihr steigt man durch Fichtenwald bergab. Links zweigt bald ein nach Saltria ausgeschilderter Steig ab, auf dem man die Tour abkürzen könnte. Er leitet etwas steiler über die Waldhänge abwärts. Der **Hans-und-Paula-Steger-Weg** folgt weiterhin dem Forstweg, der schließlich in eine breite Schotterstraße mündet.
Links erreicht man in wenigen Minuten den **Almgasthof Tirler** **05**, noch einmal eine sonnige Einkehr, und wandert auf einem asphaltierten Fahrweg über die Almwiesen nach **Saltria** **06**. Von dort verkehren Busse zurück nach Kompatsch. Für die Rückkehr zu Fuß folgt man der Straße zur ersten Rechtskehre, zweigt dort links auf Weg 30 ab und trifft nach kurzem Anstieg wieder auf den Hans-und-Paula-Steger-Weg. Auf ihm wandert man nach Kompatsch zurück (1:45 Std.).

Skistars mit Herz für die Seiser Alm

Hans Steger und Paula Wiesinger machten sich in den 1920er und 1930er Jahren als exzellente Skifahrer und Bergsteiger einen Namen. „La Paula" holte 15 nationale Titel im Skisport. Gemeinsam mit ihrem Mann war sie in schwierigen Kletterrouten in den Dolomiten unterwegs. Für eine Frau waren zu dieser Zeit solch sportliche Leistungen ungewöhnlich. Das Ehepaar Steger hatte die Seiser Alm in ihr Herz geschlossen. 1949 kauften sie das damalige Schutzhaus Dellai und gestalteten es als Hotel um. Auf ihren Wunsch hin wurde die „Hans-und-Paula-Steger-Stiftung" gegründet. Ihre Aufgaben sind u. a. die Förderung des Naturschutzes auf der Seiser Alm.

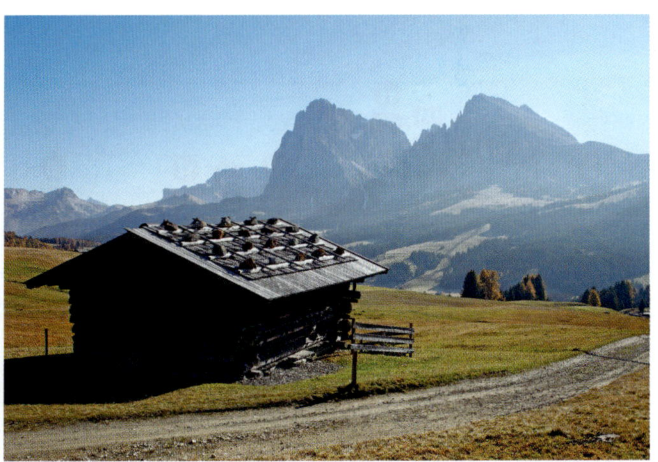

Immer wieder neue Ausblicke am Steger-Weg: Lang- und Plattkofel

TIERSER-ALPL-HÜTTE • 2440 m

Auf der Rückseite der Rosszähne

 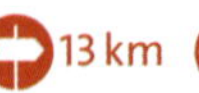 13 km 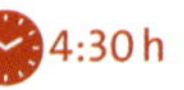 4:30 h 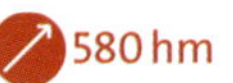 580 hm 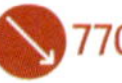 770 hm  54

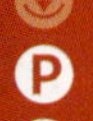

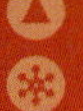

START | Kompatsch, 1855 m, Bergstation der Seiser-Alm-Bahn, Talstation mit Parkplatz in Seis. Parkplatz (hohe Gebühr) auch in Kompatsch, die Straße zur Seiser Alm ist aber von 9 bis 17 Uhr für den privaten Verkehr gesperrt. Bus nach Seis von Brixen über Klausen und Kastelruth und von Bozen über Völs, von Seis und Kastelruth auch Busverbindung nach Kompatsch.
[GPS: UTM Zone 32 x: 700.692 m y: 5.157.625 m]
CHARAKTER | Steiler Anstieg über Geröll zur Rosszahnscharte, Trittsicherheit erforderlich. Der Abstieg von der Tierser-Alpl-Hütte erfolgt auf Fahrwegen.

Es galt damals als eine verrückte Idee, die sich der Tierser Bergführer Max Aichner in den Kopf gesetzt hatte. Unter den felsigen Rosszähnen, zwischen Schlern und Rosengarten, wollte er eine Hütte bauen. Ganz alleine setzte er seine Vision in die Tat um und konnte 1963 das Schutzhaus Tierser Alpl einweihen. Heute ist seine Hütte, die immer wieder erweitert und modernisiert wurde, zuletzt 2015, ein beliebtes Ziel, liegt sie doch am Schnittpunkt

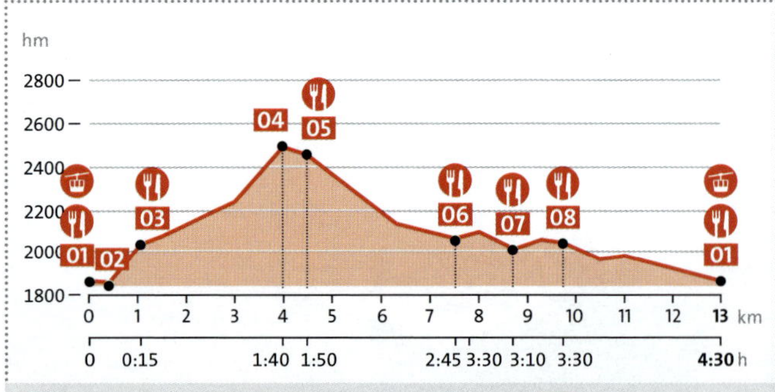

01 Kompatsch, Bergstation Seiser-Alm-Bahn, 1855 m; 02 Talstation Panoramalift, 1815 m; 03 Alpenhotel Panorama, 2009 m; 04 Rosszahnscharte, 2490 m; 05 Tierser-Alpl-Hütte, 2440 m; 06 Mahlknechthütte, 2054 m; 07 Almrosenhütte, 2004 m; 08 Abzweigung Hotel-Restaurant Goldknopf, 2045 m

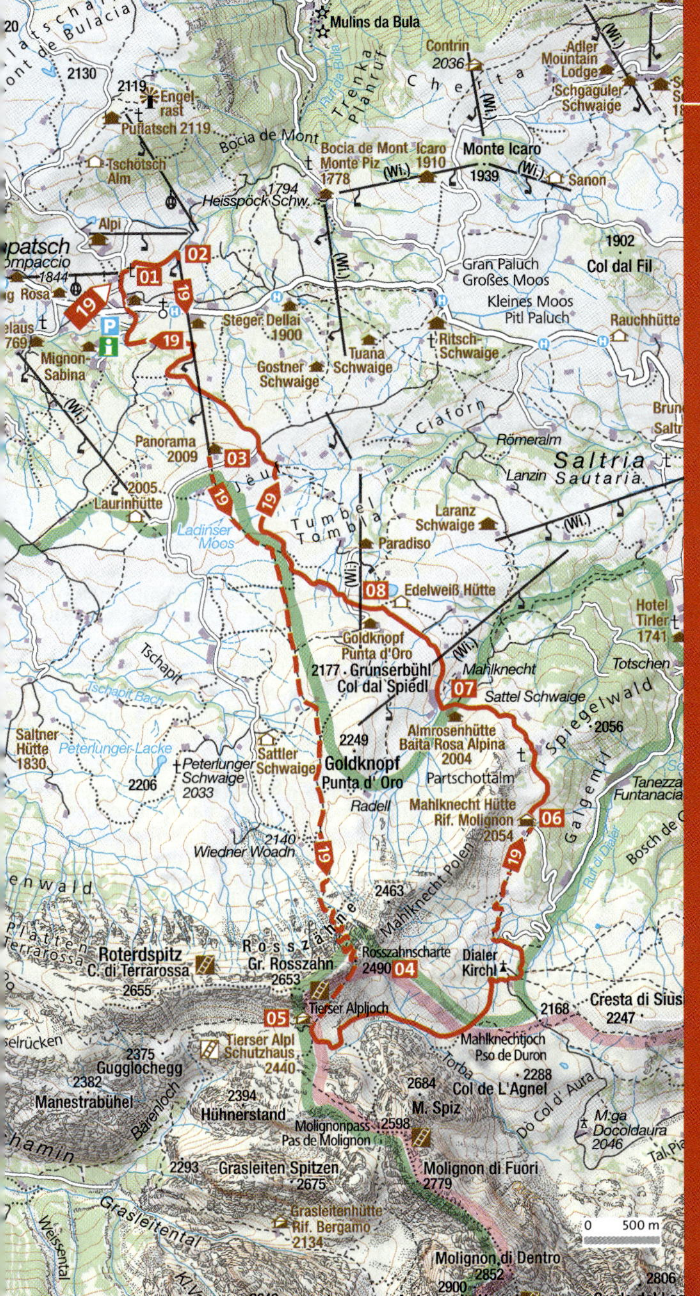

Mulins da Bula
Ruf da Bula
Trenka
Plahruf
Contrin
2036
Cherta
Adler Mountain Lodge
Schgaguler Schwaige
(Wi.)
2130
2119
Engelrast
Puflatsch 2119
Bocia de Mont
Tschötsch Alm
Bocia de Mont
Monte Piz
1778
Icaro
1910
Monte Icaro
1939
Sanon
1794
Heisspöck Schw.
Alpi
Compaccio
1844
Rosa
02
01
19
Steger Dellai
1900
Gran Paluch
Großes Moos
Kleines Moos
Pitl Paluch
1902
Col dal Fil
Rauchhütte
1769
Mignon-Sabina
Gostner Schwaige
Tuana Schwaige
Ritsch-Schwaige
Ciaforn
Römeralm
Panorama
2009
03
Saltria
Sautaria
Lanzin
2005
Laurinhütte
Ladinser Moos
Jëuf
Tumbel
Tombla
Laranz Schwaige
Paradiso
08
Edelweiß Hütte
Hotel Tirler
1741
Goldknopf
Punta d'Oro
2177
Grünserbühl
Col dal Spiedl
Mahlknecht
Totschen
07
Sattel Schwaige
Spiegelwald
2056
Tschapit
Tschapit Bach
Saltner Hütte
1830
Peterlunger Lacke
2206
Peterlunger Schwaige
2033
Sattler Schwaige
2249
Goldknopf
Punta d' Oro
Almrosenhütte
Baita Rosa Alpina
2004
Partschottalm
Tanezza
Funtanacia
Radell
Mahlknecht Hütte
Rif. Molignon
2054
06
Galgemil
Bosch de C
Ruf di Dialer
2140
Wiedner Woadn
Mahlknecht Polen
2463
Rosszähne
Platten
Terrarossa
Roterdspitz
C. di Terrarossa
2655
Gr. Rosszahn
2653
Rosszahnscharte
2490
04
Dialer Kirchl
2168
Cresta di Siusi
2247
05
Tierser Alpljoch
Mahlknechtjoch
P.so de Duron
Tierser Alpl Schutzhaus
2440
2375
Gugglochegg
2382
Manestrabühel
Bärenloch
2394
Hühnerstand
Torba
2684
Col de L'Agnel
2288
M. Spiz
Do Col d' Aura
M.ga Docoldaura
2046
Molignonpass
Pas de Molignon
2598
2293
Grasleiten Spitzen
2675
Molignon di Fuori
2779
Grasleitental
Grasleitenhütte
Rif. Bergamo
2134
Weissental
0
500 m
Molignon di Dentro
2852
2900
2806
2642

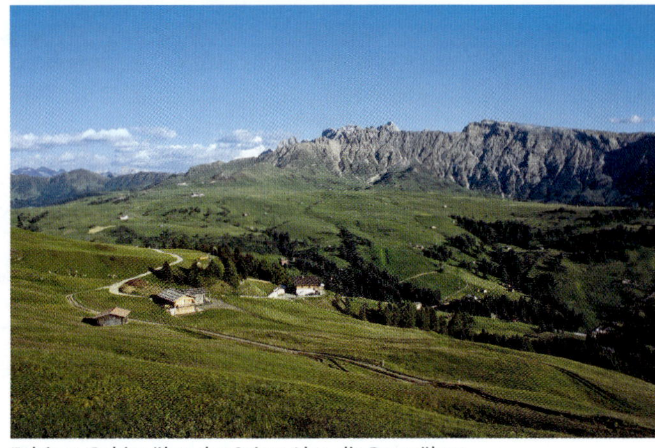

Felsiges Gebiss über der Seiser Alm: die Rosszähne

mehrerer Wege und inmitten einer faszinierenden Felslandschaft. Der Anstieg von der Seiser Alm ist kontrastreich. Die sanft ansteigenden Almwiesen werden von den steilen Geröllhalden der Rosszahnscharte abgelöst – dem Eingangstor ins Felsenreich rund um die Tierser-Alpl-Hütte.

▶ Von Seis fährt man mit der Seiser-Alm-Bahn zur Bergstation in **Kompatsch** 01 hinauf und folgt dort geradeaus dem ausgeschilderten Fußweg über die Wiesen zur **Talstation des Panoramalifts** 02. Mit dem Sessellift geht es bequem zur Bergstation beim **Alpenhotel Panorama** 03 (Anstieg zu Fuß 0:45 Std.). Geradeaus gelangt man zu einem Fahrweg und rechts nach wenigen Metern zum Beginn eines Steigs, der über die Almböden nach Süden verläuft (Mark. 2). Das Ladinser Moos wird dank einiger Bretterstege trockenen Fußes überquert. Bei einer Verzweigung biegt man rechts ab und wandert anschließend geradeaus, die Abzweigungen ignorierend, an den Anhöhen des Grunserbühls und des Goldknopfs entlang. Immer näher rücken die bizarren Zacken der Rosszähne. Schließlich hat man ihre steilen Schutthänge erreicht und steigt in Kehren etwas mühsam zur **Rosszahnscharte** 04 hinauf. Nun hat man die Felskulisse des Tierser Alpls, die nördlichsten Gipfel des Rosengartens, vor sich. Jenseits der Scharte quert der Steig nach rechts und führt unter den Felsabbrüchen der Rosszähne zur **Tierser-Alpl-Hütte** 05 am gleichnamigen Joch. Dort wird man sich erst einmal eine ausgiebige Rast mit Blick auf die beeindruckende Dolomitenszenerie ringsum gönnen. Für den Abstieg geht man an einem Windrad vorbei, folgt dem Fahrweg auf der Ostseite des Jochs bergab und wandert auf der linken Seite eines Tals talauswärts (Mark. 4). Man durchquert geradeaus einen Weidezaun und steigt über Wiesen weiter abwärts, vorbei am ehemaligen Standort des Dialer Hauses. Vor einer Rechtskehre zweigt man links auf

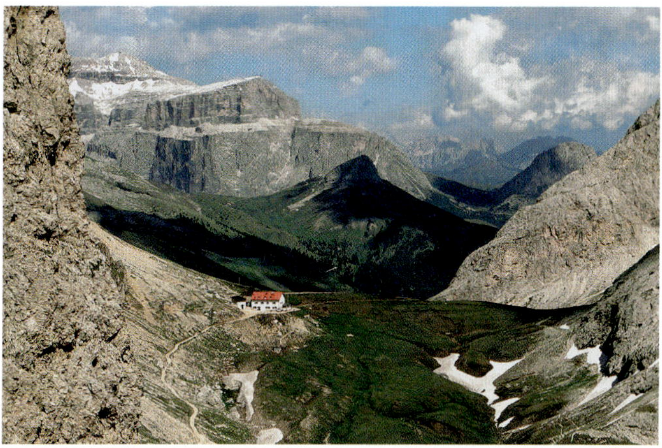

Mitten drin im Felszirkus: die Tierser-Alpl-Hütte

einen Steig ab, überquert mehrere Bachgräben und gelangt zur **Mahlknechthütte** 06 (Mark. 7). Dort trifft man wieder auf einen Fahrweg, der um einen Bergrücken herum zur nächsten Einkehr, der gemütlichen **Almrosenhütte** 07, führt. Nach einer Bachquerung muss man noch einmal 50 Höhenmeter ansteigen, dann geht es flach an einem Speichersee und an der **Abzweigung zum Hotel-Restaurant Goldknopf** 08 vorbei und in leichtem Auf und Ab zu einer Kreuzung in der Nähe des Alpenhotels Panorama. Geradeaus leitet ein asphaltierter Fahrweg nach **Kompatsch** 01 hinunter. Dort überquert man die Seiser-Alm-Straße und kehrt zur Bergstation der Seiser-Alm-Bahn zurück.

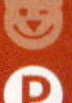
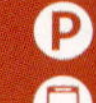

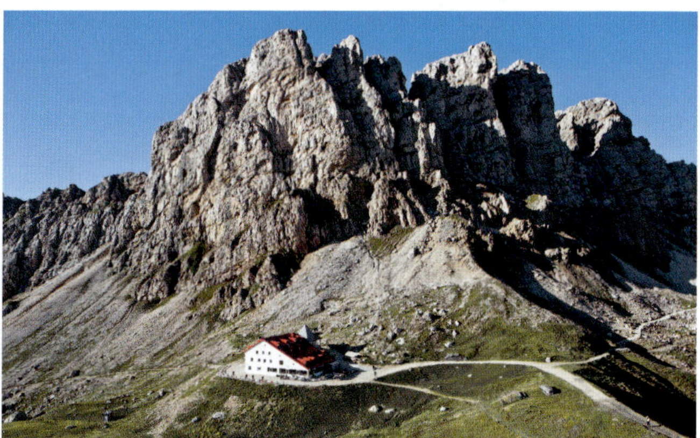

Schutzhaus Tierser Alpl unter den Rosszähnen

MAXIMILIAN-KLETTERSTEIG

Spannende Gratüberschreitung

 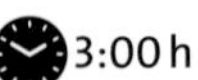 4,75 km 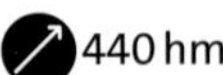 3:00 h 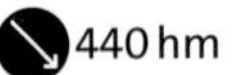 440 hm  440 hm 54

START | Tierser-Alpl-Hütte, 2440 m, Zustieg siehe Tour 19.
[GPS: UTM Zone 32 x: 702.048 m y: 5.152.636 m]
CHARAKTER | Aussichtsreicher Gratgang mit mittelschweren Klettersteigpassagen (Schwierigkeit A/B), aber auch ungesicherten Abschnitten, die leichte Kletterei erfordern, vor allem am teils ausgesetzten und brüchigen Kamm zur Roterdspitze. Gute Trittsicherheit und Schwindelfreiheit sind unbedingt erforderlich, außerdem Klettersteigausrüstung und Helm.

Wie ein von Karies zerfressenes Riesengebiss ragen die felsigen Rosszähne über der Seiser Alm empor. Ein Klettersteig überschreitet den Kamm vom Großen Rosszahn zur Roterdspitze und bietet etwas Nervenkitzel und eine eindrucksvolle Aussicht auf viele Dolomitengipfel und bis zu den Gletscherbergen des Alpenhauptkamms. Der Einstieg befindet sich nur wenige Höhenmeter über der Tierser-Alpl-Hütte. Als Tagestour ist es eine lange Unternehmung, die einige Ausdauer erfordert (rund 7 Stunden von Kompatsch aus). Es empfiehlt sich eine Übernachtung auf dem Schutzhaus – allein schon seine Lage wäre dafür Grund genug.

▶ Bei der **Tierser-Alpl-Hütte** 01 folgt man dem Wegweiser zum Maximilian-Klettersteig und

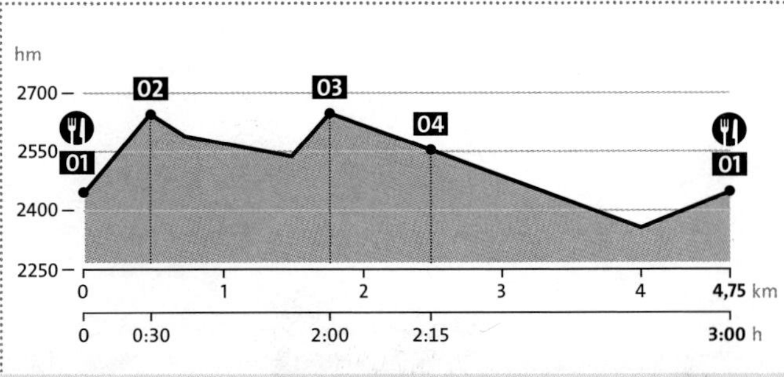

01 Tierser-Alpl-Hütte, 2440 m; 02 Großer Rosszahn, 2653 m;
03 Roterdspitze, 2655 m; 04 Weg 4, 2551 m

steigt über dem Berghaus zu den Felsen hinauf. Am Beginn einer Schlucht trifft man auf das erste Sicherungsseil. Durch den von Felsen eingerahmten Einschnitt führt dann allerdings ein ungesicherter Steig. Erst auf den letzten Metern zu einer Scharte hinauf verläuft der Anstieg wieder entlang von Seilen und über Trittstifte. Aus der Scharte geht es links über den Grat zum Gipfel des **Großen Rosszahns** **02**. Auf seiner Westseite leitet die Route durch ein Felstor und, gut gesichert, über einen felsigen Abhang hinunter. Nun folgt man dem teils ausgesetzten Verbindungsgrat zur Roterdscharte und muss dabei einige ungesicherte Felspassagen bewältigen. Von der Scharte führt ein Notabstieg nach Süden hinab und zurück zur Tierser-Alpl-Hütte. Der Klettersteig verläuft über den Ostgrat zur **Rot-**

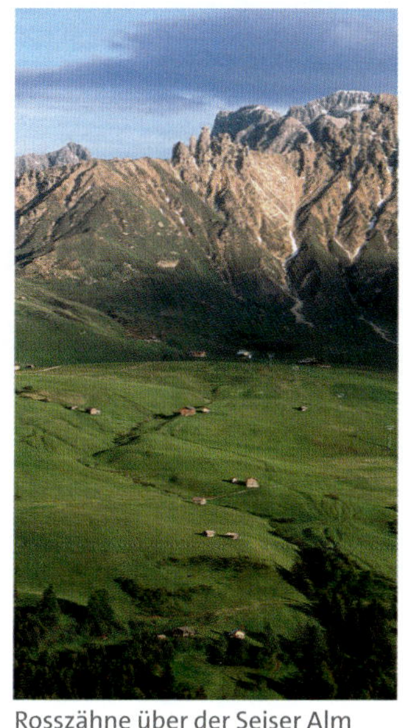

Rosszähne über der Seiser Alm

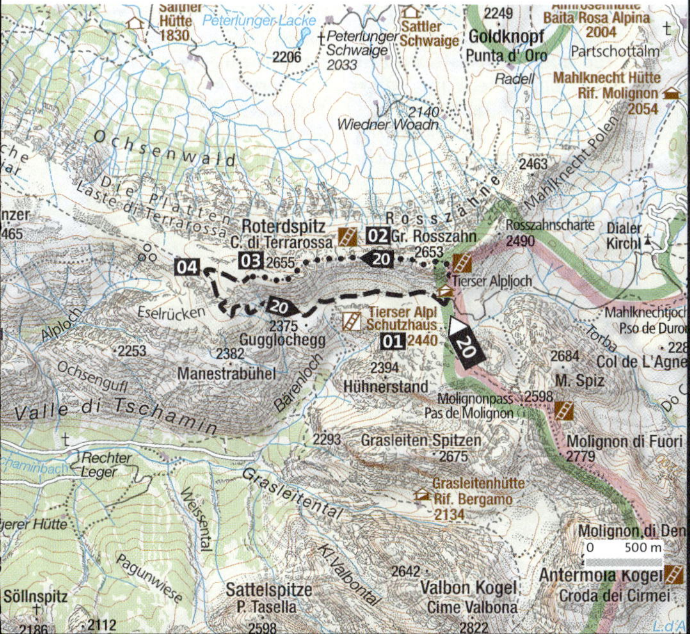

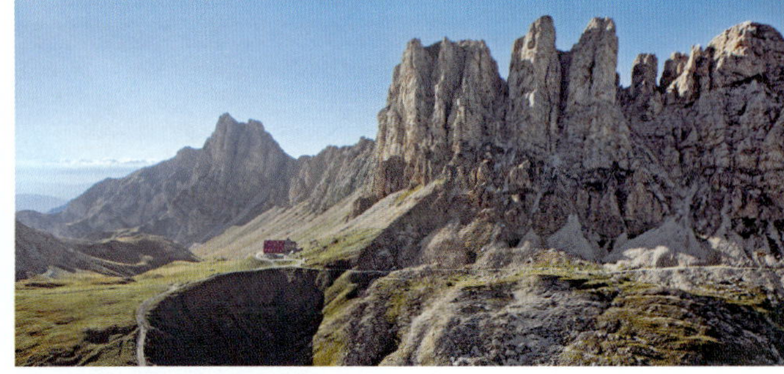

Der Klettersteig verläuft über den Großen Rosszahn und die Roterdspitze (hinten)

erdspitze **03** hinauf. Auch hier wechseln gesicherte Stellen mit Abschnitten, die leichte Kletterei ohne Sicherungsseile erfordern. Am höchsten Punkt des Kamms und sogar des gesamten Schlernplateaus bietet sich ein fantastisches Panorama. Eindrucksvoll sind die Blicke in die Felswildnis der Rosengartengruppe unmittelbar gegenüber. Anschließend gelangt man ohne weitere Schwierigkeiten über die Westseite zum **Weg 4** **04**, der Schlern und Tierser Alpl verbindet (Mark. 4). Wer weiter zur Seiser Alm absteigen will, wandert über das aussichtsreiche Schlernplateau, zweigt unterhalb des Schlernhauses rechts ab und kehrt über die Saltner Hütte nach Kompatsch zurück (130 m Gegenanstieg, 3–3:30 Std.). Für die Rückkehr zum Tierser Alpl biegt man links ab und quert nach einem etwas steileren Abstieg die südseitigen Hänge unter dem Roterdkamm. Nach einem Geländevorsprung blickt man in den wilden Taleinschnitt des Bärenlochs und erreicht mit etwas Gegenanstieg die **Tierser-Alpl-Hütte** **01**. Der Abstieg nach Kompatsch erfolgt über die Rosszahnscharte oder wie bei Tour 19.

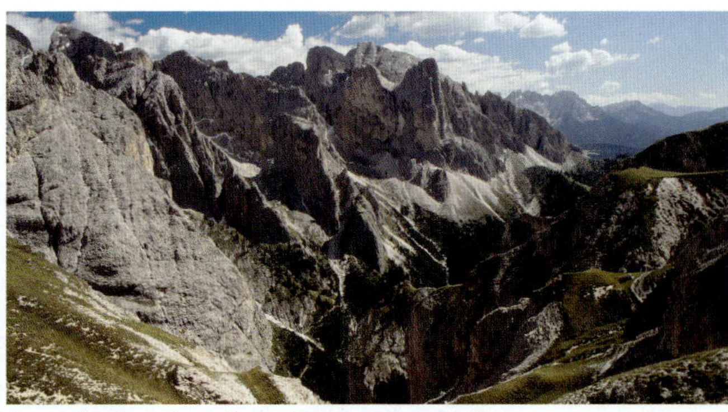

Das steinerne Labyrinth des Rosengartenmassivs

SALTNER HÜTTE • 1825 m UND SATTLER SCHWAIGE • 2075 m

Almentournee am Fuß von Schlern und Rosszähnen

  13,25 km  4:30 h 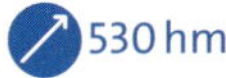 530 hm  530 hm  54

START | Kompatsch, 1855 m, Bergstation der Seiser-Alm-Bahn, Talstation mit Parkplatz in Seis. Parkplatz (hohe Gebühr) auch in Kompatsch, die Straße zur Seiser Alm ist aber von 9 bis 17 Uhr für den privaten Verkehr gesperrt. Bus nach Seis von Brixen über Klausen und Kastelruth und von Bozen über Völs, von Seis und Kastelruth auch Busverbindung nach Kompatsch.
[GPS: UTM Zone 32 x: 700.692 m y: 5.157.625 m]
CHARAKTER | Zwei leichte Einkehrrunden auf guten Fahr- und Bergwegen, einige Anstiege sind allerdings zurückzulegen. Über die vielen Jausenstationen freuen sich auch Kinder.

Die beiden Almenrunden bieten Genuss für Augen und Gaumen. Die Einkehrmöglichkeiten auf der Seiser Alm sind vielfältig – vom stattlichen Berggasthaus bis zur urigen Almhütte. Da wird jeder einen Platz nach seinem Geschmack finden. Hervorragende Südtiroler Küche gibt es überall zu probieren. Blickfang sind dabei die Felsabbrüche des Schlern und der gezackte Kamm der Rosszähne.

Von der Bergstation der Seiser-Alm-Bahn in **Kompatsch** 01 geht man rechts zur Seiser-Alm-Straße

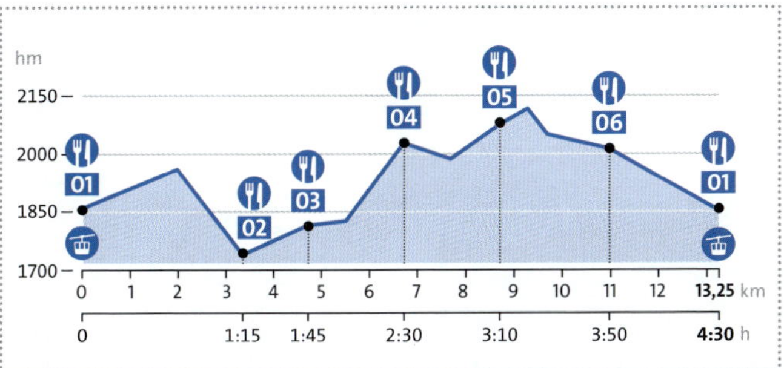

01 Kompatsch, Bergstation Seiser-Alm-Bahn, 1855 m; 02 Proßliner Schwaige, 1739 m; 03 Saltner Hütte, 1825 m; 04 Laurinhütte, 2018 m; 05 Sattler Schwaige, 2075 m; 06 Alpenhotel Panorama, 2009 m

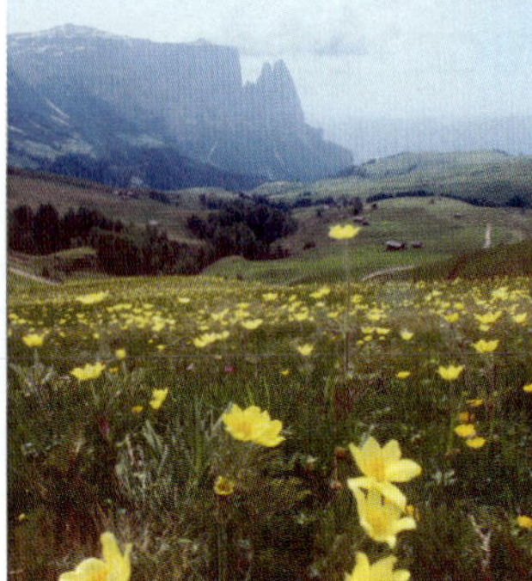

Bei der Sattler Schwaige

und folgt auf der anderen Straßenseite einem asphaltierten Fahrweg, der beim Informationshäuschen beginnt. Nach 10 Min. verlässt man ihn nach rechts und steigt auf einem breiten Almweg weiter an (Mark. 10). Bald hat man das Schlernmassiv in seiner ganzen Breite vor sich. Nur mehr mäßig ansteigend wandert man über die Almwiesen auf die Felsabbrüche zu, hält sich bei einem Wegekreuz geradeaus und folgt einem Wiesenweg Richtung „Schlern, Saltner Hütte" bergab. Er kreuzt einen Fahrweg und führt über eine Grasrippe ins wilde Frötschbachtal hinunter. Über dem von Felsen eingerahmten Taleinschnitt liegt die **Proßliner Schwaige** 02. Sie lädt zu einer ersten Rast mit Blick auf die Schlernwände ein. Zur nächsten Einkehr zweigt links ein zur Saltner Hütte ausgeschildeter Steig ab. Er verläuft über dem Frötschbachtal entlang und quert dabei einige Bachläufe. Auch der Frötschbach wird schließlich überschritten. Anschließend biegt man links ab, geht nach kurzem Anstieg auf einer hölzernen Bogenbrücke erneut über den Bach und steht kurz darauf vor der gemütlichen **Saltner Hütte** 03. Dort folgt man dem Fahrweg sanft ansteigend nach Norden und zweigt nach knapp 10 Minuten, nach der Brücke über den Tschapitbach, rechts auf einen Pfad Richtung „Laurinhütte" ab (Mark. 6). Er zieht über

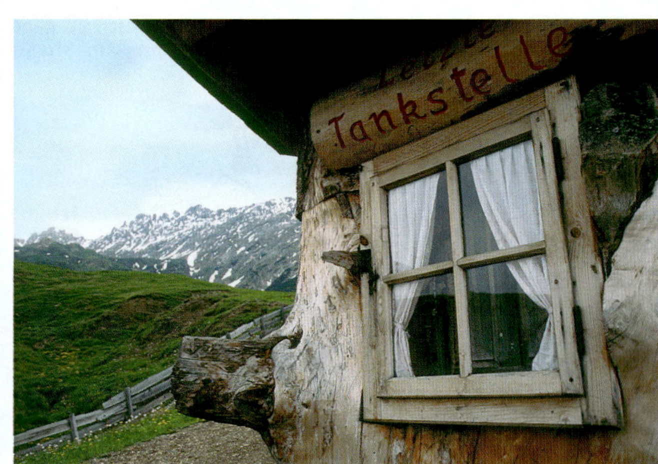

„Zapfhahn" für durstige Wanderer – die Saltner Hütte

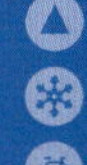

die Grashänge hinauf zum flachen Wiesenplateau mit der **Laurinhütte** **04**, einem wunderschönen Logenplatz. Man geht unter einem Sessellift (nur Winterbetrieb) hindurch und gelangt zu einer Almstraße. Für die Rückkehr nach Kompatsch hält man sich links (0:45 Std.). Wer noch in Wanderlaune ist, kann auf einer zusätzlichen Runde der Sattler Schwaige einen Besuch abstatten. Dazu biegt man rechts in den Fahrweg ein und spaziert etwas auf und ab über die Almböden auf die Rosszähne zu (Mark. 13). Schließlich erreicht man links in kurzem Anstieg die **Sattler Schwaige** **05** und genießt noch einmal Almspezialitäten, Kuhglockengeläut und Schlernblick. Von der Hütte folgt man der Almzufahrt kurz weiter bergauf und geht links durch den Weidezaun auf einen Steig. Er führt zu Weg 2, der von der Rosszahnscharte herunterleitet, hinauf. Auf diesem steigt man links entlang des Grunserbühls abwärts, hält sich an zwei Abzweigungen geradeaus und lässt die Wanderung ganz gemütlich beim Gang über die flachen Wiesenböden ausklingen. An einer weiteren Gabelung wandert man links, teilweise über Holzstege, durch das feuchte Ladinser Moos. Beim **Alpenhotel Panorama** **06** lässt man sich entweder vom Sessellift ins Tal bringen oder folgt der Straße nach rechts zu einer Kreuzung und links in weiten Kehren hinunter nach **Kompatsch** **01**.

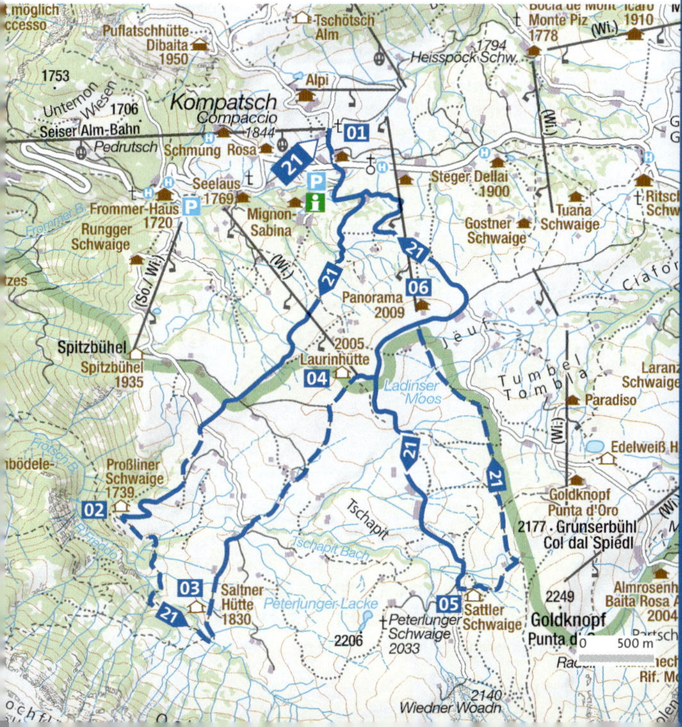

VON DER SEISER ALM ZUM SCHLERNHAUS • 2450 m

Ein Südtiroler Klassiker

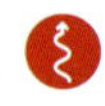 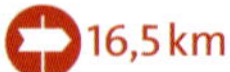 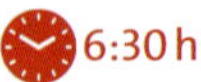 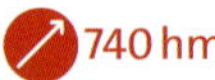 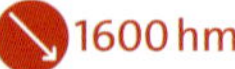 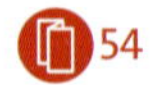

START | Kompatsch, 1855 m, Bergstation der Seiser-Alm-Bahn, Talstation mit Parkplatz in Seis. Parkplatz (hohe Gebühr) auch in Kompatsch, die Straße zur Seiser Alm ist aber von 9 bis 17 Uhr für den privaten Verkehr gesperrt. Bus nach Seis von Brixen über Klausen und Kastelruth und von Bozen über Völs, von Seis und Kastelruth auch Busverbindung nach Kompatsch.
[GPS: UTM Zone 32 x: 700.692 m y: 5.157.625 m]
CHARAKTER | Alm- und Bergwege ohne besondere Schwierigkeit, Trittsicherheit ist aber von Vorteil. Die Länge der Tour erfordert Ausdauer. Es sind 1600 Höhenmeter im Abstieg zu bewältigen, alternativ Rückkehr auf der Anstiegsroute.

Der Schlern ist nicht nur irgendein Berg. Mit seiner unverkennbaren Gestalt wurde er zu einem Wahrzeichen Südtirols. Bereits in vorchristlicher Zeit befand sich im Norden des Plateaus, beim Burgstall, eine Kultstätte. Die Sage weiß von Hexen zu berichten, die bei ihren Zusammenkünften am Schlern schreckliche Unwetter zu-

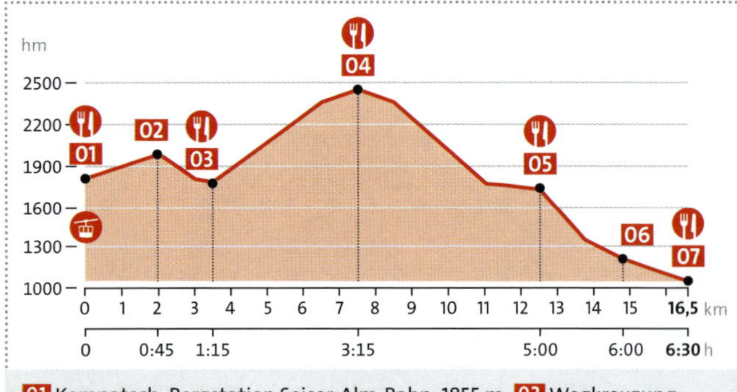

01 Kompatsch, Bergstation Seiser-Alm-Bahn, 1855 m; 02 Wegkreuzung, 1957 m; 03 Saltner Hütte, 1825 m; 04 Schlernhaus, 2450 m; 05 Schlernbödelehütte, 1693 m; 06 Nähe Bad Ratzes, 1212 m; 07 Seis, Talstation Seiser-Alm-Bahn, 1015 m

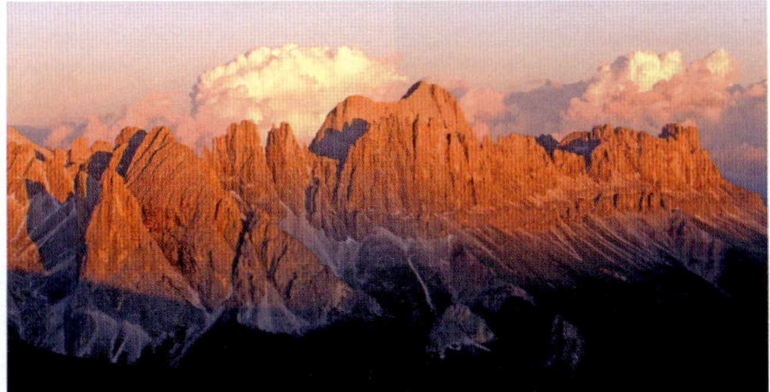

Perfekter Platz für den Sonnenuntergang: Rosengarten vom Schlern

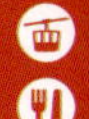

sammenbrauen. Das Schlernhaus, 1885 erbaut, hat noch den Charme einer altehrwürdigen Bergsteigerunterkunft. Schließlich ist das Panorama einfach grandios und gibt es kaum einen besseren Platz, um am Abend das berühmte Glühen des Rosengartens zu bewundern. Viele Gründe also, weshalb man einmal auf dem Schlern gestanden sein muss. Der leichteste und beliebteste Anstieg beginnt auf der Seiser Alm.

Von der Bergstation der Seiser-Alm-Bahn in **Kompatsch** 01 geht man rechts zum großen Parkplatz. Bei der Informationsstelle beginnt ein asphaltierter Fahrweg, dem man bergauf folgt, bis rechts ein breiter Weg Richtung „Schlern" abzweigt (Mark. 10). Er führt in mäßiger Steigung über die Wiesen der Seiser Alm und auf die Felsabbrüche des Schlern zu. Bei einer **Wegkreuzung** 02 (hierher auch von der Bergstation des Panoramalifts) wandert man geradeaus bergab und biegt anschließend links in eine Almstraße ein (Mark. 5). Weiter absteigend quert man den Tschapitbach und erreicht die **Saltner Hütte** 03. Nach einer hölzernen Bogenbrücke über den Frötschbach hält man sich links und folgt dem „Touristensteig" über den Nordabhang des Schlern bergauf. Er mündet in den Weg, der von Bad Ratzes heraufführt und später der Abstiegsweg sein wird (Mark. 1). In vielen Kehren geht es, teilweise etwas felsig, weiter aufwärts. Die Hänge werden nach oben hin immer steiler, bis man die grasige Hochfläche des Schlern erreicht. Nun hat man den größten Teil des Anstiegs geschafft und wandert flacher über das Plateau. Man passiert eine Abzweigung zum Tierser Alpl und steht wenig später vor dem **Schlernhaus** 04. Eine noch umfassendere Aussicht hat man vom Petz, 2563 m, dem höchsten Punkt des Schlernplateaus, den man von der Hütte in 20 Min. über den nicht allzu steilen Südhang erreicht. Dort ist der Rundblick einfach grandios. Nachdem man Einkehr und Panorama ausgiebig genossen hat, kehrt man auf dem Anstiegsweg zur Abzweigung Richtung Bad Ratzes zurück, steigt dort links noch einige Minuten weiter bergab und trifft auf einen Steig, der aus dem Frötschbachtal heraufkommt (Mark. 1). Nun quert man nach links die bewaldeten

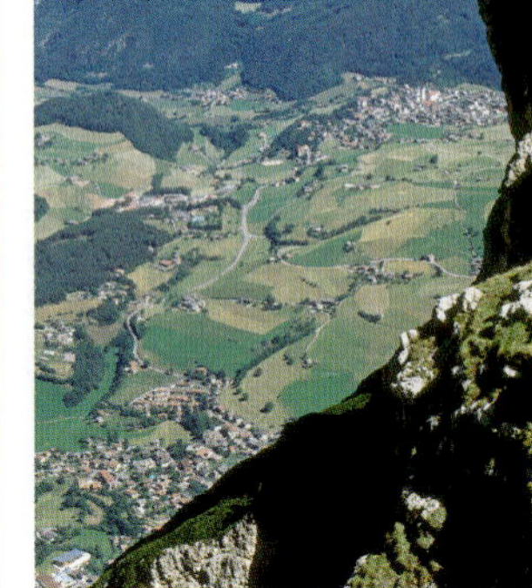

Tiefblick vom Burgstall

Hänge unter den Abbrüchen des Schlern, überschreitet dabei einige Bachrinnen und gelangt zur kleinen gastfreundlichen **Schlernbödelehütte** 05, deren Terrasse noch einmal zu einer Rast einlädt. Von der Hütte windet sich der Steig über den steilen Waldhang ins Frötschbachtal hinab. Dort trifft man auf den Geologensteig und wandert links talauswärts. Bei einer Brücke in der **Nähe von Bad Ratzes** 06 geht man geradeaus auf einen Forstweg (rechts nach Bad Ratzes mit Bushaltestelle für die Rückkehr nach Seis) und kommt nach einigen Minuten zum Beginn des Oswald-von-Wolkenstein-Wegs mit einer Informationstafel (Mark. 3b). Dort hält man sich geradeaus und gelangt kurz darauf links, vorbei an einem Teich, zur Straße Seis – Bad Ratzes. Man folgt ihr nur kurz und zweigt in einer Rechtskehre erneut auf einen Forstweg ab. Bei einer Wegkreuzung bleibt man rechts auf dem breiten Schotterweg Richtung Seis, lässt dann aber die Abzweigung nach Seis rechts liegen und steigt zur **Talstation der Seiser-Alm-Bahn** 07 bei Seis ab (Mark. 8).

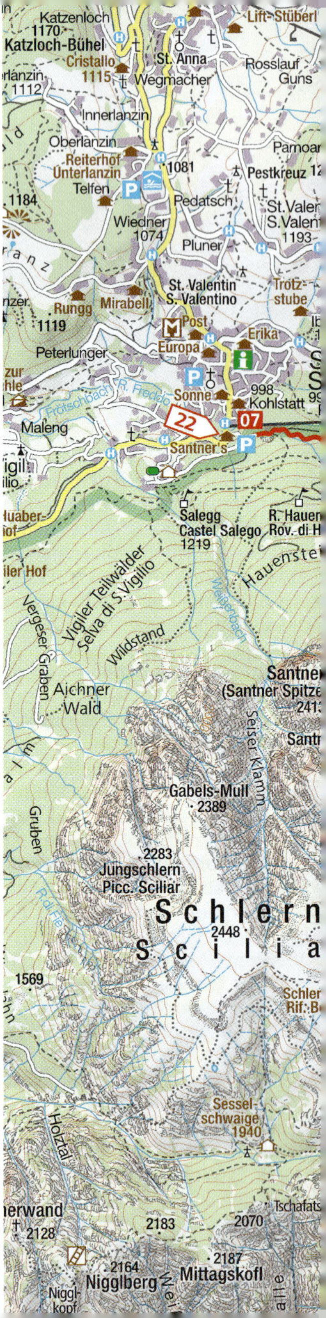

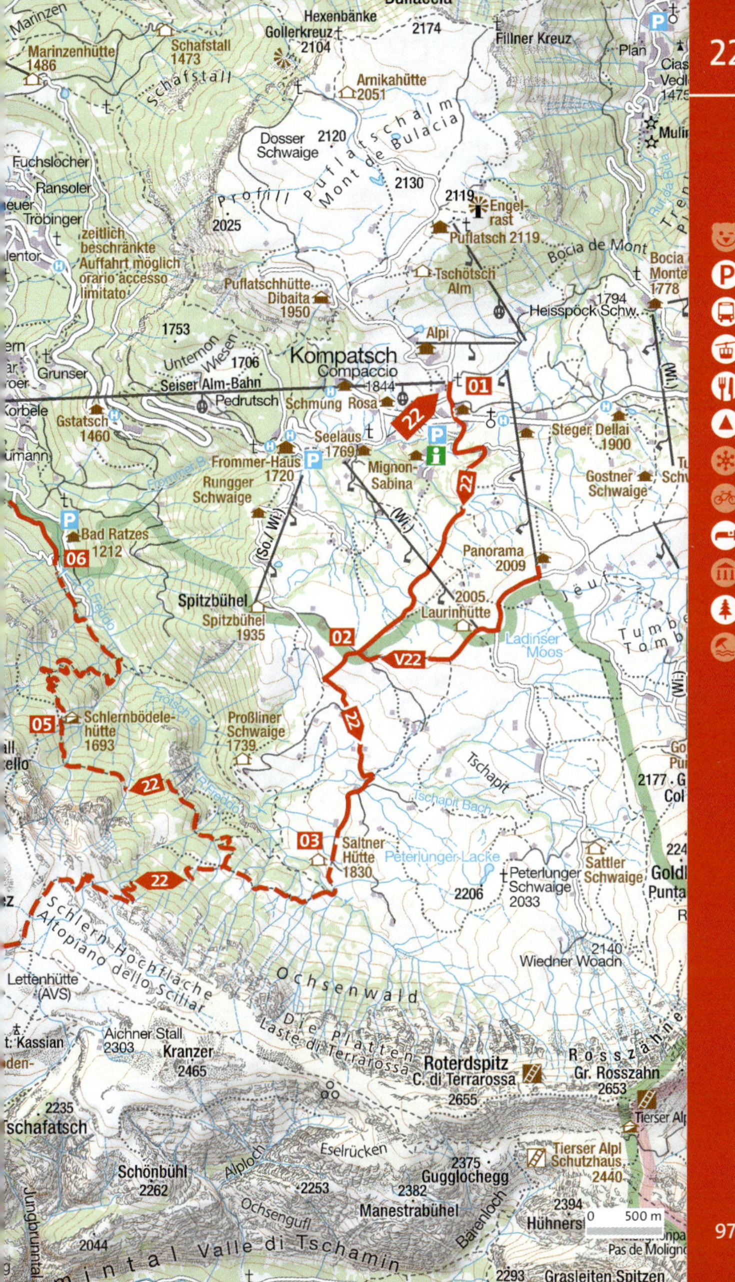
Bullaccia
Hexenbänke
Gollerkreuz
2104
2174
Fillner Kreuz
Marinzenhütte
1486
Schafstall
1473
Arnikahütte
2051
Dosser Schwaige
2120
Puflatschalm
Mont de Bulacia
2130
2119
Engelrast
Puflatsch 2119
Bocia de Mont
zeitlich beschränkte Auffahrt möglich
orario accesso limitato
Puflatschhütte Dibaita
1950
Tschötsch Alm
Heisspöck Schw.
Kompatsch
Compaccio
1844
Alpi
Seiser Alm-Bahn
Pedrutsch
Schmung
Rosa
Gstatsch
1460
Seelaus
1769
Frommer-Haus
1720
Mignon-Sabina
Steger Dellai
1900
Gostner Schwaige
Rungger Schwaige
Bad Ratzes
1212
Panorama
2009
Spitzbühel
1935
2005
Laurinhütte
Ladinser Moos
Schlernbödelehütte
1693
Proßliner Schwaige
1739
Tschapit
Tschapit Bach
Saltner Hütte
1830
Peterlunger Lacke
Peterlunger Schwaige
2033
2206
Sattler Schwaige
Wiedner Woadn
Schlern-Hochfläche
Altopiano dello Sciliar
Lettenhütte (AVS)
Ochsenwald
Die Platten
Laste di Terrarossa
Aichner Stall
2303
Kranzer
2465
Roterdspitz
C. di Terrarossa
2655
Rosszähne
Gr. Rosszahn
2653
Tierser Alpl
Tschafatsch
Eselrücken
Tierser Alpl Schutzhaus
2440
Schönbühl
2262
2253
2375
2382
Gugglochegg
Manestrabühel
Ochsengufl
2394
Valle di Tschamin
Jungbrunntal
2044
Bärenloch
2293
Grasleiten Spitzen
0 500 m
01
02
03
05
06
22
V22

PROSSLINER SCHWAIGE • 1739 m UND SCHLERNBÖDELEHÜTTE • 1693 m

Geologensteig unter dem Schlern

  7,5 km 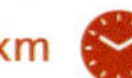 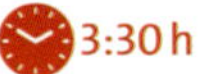 3:30 h  660 hm  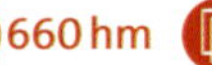 660 hm 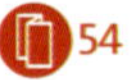 54

START | Bad Ratzes, 1212 m, von Seis beim Kreisverkehr Richtung Kastelruth und nach dem Busbahnhof rechts bergauf in die Henrik-Ibsen-Straße, an einer Kreuzung rechts und der Beschilderung „Bad Ratzes" folgen, Parkplatz unterhalb des Hotels Bad Ratzes. Busverbindung von Seis.
[GPS: UTM Zone 32 x: 698.192 m y: 5.156.525 m]
CHARAKTER | Beim Anstieg zur Prossliner Schwaige Trittsicherheit erforderlich, vor allem bei Nässe, Geländer geben aber Halt, sonst Bergwege ohne besondere Schwierigkeiten.

Bei Bad Ratzes beginnt der Geologensteig ins Frötschbachtal, der zu einer Zeitreise durch die Erdgeschichte einlädt. Zwischen Schlern und Seiser Alm hat sich der Bach tief in den Felsen gegraben und so die unterschiedlichen Gesteinsschichten freigelegt. An zehn Stationen erfährt man Interessantes aus der Geologie. Ist der Wissensdurst gestillt, kommt die Proßliner Schwaige gerade recht, um sich aus der Almküche zu stärken. Auch bei der Schlernbödelehütte wäre es schade, einfach vorbeizugehen. Sie verwöhnt ihre Gäste mit manch selbst gemachtem Leckerbissen, von der deftigen Marende bis zu Südtiroler Krapfen. Für den Mittagsschlaf geht's anschließend ab in den Liegestuhl.

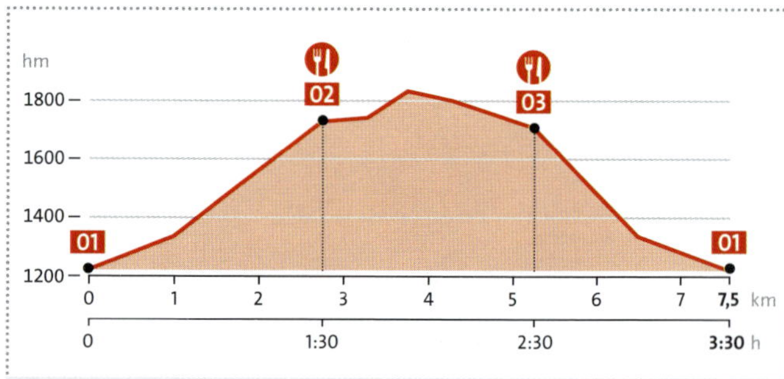

01 Bad Ratzes, 1212 m; 02 Proßliner Schwaige, 1739 m; 03 Schlernbödelehütte, 1693 m

Traditionsreiches Heilbad

Bad Ratzes am Fuß des Schlern kann auf eine lange Geschichte zurückblicken. Bereits ab 1724 nutzte man dort eine Schwefel- und eine Eisenquelle zu Heilzwecken. Im 19. Jahrhundert entwickelte sich das „Mineral-Wildbad im Tal Purtschnigl" zu einem florierenden Badebetrieb mit über 50 Zimmern und 12 Baderäumen. An die 600 Gäste suchten jedes Jahr das ehemalige Bauernbad auf, darunter auch Künstler und Literaten. Heute ist Bad Ratzes ein Vier-Sterne-Hotel.

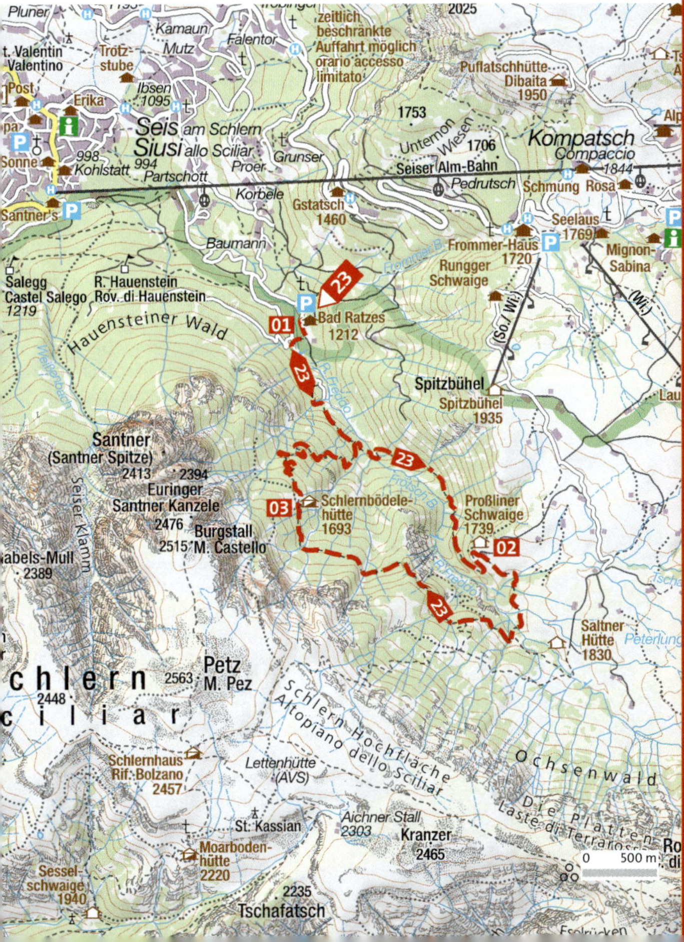

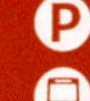

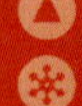

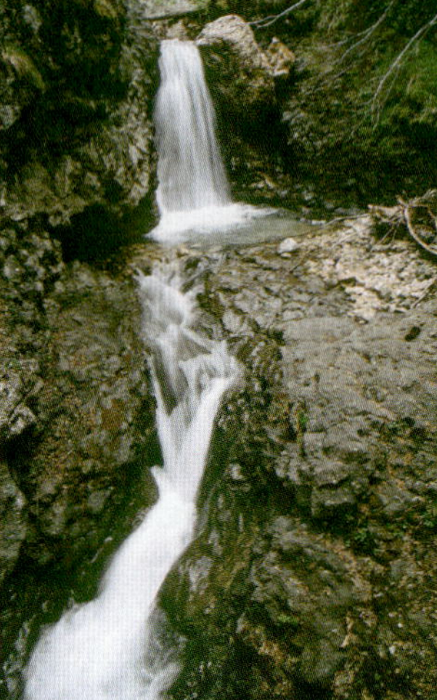

Am Geologensteig

Man geht rechts am **Hotel Bad Ratzes** 01 vorbei und überquert den Frötschbach. Nach der Brücke beginnt der Geologensteig, der in das Bachtal hineinführt (Mark. 1).

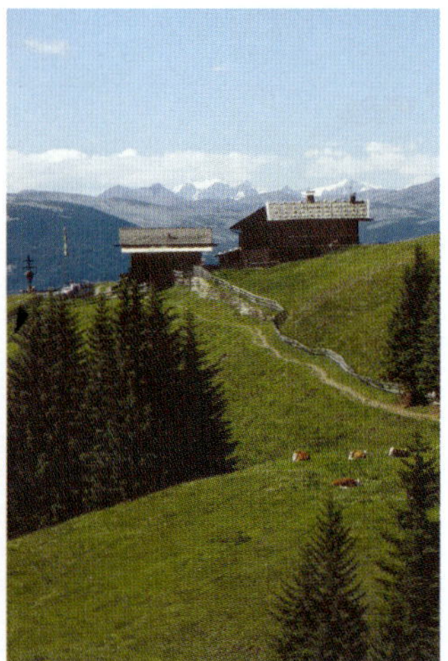

Proßliner Schwaige

Man folgt dem Waldweg an den Hängen über dem Frötschbach entlang, lässt nach einer halben Stunde den Abzweig zur Schlernbödelehütte, den späteren Rückweg, rechts liegen und wechselt auf die andere Talseite (Mark. 1a). Der Steig leitet nun steiler durch Wald bergauf und oberhalb der Schlucht entlang. Teilweise bricht er zum Bach hin steil ab, ist aber mit Geländern gesichert. Geologisch interessant sind in diesem Wegabschnitt säulenartige Gebilde aus Basaltgestein vulkanischen Ursprungs. Wenig später stürzt nach ausreichend Niederschlägen ein eindrucksvoller Wasserfall über eine Felsstufe. In Kehren geht es zur urigen Almhütte **Proßliner Schwaige** 02 hinauf, die am westlichen Rand der Seiser Alm liegt. Dort bietet sich ein großartiger Blick auf die Felsabstürze des Schlern. Nach der Einkehr geht man zwischen den Almhütten hindurch und über die Wiesen kurz bergab zu einem Zufluss des Frötschbachs, der überschritten wird (Mark. 10). Ohne großen Höhenunterschied wandert man weiter taleinwärts, quert schließlich den Frötschbach und steigt auf der linken Talseite etwas an, vorbei an einer Abzweigung zur Saltner Hütte. Man trifft auf den Anstiegsweg zum Schlern, hält sich dort geradeaus und quert die von Bachrinnen durchzogenen Hänge (Mark. 1). Ein Geländerücken wird umgangen, dann fällt der Steig zu einer Lichtung mit einer Kapelle ab. Kurz darauf hat man die einladende **Schlernbödelehütte** 03 erreicht. Von dort schlängelt sich der Weg den steilen Waldhang hinunter und mündet schließlich in die Anstiegsroute, die nach **Bad Ratzes** 01 zurückführt.

OSWALD-VON-WOLKENSTEIN-WEG

Ausflug ins Mittelalter

 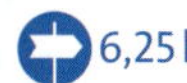 6,25 km 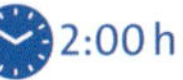 2:00 h 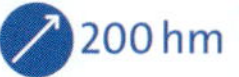 200 hm  200 hm 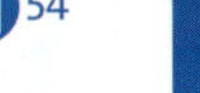 54

START | Talstation der Seiser-Alm-Bahn, 1015 m, am südlichen Ortsrand von Seis, großer Parkplatz. Bus von Brixen über Klausen und Kastelruth und von Bozen über Völs.
[GPS: UTM Zone 32 x: 696.583 m y: 5.157.193 m]
CHARAKTER | Leichter Themenweg, der nicht nur für Kinder ein kurzweiliges und informatives Wandervergnügen bietet. Schattige Waldwege, deshalb auch für warme Sommertage geeignet.

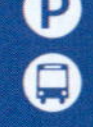
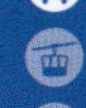
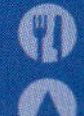
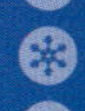

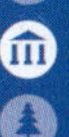
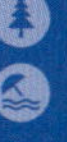

Über Seis und am Fuß der Santner Spitze ragen die Überreste zweier Burgen aus dem Wald, Ruine Salegg und Ruine Hauenstein – geheimnisvolle Zeugen aus der Zeit der Ritter und Burgfräulein. Der Sage nach sollen sie durch einen Gang verbunden sein, in dem eine Jungfrau mit langem goldenem Haar einen Schatz bewacht. Berühmtester Burgherr auf Hauenstein war der Dichter und Minnesänger Oswald von Wolkenstein (1377–1445). Er kam nach jahrelangen Erbstreitigkeiten 1427 in den Besitz der Burg. Auf dem Oswald-von-Wolkenstein-Weg erfährt man auf unterhaltsame Weise, wie sich das Leben im Mittelalter abgespielt hat.

▶ Von der kurzen Zufahrt zur **Talstation der Seiser-Alm-Bahn** 01 zweigt ein asphaltierter Fahrweg zum **Hotel Salegg** 02 ab. Nach gut 10 Min. hat man das

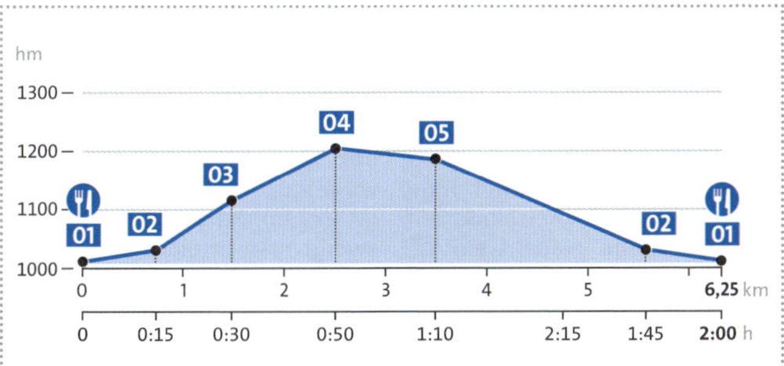

01 Talstation Seiser-Alm-Bahn, 1015 m; 02 Hotel Salegg, 1026 m; 03 Ruine Salegg, 1110 m; 04 Ruine Hauenstein, 1205 m; 05 Abzweigung Bad Ratzes, 1190 m

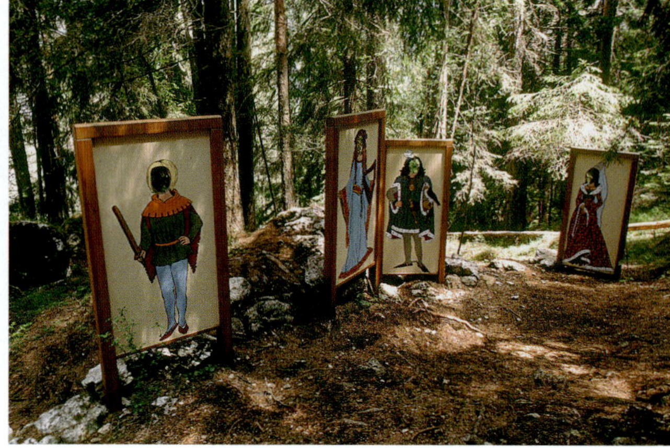

Ritter und Burgfräulein am Oswald-von-Wolkenstein-Weg

Hotel mit seinen Türmchen und Holzbalkonen erreicht, geht links vorbei und zweigt scharf links auf den gut ausgeschilderten **Oswald-von-Wolkenstein-Weg** ab (Mark. 3). Er schlängelt sich durch den Hauensteiner Wald zur **Ruine Salegg** 03 hinauf, vorbei an der ersten Station des Themenweges, die Einblicke in die Gesellschaftsordnung des Mittelalters gibt. Von der Ruine öffnet sich ein schöner Blick auf die Ortschaft Seis und das Eisacktal. Der Weg quert nun die bewaldeten Hänge. Ein kurzer Abstecher zweigt rechts zu einem eisernen Geschichtenbuch ab, in dem allerlei sagenhafte Erzählungen gesammelt sind.

Etwas ansteigend gelangt man zu dem mächtigen Felsblock, auf dem die **Ruine Hauenstein** 04 thront. Auf seiner Rückseite steigt man zu den Mauern hinauf und genießt den Blick auf den Schlern und Seis, der bereits Oswald von Wolkenstein zu seinen Gesängen und Gedichten inspiriert haben dürfte. Am Fuß der Burg erzählen Tafeln über sein Leben. Unterhalb des Felsklotzes setzt sich der Wolkenstein-Weg nach rechts fort. Man passiert eine Abzweigung nach Seis und folgt geradeaus dem Waldweg an weiteren Stationen vorbei. Er mündet in eine Forststraße, wo man rechts nach **Bad Ratzes** 05 abzweigen könnte. Beim Hotel, das man in 10 Min. erreicht, gibt es einen großen Kinderspielplatz (keine Einkehrmöglichkeit).

Wer noch in Wanderlaune ist, kann dort die Tour auf dem Geologensteig fortsetzen (s. Tour 23).

Für den Abstieg hält man sich dagegen auf der Forststraße nach links, biegt kurz darauf erneut links ab und geht an einem Weiher vorbei zur Straße Seis – Bad Ratzes (Mark. 3b). Nach gut 200 Metern zweigt man in einer Rechtskehre links wieder auf einen Forstweg ab, der zu einer Wegkreuzung führt. Dort folgt man dem **Oswald-von-Wolkenstein-Weg** geradeaus Richtung „Ruine Salegg“ und kehrt kurz davor zum Hotel Salegg und zur **Talstation der Seiser-Alm-Bahn** 01 zurück.

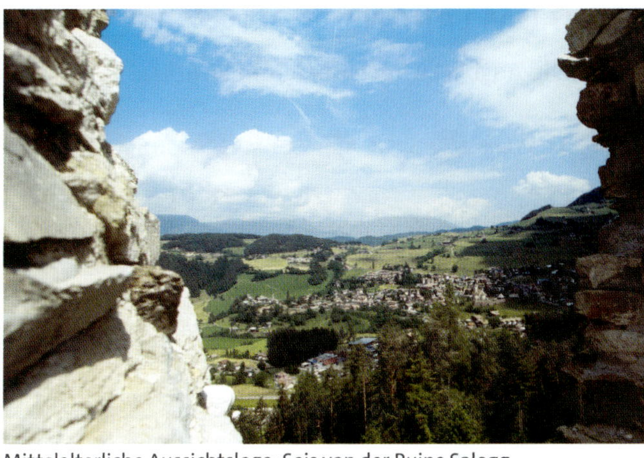

Mittelalterliche Aussichtsloge: Seis von der Ruine Salegg

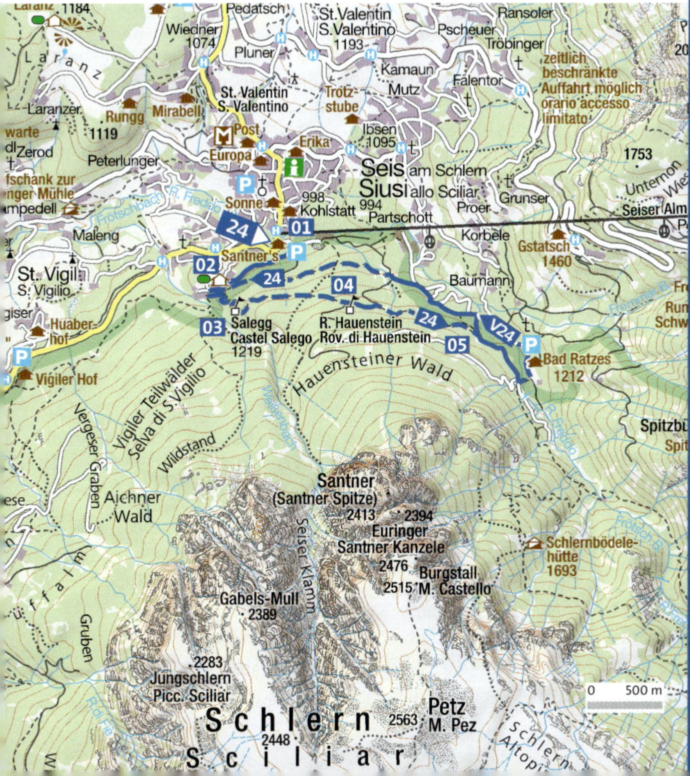

Laranz 1184
Pedatsch
St. Valentin
S. Valentino
1193
Ransoler
Wiedner 1074
Pluner
Pscheuer
Tröbinger
Kamaun
Mutz
Falentor
zeitlich beschränkte Auffahrt möglich
orario accesso limitato
Laranz
Laranzer
Rungg
Mirabell
St. Valentin
S. Valentino
Trotz-stube
1119
Post
Europa
Erika
Ibsen 1095
Zerod
Peterlunger
1753
Seis am Schlern
Siusi allo Sciliar
Sonne
998
Kohlstatt
994
Partschott
Proer
Grunser
Untermon
Seiser Alm
Fröttschbach
R. Freddo
24
01
Maleng
Santner's
Korbele
Gstatsch 1460
St. Vigil
S. Vigilio
02
24
04
Baumann
Huaberhof
03
Salegg
Castel Salego
1219
R. Hauenstein
Rov. di Hauenstein
24
V24
05
Bad Ratzes 1212
Vigiler Hof
Hauensteiner Wald
Vigiler Teilwälder
Selva di S. Vigilio
Vergeser Graben
Wildstand
Santner
(Santner Spitze)
2413
2394
Euringer
Santner Kanzele
2476
Seiser Klamm
Aichner Wald
Schlernbödele-hütte 1693
Burgstall
2515 M. Castello
Gabels-Mull
2389
Gruben
2283
Jungschlern
Picc. Sciliar
0 500 m
Schlern
2563
Petz
M. Pez
2448
Sciliar
Schlern Altopiano

RUND UM LARANZ

Königliche Ausblicke hoch über dem Eisacktal

 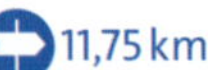 11,75 km  3:45 h 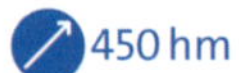 450 hm  450 hm  54

START | Seis, 1010 m, ausgeschildertes Parkhaus beim Kreisverkehr im Zentrum von Seis. Bus von Brixen über Klausen und Kastelruth und von Bozen über Völs.
[GPS: UTM Zone 32 x: 696.454 m y: 5.157.763 m]
CHARAKTER | Leichte Wanderung auf breiten Wegen und wenig befahrenen Straßen. Kurze steile An- und Abstiege sind zu bewältigen.

Rund um die bewaldete Porphyrkuppe Laranz zwischen Kastelruth und Seis gibt es viel zu entdecken. Die Aussicht von der Königswarte schätzte bereits König Friedrich August von Sachsen bei seinen Aufenthalten in Seis. Der Pilzeweg im Laranzer Wald ist vor allem für Kinder eine vergnügliche Runde. Ein 1 Kilometer langer verschlungener Waldpfad führt zu großen Holzmodellen von Pilzen und zu einer hölzernen Aussichtsplattform. Die von Efeu überwucherte Ruine Aichach über dem tief eingeschnittenen Schwarzgriesbach beflügelt die Fantasie. Gleich nebenan hat sich der Pflegerhof einen Namen ffür biologischen Kräuteranbau gemacht. Über 500 verschiedene Arten von Heil- und Gewürzpflanzen werden dort angebaut. Und in der Malenger Mühle am Frötschbach, die seit

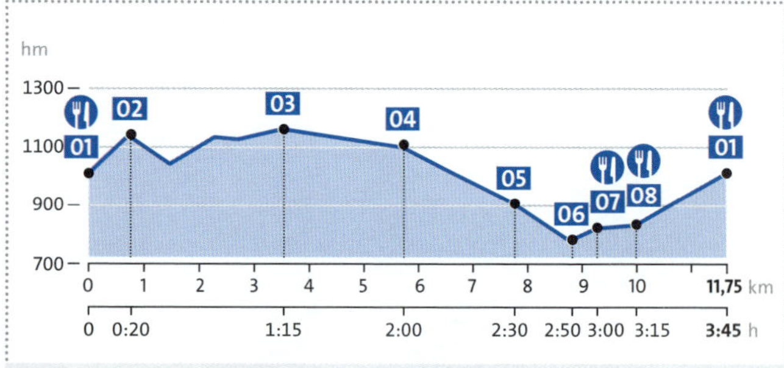

01 Seis, 1010 m; **02** St. Valentin, 1120 m; **03** Königswarte, 1148 m; **04** Abzweigung Außerlanzinhof, 1100 m; **05** Maleidhof, 903 m; **06** Pflegerhof, 786 m; **07** Vigiler Heubadl Verleierhof, 820 m; **08** Hofschank Malenger Mühle, 844 m

1525 existiert, wird das Getreide wie anno dazumal gemahlen.

▶ Vom Kreisverkehr in **Seis** 01 geht man kurz Richtung Kastelruth und am Busbahnhof vorbei, biegt rechts in die Henrik-Ibsen-Straße ein und folgt dann links der Fasslfunerstraße (Mark. 11a). Ein Wiesenweg führt ziemlich steil zum schön gelegenen Kirchlein **St. Valentin** 02 mit sehenswerten Fresken hinauf (siehe Tour 5). Man spaziert unterhalb der Kirche vorbei zum Zatzerhof. Dort geht man auf einem kleinen Pfad rechts an einer großen Scheune vorbei (Wegweiser „Telfen“) und auf der Hofzufahrt zur Straße Seis – Kastelruth. Man biegt links ein, zweigt jedoch nach 200 m bei einer Bushaltestelle wieder rechts ab und wandert auf dem asphaltierten Laranzweg am Schlosshotel Mirabell und am Hotel Rungg vorbei. Dabei tun sich herrliche Blicke auf Seis und den Schlern auf. Nach kurzer Steigung gelangt man geradeaus auf eine Forststraße, die aussichtsreich über Wiesen

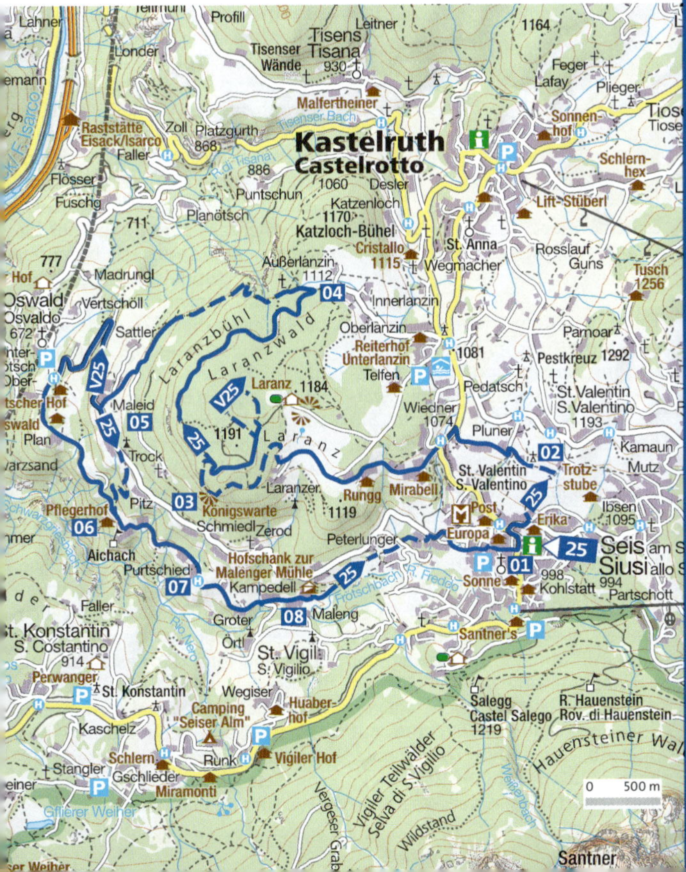

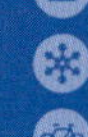

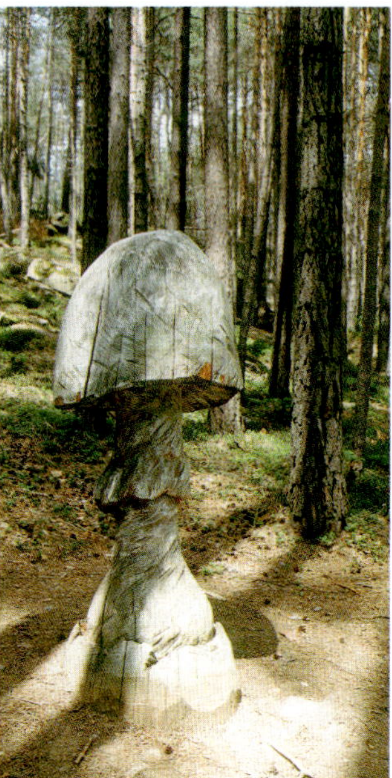

Unterhaltsamer Abstecher: der Pilzeweg

führt. Vor dem Anwesen Laranz steigt man rechts am Waldrand entlang bergauf und folgt schließlich dem Wegweiser „Königswarte" links in den Föhrenwald. Ein bequemer Wanderweg führt an den Rand der Hochfläche zum Aussichtspunkt **Königswarte** 03, wo man auf das schluchtartige Eisacktal und das Plateau des Ritten blickt. Bänke laden zu einer Verschnaufpause ein. Kurz nach der Königswarte trifft man auf einen breiten Waldweg. Rechts gelangt man in 5 Min. zum Pilzeweg, der bei einer Infotafel beginnt. Für den Weiterweg hält man sich dagegen links und wandert in leichtem Auf und Ab durch den Föhrenwald. Beim **Außerlanzinhof** 04 biegt man scharf links in den Weg Richtung „St. Oswald" ein (Mark. 5). Auf einem alten Pflasterweg geht es ziemlich steil über die bewaldeten Hänge des Laranzbühels bergab. Wieder auf Wiesen stößt man auf ein Sträßchen, dem man nach rechts und am **Maleidhof** 05 vorbei folgt. An der nächsten Verzweigung führt die Straße rechts nach St. Oswald, ein kleines Dorf mit rotem Zwiebelkirchturm. Die zusätzliche Schleife lohnt sich vor allem wegen des Bauernmuseums, das im Tschötscherhof eingerichtet ist (mittwochs geschlossen, www.tschoetscherhof.com/bauernmuseum). Der Hof bietet außerdem eine schöne Einkehrmöglichkeit. Folgt man dort der Straße nach St. Vigil (Mark. 7a), kommt man zum Pflegerhof. Der kürzere Weg zweigt nach dem Maleidhof links ab und leitet kurz bergauf zum Trockhof. Nach dem Gebäude führt rechts ein Feldweg ebenfalls zum **Pflegerhof** 06 und der Ruine Aichach hinunter. Auf einer Asphaltstraße gelangt man zur Einkehr **Vigiler Heubadl Verleierhof** 07 und weiter zu einer Verzweigung. Dort folgt man links dem Schild nach Seis (Mark. 7a) und kommt kurz darauf zum **Hofschank Malenger Mühle** 08 (geöffnet Freitag bis Sonntag). Anschließend steigt man auf einem Fußweg oberhalb des Frötschbachs bergauf. Eine Straße wird gekreuzt, dann geht es steiler zum Peterlunger Hof hinauf, wo man ebenfalls auf eine Fahrstraße trifft. Man verlässt sie gleich wieder rechts auf dem Valzurasteig und folgt der Beschilderung in den Seiser Ortskern. Dort geht man links zum Hotel Enzian und anschließend rechts durch das Zentrum zurück zum Kreisverkehr von **Seis** 01 und zum Parkhaus bzw. zum Busbahnhof.

VON SEIS ZUM VÖLSER WEIHER • 1056 m

Badevergnügen mit Schlernblick

  6,25 km  2:00 h 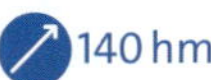 140 hm 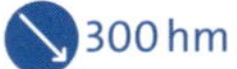 300 hm  54

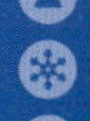

START | Talstation der Seiser-Alm-Bahn, 1015 m, am südlichen Ortsrand von Seis, großer Parkplatz. Bus von Brixen über Klausen und Kastelruth und von Bozen über Völs.
[GPS: UTM Zone 32 x: 696.583 m y: 5.157.193 m]
CHARAKTER | Kleine Wanderung mit geringem Höhenunterschied. Größtenteils schattige Waldwege, deshalb auch an heißen Sommertagen möglich.

Wenn unten im Tal brütende Hitze herrscht, verwandelt sich das Ufer des Völser Weihers in ein kleines Rimini. Zu verdanken ist die wohltuende Erfrischung den Herren Völs-Colonna, die das Gewässer im 16. Jahrhundert als Karpfenteich anlegten. Gespeist wird der kleine Waldsee von einer Quelle am Fuß des Schlern, auch Schlernblut genannt. Am Nordostufer erleichtern Stege den Zugang zum kühlen Nass. Der südliche Teil des Sees mit seinem Schilfgürtel ist als Biotop geschützt. Im Herbst, wenn Ruhe einkehrt und sich die Wände des Schlern im dunklen Wasser spiegeln, verwandelt sich der Weiher in ein besonderes Idyll. Der östlich gelegene Huberweiher wurde zur Bewässerung angelegt und bietet ebenfalls schöne Landschaftsmotive. Baden ist dort allerdings nicht erlaubt.

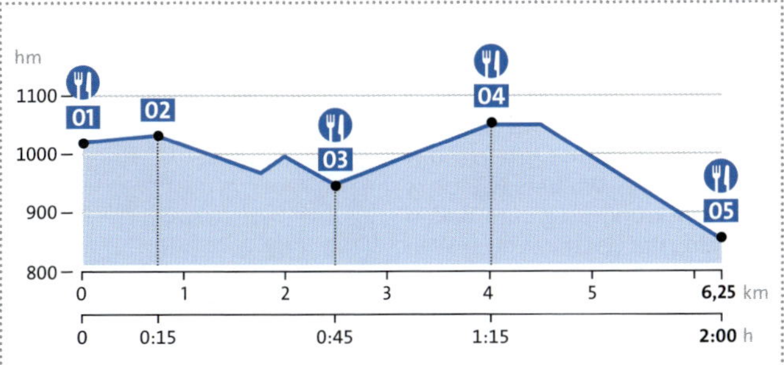

01 Seis, Talstation Seiser-Alm-Bahn, 1015 m; 02 Hotel Salegg, 1026 m; 03 Nähe Vigiler Hof, 950 m; 04 Völser Weiher, 1056 m; 05 Völs, 859 m

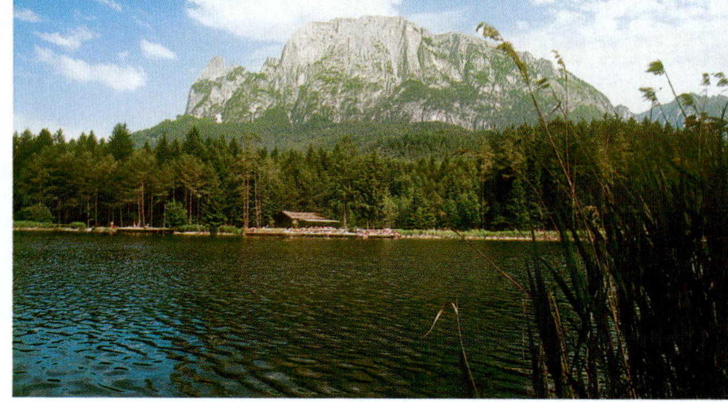

Der Völser Weiher ist einer der saubersten Badeseen Italiens

▶ Von der Zufahrt zum Parkplatz bei der **Talstation der Seiser-Alm-Bahn** 01 zweigt ein Sträßchen ab, das flach durch den Wald zum **Hotel Salegg** 02 führt. Man geht links am Hotelgebäude mit seiner verspielten Architektur vorbei und folgt dem Schild „Völser Weiher" auf einen breiten Waldweg, der nach links schwenkt und den Weißenbach überquert (Mark. 2). Etwas auf und ab wandert man durch ein Waldgebiet am Fuß des Schlern, die Vigiler Teilwälder.

Nachdem man den Vergeser Bachgraben überschritten hat, kommt man oberhalb des **Vigiler Hofs** 03 vorbei, ein etwas exklusives Hotel-Restaurant an der Straße Völs – Seis, und überquert ein weiteres Bachtal. Der Weg steigt nun an, führt über die Tschurtschwiese und erreicht das Ufer des **Völser Weihers** 04. Links laden Kiosk und Steg zum Baden ein, rechts der Gasthof Völser Weiher zur Einkehr.

Geht man am Wirtshaus vorbei und auf der Westseite des Sees entlang, hat man den schönsten Blick auf die Felsbastion des Schlern. Im Süden des Weihers, bei einer Wegkreuzung in der Nähe des Hotels Waldsee, biegt man in einen breiten Weg ein, der nach Völs ausgeschildert ist (Mark. 1). Er führt auf der rechten Seite eines Wiesentälchens bergab und trifft bei den Höfen von Obervöls

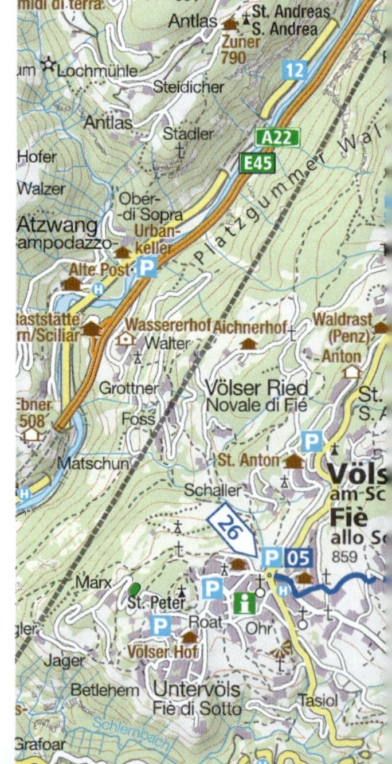

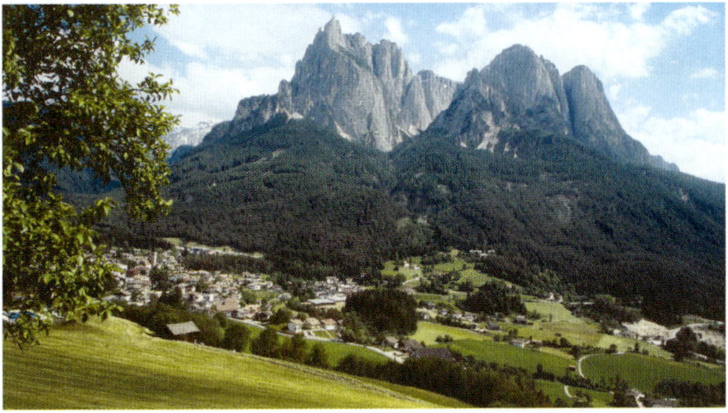

Ausgangspunkt Seis unter den Felsabstürzen des Schlern

auf ein Sträßchen. Am Ansitz Zimmerlehen vorbei steigt man über herrliche Wiesenlandschaft bergab und genießt den Blick über Völs hinweg auf den Bozener Talkessel. Immer der Markierung 1 folgend gelangt man beim Hotel Heubad zur Straße nach Ums und geht rechts zum Kreisverkehr in **Völs** 05, wo sich die Bushaltestelle für die Rückkehr nach Seis befindet.

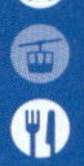

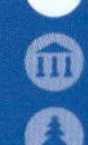

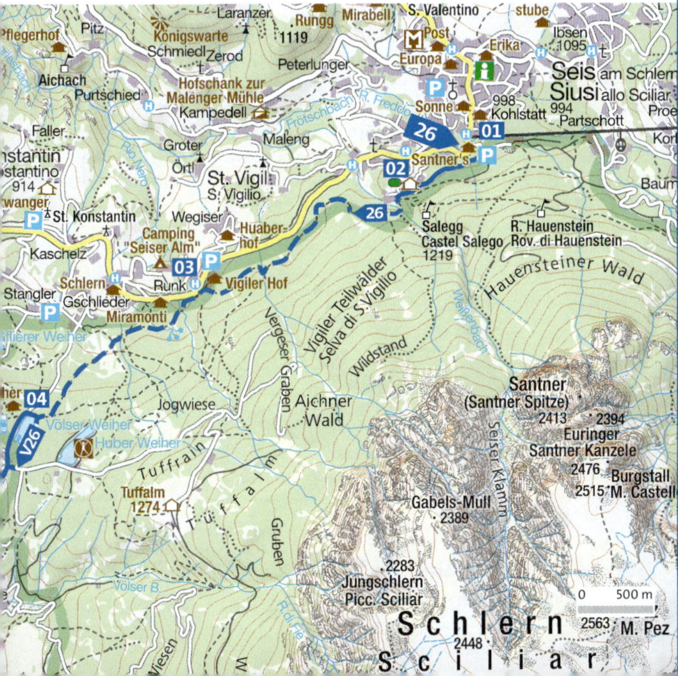

HOFERALPL • 1340 m UND TUFFALM • 1274 m

Logenplätze am Fuß des Schlern

 7,75 km 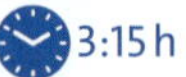 3:15 h 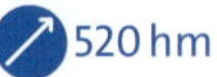 520 hm 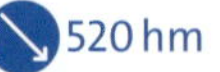 520 hm  54

START | Ums, 925 m, Parkplatz am Ortseingang vor der Kirche. Bus von Seis, Völs und Tiers.
[GPS: UTM Zone 32 x: 693.256 m y: 5.153.110 m]
CHARAKTER | Abwechslungsreiche Rundtour auf guten Wanderwegen, etwas steilerer Anstieg zum Hoferalpl.

Steile Felsfluchten, unvergessliche Fernblicke, von der Sonne verwöhnte Einkehrstationen, Südtiroler Küche vom Feinsten – bei der Almenrunde über dem Hochplateau von Völs ist es leicht, ins Schwärmen zu kommen. Unumstrittener Herrscher über dieses Gebiet ist der Schlern mit seinen eindrucksvollen Felsabstürzen, denen man ganz nahe rückt. Ein lohnender Zwischenstopp ist der von Wald umgebene Völser Weiher, ein beliebtes Ausflugsziel. An warmen Tagen lädt er zu ein paar Schwimmzügen mit Schlernblick ein.

▶ Vor der Kirche in **Ums** 01 biegt man links in den St.-Martin-Weg ein, zweigt nach 50 Metern erneut links ab und folgt einigen Kehren bergauf, bis rechts ein schmaler Pfad zum Hoferalpl ausgeschildert ist (Mark. 3). Auf ihm kreuzt man noch einmal die Fahrstraße und gelangt oberhalb eines Hofs zu einer Verzweigung. Man geht

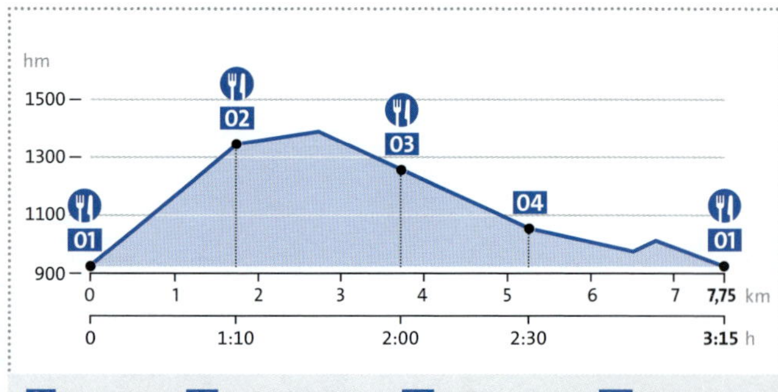

01 Ums, 925 m; 02 Hoferalpl, 1340 m; 03 Tuffalm, 1274 m; 04 Abzweig Völser Weiher, 1056 m

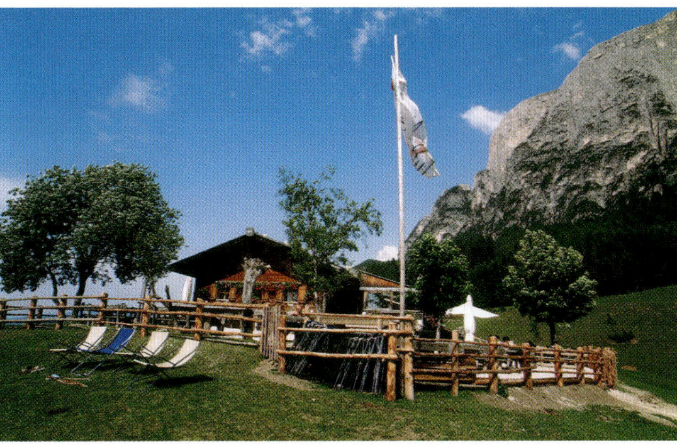

Sonniger Rastplatz unter dem Schlern: die Tuffalm

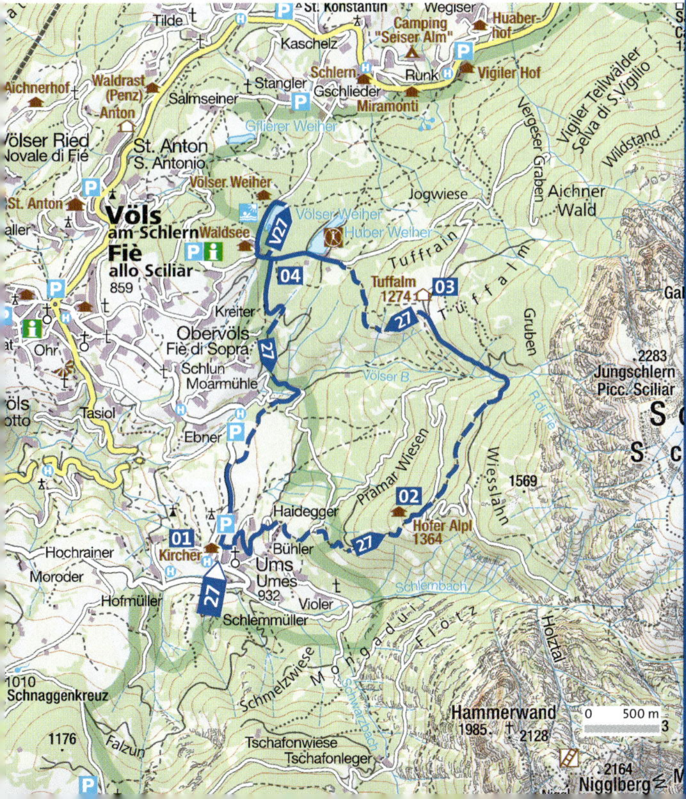

St. Konstantin
Wegiser
Tilde
Camping "Seiser Alm"
Huaberhof
Kaschelz
Schlern
Runk
Vigiler Hof
Aichnerhof
Waldrast (Penz)
Stangler
Gschlieder
Salmseiner
Miramonti
Anton
Vigiler Teilwälder Selva di S. Vigilio
Völser Ried Novale di Fiè
Gflierer Weiher
St. Anton S. Antonio
Vergeser Graben
Wildstand
Völser Weiher
Jogwiese
Aichner Wald
St. Anton
Völs am Schlern
Fiè allo Sciliar
859
Waldsee
Völser Weiher
Huber Weiher
Tuffrain
Tuffalm 1274
Tuffalm
Kreiter
Obervöls Fiè di Sopra
Schlun
Moarmühle
Ohr
Gruben
Völser B.
2283 Jungschlern Picc. Sciliar
Tasiol
Ebner
R. di Fiè
Pramar Wiesen
Wiesslahn
1569
Haidegger
Hofer Alpl 1364
Hochrainer
Kircher
Bühler
Ums Umes 932
Moroder
Hofmüller
Violer
Schlernbach
Schlemmüller
Mongadui
Flötz
Holztal
1010 Schnaggenkreuz
Schmelzwiese
Schwarzbach
Hammerwand 1985 2128
0 500 m
1176
Falzun
Tschafonwiese
Tschafonleger
2164 Nigglberg

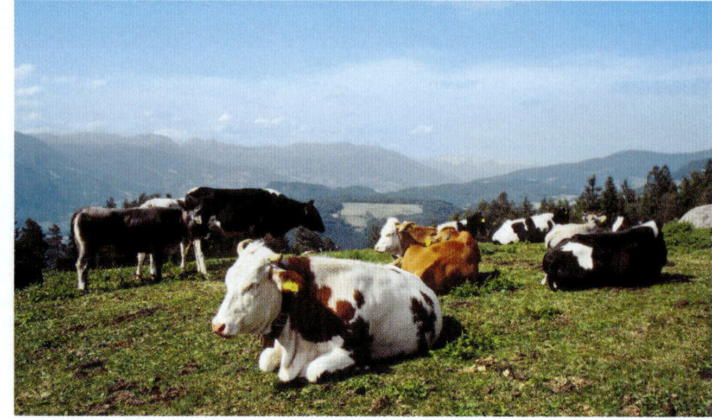

Rinder auf „Sommerfrische“ bei der Tuffalm

rechts zum Waldrand und steigt eine gute halbe Stunde ziemlich steil durch den Wald bergauf. Dann staunt man auf der sonnigen Terrasse des **Hoferalpls** 02 über das großartige Panorama: Im Dunst der Talkessel von Bozen, das Eisacktal mit der Rittner Hochfläche, am Horizont das Felsmassiv der Brenta und die Gletschergipfel der Ortlergruppe und der Ötztaler Alpen. Von der Alm führt ein breiter Weg hinauf zu einer Forststraße. Man folgt ihr kurz nach links, bis nach 50 m rechts ein Fußweg Richtung „Tuffalm, Völser Weiher“ abzweigt. Er quert die bewaldeten Hänge und mündet in den breiten Anstiegsweg zum Schlern, in den man links einbiegt (Mark. 1). Man geht über den Völser Bach und kommt absteigend zu den Weiden der **Tuffalm** 03 und der Hütte, die aussichtsreich auf einem Wiesenplateau liegt.

Noch vor dem Almgebäude weist links ein Schild zum Völser Weiher (Mark. 1). Ein breiter, teils mit Steinen gepflasterter Wanderweg windet sich durch den Wald hinab und mündet in die Zufahrt zur Tuffalm. Man passiert den Huberweiher – dort ist Baden nicht erlaubt – und könnte dem **Völser Weiher** 04 einen Besuch abstatten. Dazu geht man zunächst an der Linksabzweigung Richtung Ums vorbei und biegt nach einer Schranke rechts auf den Rundweg um das kleine Gewässer ab. Am nordöstlichen Ufer laden Stege zum Baden und Sonnen ein. Das Gasthaus Völser Weiher sorgt für die Einkehr mit Seeblick. Für den Weiterweg nach Ums zweigt man dagegen noch vor der Schranke links ab und wandert flach durch Wald, bis nach knapp 10 Min. rechts ein Fußweg durch ein kleines Bachtal bergab führt (Mark. 2). Man kommt wieder zum Völser Bach und folgt nach der Brücke rechts der Forststraße, verlässt sie aber bereits nach 100 m wieder und zweigt links auf einen Fußweg ab.

Wenig später spaziert man über freie Wiesen und lässt noch einmal die imposante Felskulisse und den herrlichen Weitblick auf sich wirken. Bei einem Hof trifft man auf die Straße Völs – Ums und kehrt links in 10 Min. zurück nach **Ums** 01.

VOM VÖLSER WEIHER ZUM SCHLERNHAUS • 2450 m

Unterwegs auf Schäufelesteig und Prügelweg

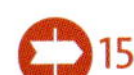

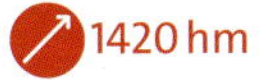

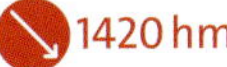

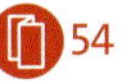

START | Völser Weiher, 1050 m, zu erreichen von St. Anton an der Straße Völs – Seis auf ausgeschilderter Fahrstraße, gebührenpflichtiger Parkplatz. Bus von Bozen und von Brixen über Kastelruth und Seis nach Völs, dort umsteigen zum Völser Weiher. [GPS: UTM Zone 32 x: 693.107 m y: 5.154.948 m]
CHARAKTER | Steiler, anstrengender Anstieg auf dem Schäufelesteig, teilweise auch etwas ausgesetzt, gute Trittsicherheit erforderlich. Einfacher ist der Abstieg auf dem Prügelweg. Nur für Wanderer mit guter Kondition – 1400 Höhenmeter müssen bewältigt werden.

Die Wege auf den Schlern von der Völser Seite sind lang und reich an Höhenmetern, doch landschaftlich nicht weniger interessant als der beliebte Touristensteig von der Seiser Alm und zudem weniger überlaufen. Im Zickzack schraubt sich der Schäufelesteig über die steilen Hänge nach oben. Beeindruckende Nahblicke und großartige Fernsicht entschädigen für die Aufstiegsmühen. Der Prügelweg, auch Knüppelweg genannt, erschließt mit Stegen aus

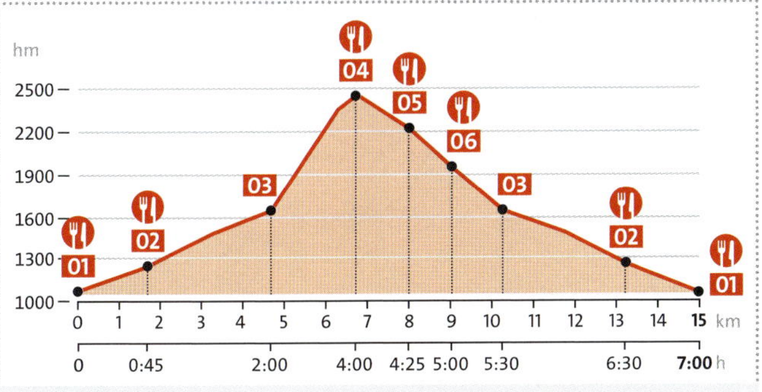

01 Parkplatz und Bushaltestelle Völser Weiher, 1050 m; 02 Tuffalm, 1274 m; 03 Rastplatz Peter Frag, 1653 m; 04 Schlernhaus, 2450 m; 05 Moarbodenhütte, 2220 m; 06 Sesselschwaige, 1940 m

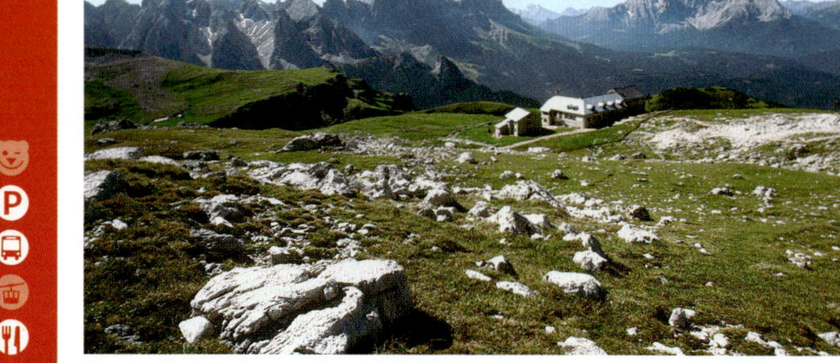
Fantastisch gelegen: das Schlernhaus mit Rosengarten und Latemar

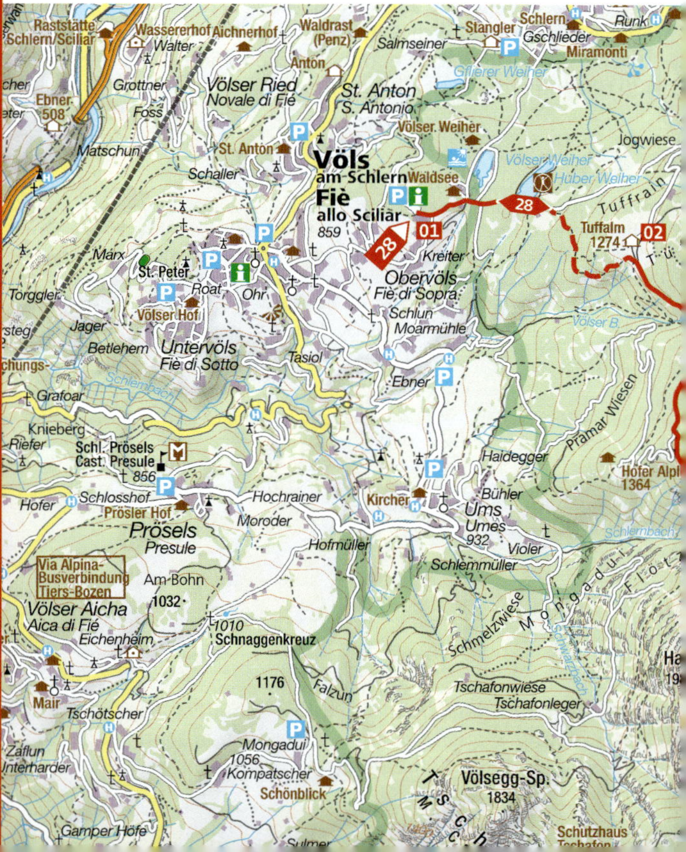

Baumstämmen die wildromantische Schlernschlucht und garantiert einen abwechslungsreichen Abstieg. Er wurde bereits im Mittelalter genutzt, um das Vieh auf die Weiden zu treiben. Krönender Abschluss der Tour ist ein kühles Bier mit Panoramablick auf der Tuffalm und ein erfrischender Sprung in den Völser Weiher.

▶ Von Parkplatz und Bushaltestelle **Völser Weiher** 01 hat man nach wenigen Minuten die Schilfzone am Südufer des Weihers erreicht, geht dort geradeaus weiter zum Huber Weiher und zweigt anschließend rechts auf einen Wanderweg ab (Mark. 1). Er führt teilweise etwas steil durch den Wald zur **Tuffalm** 02 hinauf. Sie lädt in ausgesprochen aussichtsreicher Lage, überragt von den Felsfluchten des Schlern, zur Einkehr ein. Unterhalb des Almgebäudes orientiert man sich weiterhin an der Markierung 1 und hält rechts über die Weide auf den Waldrand zu. Ein breiter steiniger Wanderweg steigt über die bewaldeten Hänge unter den Schlernwänden an, quert den Völser Bach und führt

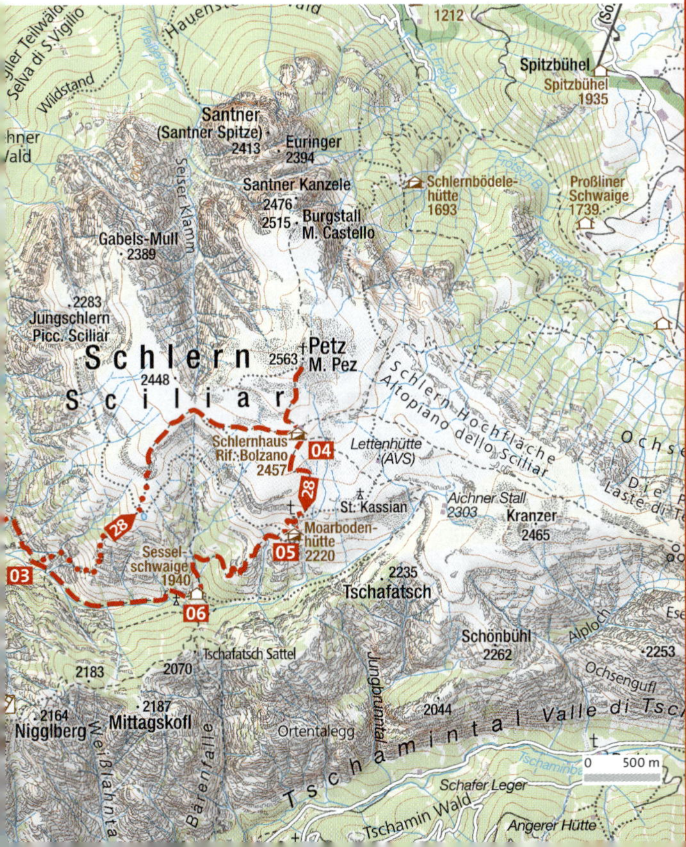

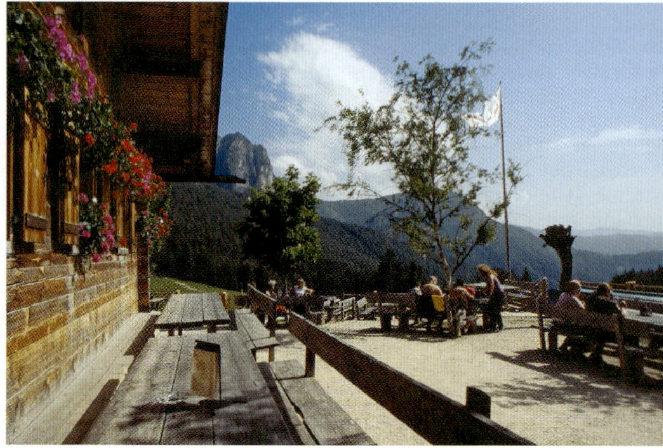

Schöner Ausklang der Tour auf der Tuffalm

an einer Abzweigung zum Hoferalpl vorbei. Etwa 300 m nach der Talstation des Materiallifts, der das Schlernhaus versorgt, zweigt man links auf einen Steig ab (Mark. 1). Er leitet über die steilen Hänge oberhalb des Schlernbachgrabens und mündet mit etwas Höhenverlust in einen Weg, der sich serpentinenreich aufwärtsschlängelt. Man folgt ihm für einige Minuten bergauf, bis am Eingang der Schlernschlucht, beim **Rastplatz Peter Frag** **03**, links der Schäufelesteig beginnt (Mark. 3). Er zieht über steiles, teils mit Latschen bewachsenes Gelände bergauf und erfordert an einigen abschüssigen Stellen einen sicheren Tritt. Schließlich wird der Anstieg etwas flacher. Man hat das Schlernplateau erreicht und wandert am Rand einer tief in die Hochfläche eingeschnittenen Schlucht entlang. Der Steig führt unter der Materialseilbahn hindurch und nach Osten zur verdienten Rast auf dem **Schlernhaus** **04**. Es lohnt sich, noch einmal Kräfte zu mobilisieren und zum höchsten Punkt der Hochfläche, dem Petz (2563 m), nördlich der Hütte aufzusteigen. Ein Bergweg führt in 20 Min. zu diesem traumhaften Aussichtspunkt hinauf.

Vom Schlernhaus fällt Weg Nr. 1 Richtung Sesselschwaige sanft über die Wiesen des Plateaus nach Süden ab. Eine Abzweigung zum Kirchlein St. Kassian lässt man links liegen und gelangt in einigen Kehren zur urigen **Moarbodenhütte** **05**, die zur Weidezeit bewirtschaftet ist. Nun steigt man steil in das Tal hinunter, das sich in die Südflanke des Schlern schneidet. Dort führt der Steig nach links zur **Sesselschwaige** **06**, im Sommer ebenfalls eine Einkehrmöglichkeit. Anschließend wird es noch einmal spannend: Bei der Almhütte hält man sich rechts und folgt dem Prügelweg durch die von steilen Hängen eingerahmte Schlernschlucht. Beim **Rastplatz Peter Frag** **03** trifft man wieder auf den Anstiegsweg und kehrt zur **Tuffalm** **02** und zum Parkplatz beim **Völser Weiher** **01** zurück.

SCHLOSS PRÖSELS • 856 m

29

Renaissanceburg zu Füßen des Schlernmassivs

  6,75 km  2:15 h 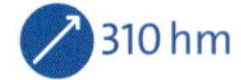 310 hm  310 hm  54

START | Pfarrkirche in Völs, 880 m, Parkmöglichkeit ohne Zeitbegrenzung auf dem ausgeschilderten Parkplatz P 2 (gebührenpflichtig), Zufahrt von der Dorfstraße. Bus von Bozen und von Brixen über Klausen, Kastelruth und Seis. [GPS: UTM Zone 32 x: 692.110 m y: 5.154.670 m]
CHARAKTER | Aussichtsreiche Wanderung auf bequemen Fahr- und Feldwegen, auf dem Rückweg nach Völs steiler Ab- und Anstieg.

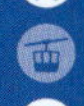

Weithin sichtbar thront Schloss Prösels über dem Schlernbachgraben. Ein Besuch der stattlichen Burg kann mit einer gemütlichen Wanderung durch schöne Südtiroler Kulturlandschaft verbunden werden. Wer den etwas anstrengenden Anstieg aus dem Schlernbachgraben nach Völs vermeiden will, kehrt entweder auf dem Hinweg zurück oder fährt mit dem Bus (Haltestellen beim Schloss und im Dorf Prösels).

▶ Am Kirchplatz in **Völs** 01 geht man rechts an der Pfarrkirche vorbei, verlässt anschließend rechts den kleinen alten Ortskern durch ein Gewölbe und folgt einer schmalen Straße zur Straße Blumau – Völs hinunter. Rechts gelangt man zu einem Zebrastreifen und biegt auf der anderen Straßenseite in den Christophbildweg ein (Mark. 6). Er führt durch Weinreben und Obstgärten etwas bergauf und auf die Felsabbrüche

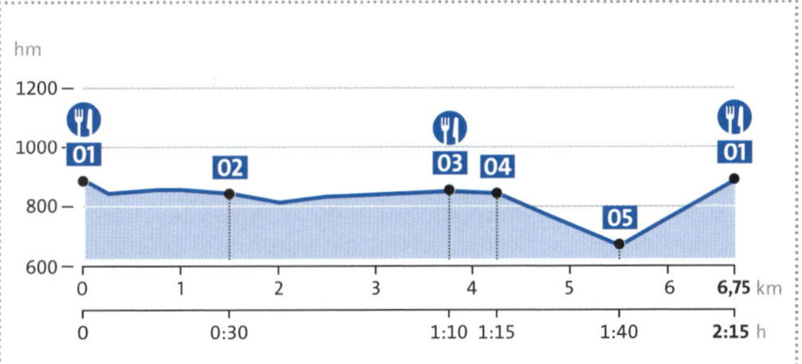

01 Völs, Pfarrkirche, 880 m; 02 Völser Bach, 840 m; 03 Prösels, 862 m; 04 Schloss Prösels, 856 m; 05 Schlernbach, 662 m

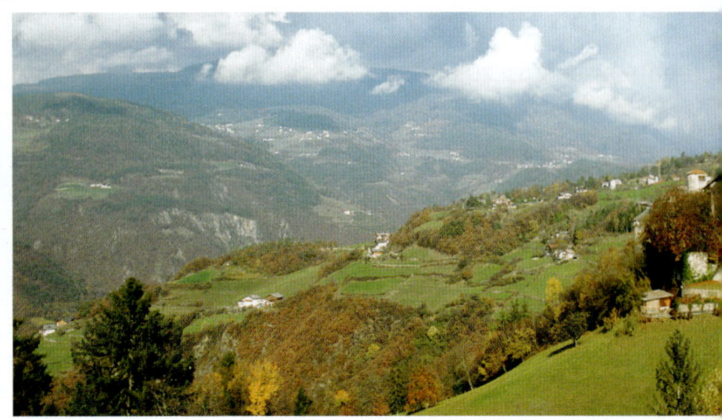

Die Herren von Völs genossen auf Schloss Prösels eine aussichtsreiche

von Schlern und Hammerwand zu. Auch das Ziel, Schloss Prösels, ist bereits in Sichtweite. Oberhalb des Tasioler Hofs geht man in einer Linkskehre geradeaus zu einem Bildstock und wandert nun auf einem Feldweg etwas auf und ab. Beim Peternaderhof überquert man den **Völser Bach** 02 und hält sich nach der Brücke rechts. Als kleine zusätzliche Schleife könnte man nach wenigen Metern links auf den Steig abzweigen, der über die Wiesen nach Ums mit dem Gasthaus Kircher hinaufführt (0:20 Std. bis Ums). Weg 3 bringt einen anschließend wieder zurück auf die Hauptroute nach Prösels.

Für den Weiterweg nach Prösels geht man vom Völser Bach geradeaus zu einem Hof und biegt dort links wiederum auf einen Feldweg ab. In schöner Wanderung geht es über Wiesenhänge, bis man auf ein Aspaltsträßchen trifft, das zum Schlernbach führt. Nach der Brücke folgt man dem Schotterweg nach rechts und trifft nach 15 Min. auf die Straße nach **Prösels** 03. Man geht geradeaus durch den kleinen Ortskern seinen alten Höfen. Beim Restaurant Presulis hält man sich rechts und hat in wenigen Minuten die eindrucksvollen Gemäuer von **Schloss Prösels** 04 erreicht. Dort bietet ein

Stammsitz der Herren von Völs

Schloss Prösels ist 1279 erstmals als „Castrum Presil" urkundlich erwähnt und war mehrere Jahrhunderte im Besitz der Herren von Völs. Ihr heutiges Aussehen erhielt die Burg unter Leonhard von Völs, der sie um ca. 1500 im Renaissancestil umbauen ließ. Ein trauriges Kapitel in der Geschichte von Schloss Prösels sind die Hexenprozesse, bei denen Anfang des 16. Jahrhunderts rund 30 Frauen und Männer zum Tode verurteilt wurden. Das Schloss kann mit einer Führung besichtigt werden (geöffnet 1.5.–31.10. täglich außer Samstag, Tel. +39 0471 601062, www.schloss-proesels.seiseralm.it).

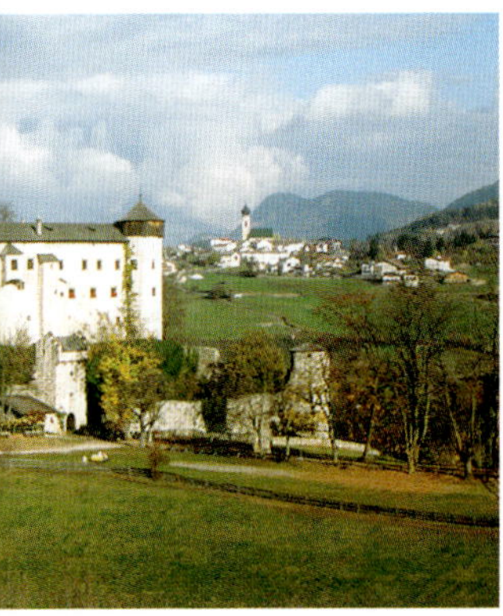

Wohnlage

kleines Café eine Stärkung an. Ein Schlossrundweg führt mit schönem Blick ins Eisacktal rund um die Burg. Nach dem Schlossbesuch wandert man auf der schmalen Straße unterhalb des Schlosses vorbei und ziemlich steil zur Straße Blumau – Völs hinunter (Mark. 5). Bei einer Bushaltestelle geht man durch die Unterführung und hält weiter absteigend auf einen Hof zu. Unterhalb des Gebäudes überquert man den **Schlernbach** 05 und steigt auf einem gepflasterten Weg steil über Wiesen, durch Laubgehölz und an Weinbergen entlang bergauf. Nach einem halbstündigen, anstrengenden Anstieg kommt man zu den ersten Häusern von Völs und trifft beim stattlichen Roat-Hof auf den Völser Rundweg. Man überquert ihn schräg links und folgt dem Schlossweg ins Zentrum von **Völs** 01.

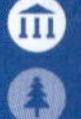

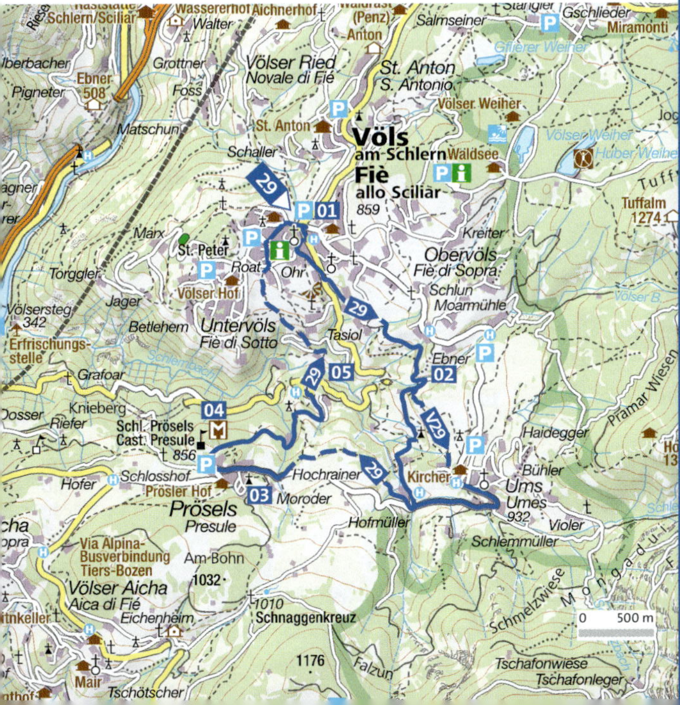

OACHNER HÖFEWEG

Südtirol wie aus dem Bilderbuch

  10,25 km 4:45 h 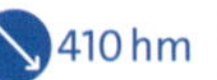 410 hm 410 hm  54

START | Schloss Prösels, Parkplatz unterhalb der Burg, 840 m, beschilderter Abzweig an der Straße nach Tiers. Busverbindung von Seis, Völs und Tiers.
[GPS: UTM Zone 32 x: 691.520 m y: 5.153.122 m]
CHARAKTER | Gut markierte Wanderung, die auch für weniger Geübte geeignet ist. Einige kürzere Anstiege sind allerdings zurückzulegen. Am schönsten ist die Runde im Frühjahr und Herbst.

Bis an den Rand der Völser Hochfläche, die steil ins Tierser Tal und ins Eisacktal abbricht, haben sich die Bauern mit ihren Höfen vorgewagt und der Natur Kulturland abgetrotzt. Der Oachner Höfeweg führt durch dieses abwechslungsreiche Bauernland mit alten Höfen und Buschenschänken, Weinbergen, Kastanienhainen und Obstfeldern – für viele der Inbegriff Südtirols. Die Buschenschänken sind in der Regel nur im Frühjahr und Herbst geöffnet. Eine Broschüre zum Höfeweg ist in den Tourismusbüros erhältlich.

▶ Der Oachner Höfeweg ist bereits am **Parkplatz von Schloss Prösels** 01 ausgeschildert. Der Wegweiser leitet die Wanderer auf einen Wirtschaftsweg, der flach am Hang nach Westen führt und einen schönen Blick

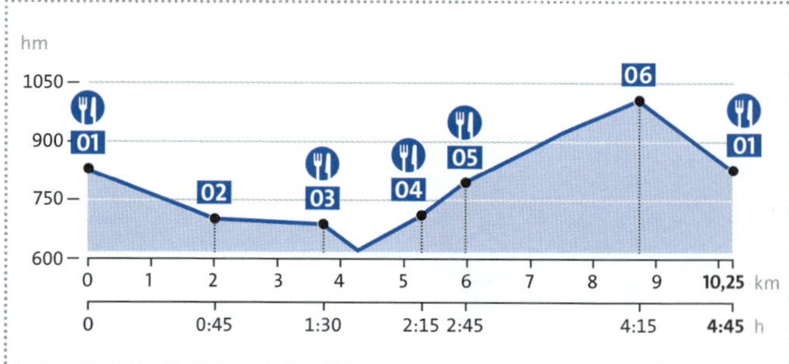

01 Schloss Prösels, Parkplatz, 840 m; 02 Flungerhof, 700 m; 03 Gemoanerhof, 690 m; 04 Innerperskolerhof, 730 m; 05 Fronthof, 800 m; 06 Schnaggenkreuz, 1010 m

auf das Dorf Völs und Schloss Prösels vor dem gewaltigen Felsklotz des Schlern bietet. Bei den folgenden Verzweigungen hält man sich jeweils links und kommt zu den Überresten des „Wirtskellers". Der Wirt von Prösels nutzte ihn zur Aufbewahrung von Wein, Speck und Käse. Zwischen den Felsblöcken eines Bergsturzgebietes strömt kalte Luft aus, so dass ein natürliches Kühlsystem entsteht. Nach dem Naturdenkmal steigt man rechts durch den Wald bergab und gelangt zum **Flungerhof** 02 mit großer Scheune. Der Höfeweg leitet nun unter der Straße nach Völser Aicha hindurch und verläuft hoch über dem Eisacktal durch schönen

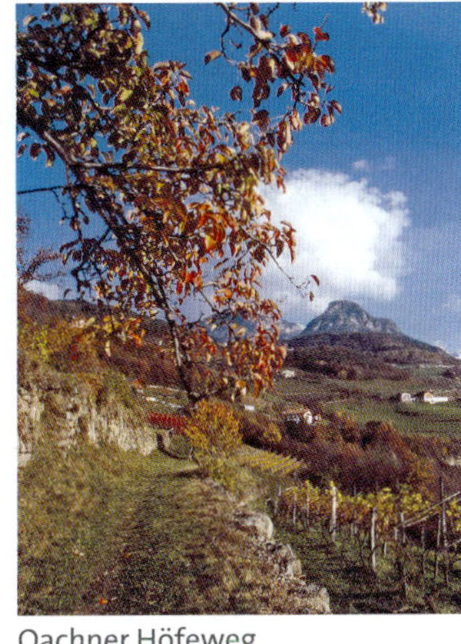

Oachner Höfeweg

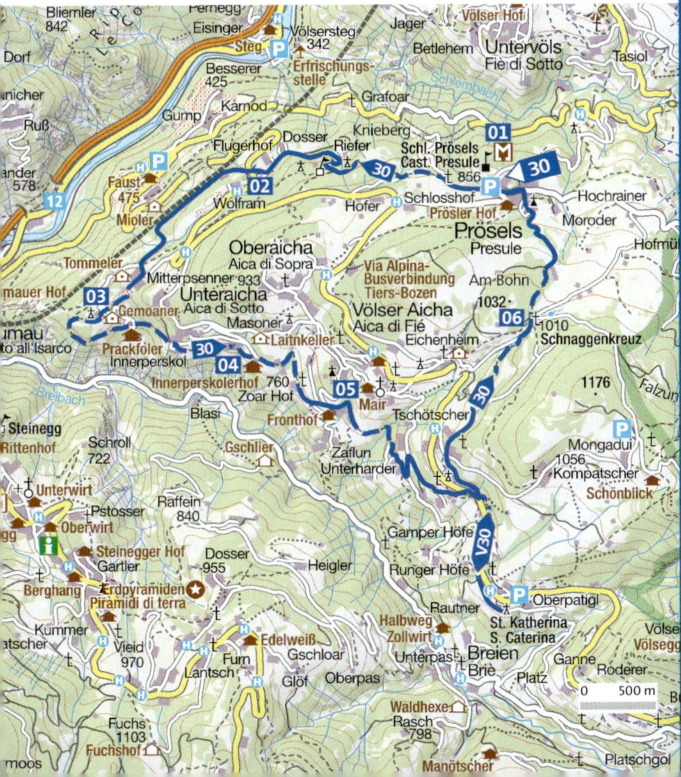

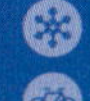

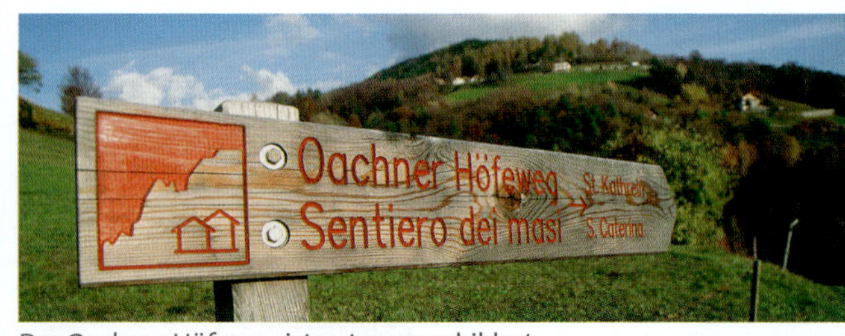

Der Oachner Höfeweg ist gut ausgeschildert

Laubwald mit Kastanienbeständen. Man passiert das Anwesen Tommele (Mitterpsennerhof) und gelangt zu einem Sträßchen, das zum **Gemoanerhof** 03 führt. Der Buschenschank thront am südwestlichen Eck der Völser Hochfläche mit Blick zum Rosengarten (geöffnet an Wochenenden im Mai/Juni und im September bis November, auf Vorbestellung, Tel. +39/348/7794102). Von dort folgt man der Schotterstraße kurz bergab und biegt links auf einen Fußweg ein. Nun wandert man hoch über dem tief eingeschnittenen Tierser Tal und hat die Zackenkulisse des Rosengartens immer im Blick. Oberhalb des Prackfolerhofs beginnt wiederum ein Wanderweg, der durch Flaumeichenwald ansteigt. Nach dem nächsten Gehöft, dem Gstatschhof, geht man rechts auf die Wiesen. Auf die Wegweiser achtend spaziert man über die Felder, vorbei an Trockenmauern, Weinreben, Obst- und Kastanienbäumen, und kommt an einem weiteren Buschenschank, dem **Innerperskolerhof** 04, vorbei (geöffnet März bis Ende Mai von Freitag bis Sonntag sowie Ende September bis Anfang Dezember und 26.12. bis 6.1 täglich außer Montag). Schließlich trifft man wieder auf die Straße und steigt zu zwei besonders alten Höfen hinauf. Der Buschenschank **Fronthof** 05 ist das größte aus gotischer Zeit erhaltene Gehöft Südtirols (wechselnde Öffnungszeiten, Infos unter www.fronthof.com, Tel. +39/0471/601091). Wenige Minuten später steht man vor dem Fingerhof, ebenfalls denkmalgeschützt. Nun führt der Höfeweg in den Graben des Lausbachs hinab, der auf einer kleinen Hängebrücke überquert wird, und jenseits bergauf zu einer Straße. Man folgt ihr ansteigend durch eine Linkskurve und geht bei einer Straßenteilung rechts zur Tierser Straße (links zur Bushaltestelle in Völser Aicha für die Rückkehr nach Prösels). Auf der gegenüberliegenden Straßenseite setzt sich der Höfeweg rechts auf einem Waldweg nach St. Katherina fort (20 Min., Bushaltestelle). Um zu Fuß zum Ausgangspunkt zurückzukehren überquert man ebenfalls die Straße, geht aber links und an der folgenden Kreuzung geradeaus Richtung „Prösels" (Mark. 5). Über Lärchenwiesen erreicht man leicht ansteigend ein Holzkreuz, das **Schnaggenkreuz** 06, wo mehrere Wege zusammenführen. Man wählt links den Waldweg nach Prösels (Mark. 5), gelangt zu einem Forstweg hinunter und bald darauf zur kleinen Ortschaft. Links geht es zur Straße nach Völs und zurück zum **Parkplatz bei Schloss Prösels** 01.

RUND UM DIE VÖLSEGGSPITZE • 1834 m

Familiäres Berghaus und großartige Aussichtsloge

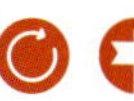  9,25 km 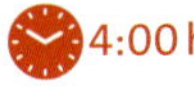 4:00 h 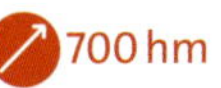 700 hm 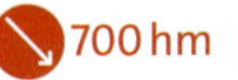 700 hm  54

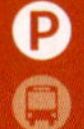

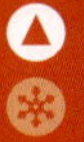

START | Parkplatz beim Gasthaus Schönblick, 1170 m, über dem Tierser Tal, beschilderte Abzweigung an der Straße nach Tiers zwischen Völser Aicha und St. Katherina nach einem Tunnel, anschließend immer links bis zum Parkplatz in der Kehre unterhalb des Gasthofs.
[GPS: UTM Zone 32 x: 692.425 m y: 5.151.496 m]
CHARAKTER | Abwechslungsreiche Rundwanderung auf guten Bergwegen. Der Anstieg zur Tschafonhütte ist etwas steil.

Auf der Tschafonhütte fühlt man sich sofort wohl. Das kleine Berghaus im Tschafonsattel zwischen Ums und Tiers hat einen ganz eigenen Charme. Das ist den gastfreundlichen Wirtsleuten zu verdanken. Seit mehr als sechzig Jahren kümmert sich Familie Lunger im 1912 erbauten Schutzhaus um das Wohl ihrer Gäste. Auch der „Hausberg“ der Tschafonhütte, die Völseggspitze, ist ein besonderer Logenplatz. Man kann sich kaum satt sehen am bunten Mosaik des Eisacktals und der Völser Hochfläche, an den Zacken von Rosengarten und Latemar und an den glänzenden Gletschern des Alpenhauptkamms. Satt essen ist auf der Tschafonhütte kein Problem: Manches Schmankerl wird aufgetischt. Salat und Gemüse

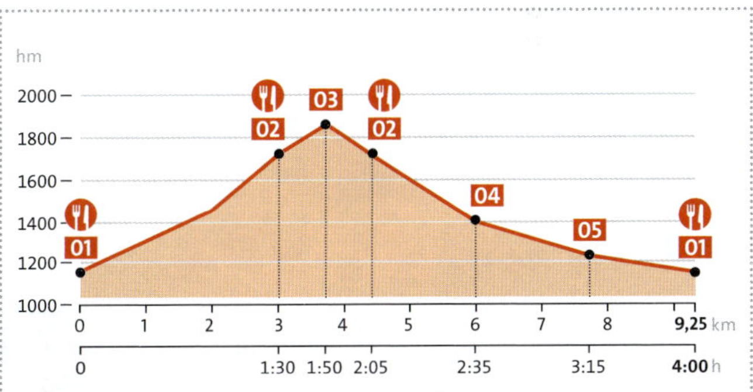

01 Parkplatz Gasthaus Schönblick, 1170 m; 02 Tschafonhütte, 1733 m; 03 Völseggspitze, 1834 m; 04 Wuhnleger, 1402 m; 05 Völsegger Bildstock, 1215 m

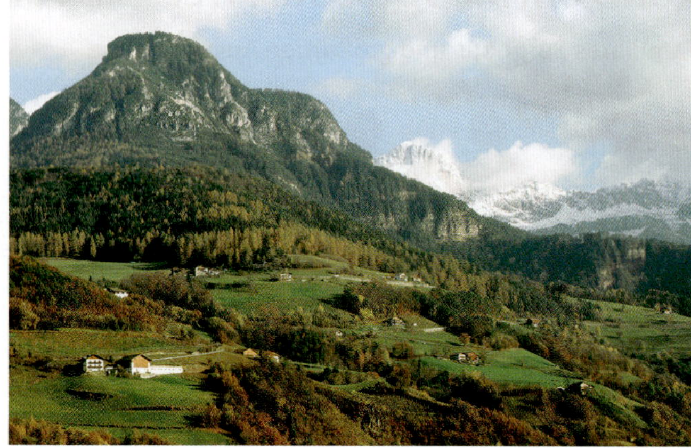
Die Völseggspitze belohnt mit großartigem Panorama

wachsen sogar im hütteneigenen Garten.

▶ Vom **Parkplatz 01** geht man auf der Fahrstraße zum Gasthaus Schönblick (Montag Ruhetag) und folgt dort links einem Forstweg in zwei Kehren bergauf (Mark. 7). Nach gut 20 Min. biegt man rechts ab und steigt, bald auf einem schmäleren Wanderweg, über die bewaldete Nordseite der Völseggspitze mäßig steil bergauf (Mark. 7a). Der Weg mündet in den Steig, der von Ums heraufkommt, und führt steiler durch den Wald bergan (Mark. 4). Bei kreuzenden Wegen hält man sich jeweils geradeaus und erreicht schließlich die Lichtung mit der

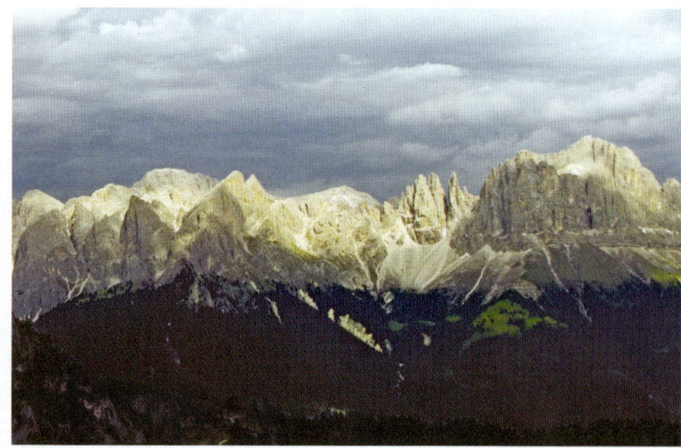
Bekannte Felssilhouette: Rosengarten von der Völseggspitze

Tschafonhütte 02. Bei der Hütte beginnt der Weg zur **Völseggspitze 03**. Er führt zuerst flach durch den Wald und erklimmt dann steil den Gipfelaufschwung. Es fällt nicht leicht, sich von der eindrucksvollen Aussicht loszureißen, doch das gemütliche Berghaus lockt zu einer ausgiebigen Einkehr. Für den Abstieg hält man sich auf der Wiese vor der Hütte rechts und folgt dem Fußweg durch Föhrenwald bergab (Mark. 4). Er quert die Hänge oberhalb des Tierser Tals mit schönen Ausblicken auf Rosengarten und Latemar und leitet, zweimal die Hüttenzufahrt kreuzend, hinunter zu den Lärchenwiesen des **Wuhnlegers 04**. In einem kleinen Weiher spiegelt sich dort die zackige Silhouette des Rosengartens – ein beliebtes Fotomotiv.

Man biegt rechts in einen Fahrweg ein und geht bald am Linksabzweig zum St.-Sebastians-Kirchlein und oberhalb von Tiers vorbei. Nach einem Gatter steigt man auf einem Waldweg einige Kehren bergab und erreicht anschließend flach den **Völsegger Bildstock 05**. Dort wendet sich der Weg nach rechts und quert etwas auf und ab die steilen, von Bachgräben durchzogenen Waldhänge der Völseggspitze (Mark. 6). Nach etwa 40 Min. ab dem Bildstock ist man wieder beim Gasthaus Schönblick angelangt und kehrt zum **Parkplatz 01** zurück.

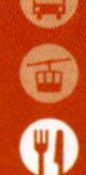

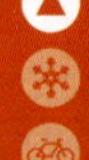

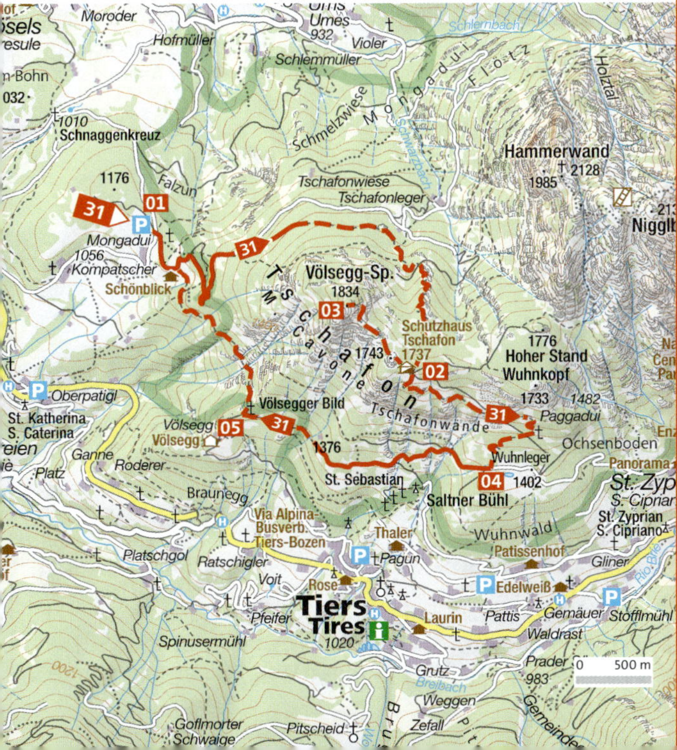

ÜBER SCHLERN • 2450 m UND HAMMERWAND • 2128 m

In 1 ½ Tagen von der Seiser Alm nach Tiers

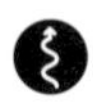 19 km 8:30 h 990 hm 1870 hm 54

START | Kompatsch, 1855 m, Bergstation der Seiser-Alm-Bahn, Talstation mit Parkplatz in Seis. Parkplatz (hohe Gebühr) auch in Kompatsch, die Straße zur Seiser Alm ist aber von 9 bis 17 Uhr für den privaten Verkehr gesperrt. Bus nach Seis von Brixen über Klausen und Kastelruth und von Bozen über Völs, von Seis und Kastelruth auch Busverbindung nach Kompatsch.
[GPS: UTM Zone 32 x: 700.692 m y: 5.157.625 m]
CHARAKTER | Landschaftlich großartige Tour mit Übernachtung auf dem Schlernhaus. Sie verläuft größtenteils auf guten, unschwierigen Bergwegen, nur die Kammüberschreitung zur Hammerwand ist stellenweise ausgesetzt und mit Drahtseilen gesichert, Trittsicherheit und Schwindelfreiheit erforderlich. Am 2. Tag viele Abstiegshöhenmeter (1730 Hm), steiler Abstieg zur Tschafonhütte.

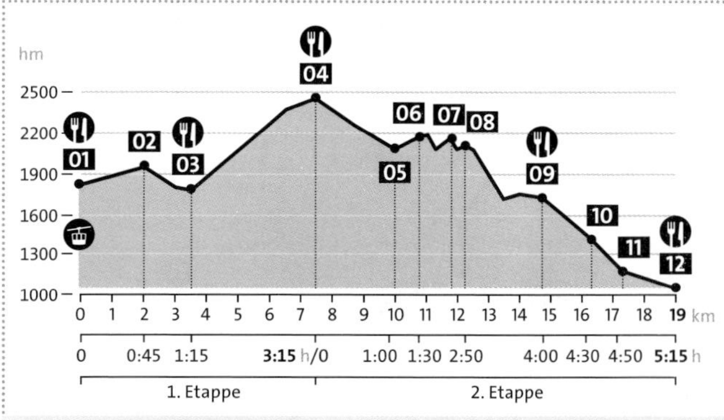

01 Kompatsch, Bergstation Seiser-Alm-Bahn, 1855 m; **02** Wegkreuzung, 1957 m; **03** Saltner Hütte, 1825 m; **04** Schlernhaus, 2450 m; **05** Tschafatschsattel, 2070 m; **06** Nähe Mittagskofel, 2175 m; **07** Nigglberg, 2164 m; **08** Hammerwand, 2128 m; **09** Tschafonhütte, 1733 m; **10** Wuhnleger, 1402 m; **11** Kirche St. Sebastian, 1260 m; **12** Tiers, Bushaltestelle, 1020 m

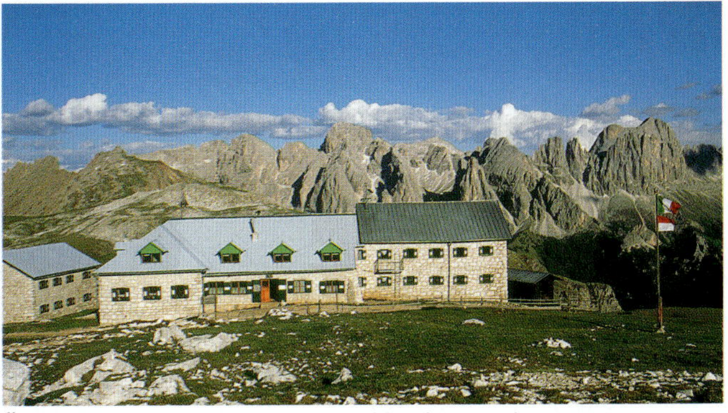
Übernachtungsplatz mit Aussicht: Schlernhaus und Rosengarten

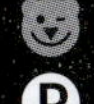
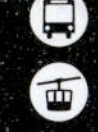
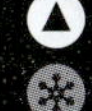
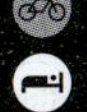

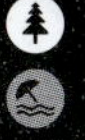

Mit ihren steil abfallenden Wänden beherrschen die Felskolosse von Schlern und Hammerwand vielerorts die Bergkulisse. Wen reizt es nicht, einmal dort oben zu stehen? Auf einer Tour von der Seiser Alm nach Tiers wandert man einmal quer über das Schlernmassiv und erlebt ein reiches Kontrastprogramm: einen genussvollen Einstieg über die weiten Böden der Seiser Alm, eine unvergessliche Übernachtung auf einem prominenten Aussichtsberg und eine unterhaltsame Gratüberschreitung mit einigen Drahtseileinlagen.

1. Etappe
740 hm Anstieg, 140 hm Abstieg
Von der Seilbahn-Bergstation in **Kompatsch** 01 steigt man wie bei Tour 22 über **Saltner Hütte** 03 und Touristensteig zum **Schlernhaus** 04 auf, wo man das fantastische Panorama und Sonnenuntergang genießen kann.

2. Etappe
250 hm Anstieg, 1730 hm Abstieg
Am nächsten Tag folgt man Weg 2 südöstlich über das Schlernplateau hinab, lässt das St.-Kassian-Kirchlein rechts liegen und wandert in einigen Kehren in das Tal des Schlernbachs hinunter. Dort führt der Weg zunächst im Talgrund talauswärts und quert dann leicht fallend die Nordwesthänge des Tschafatsch.
Man trifft auf Steig 9 und gelangt links zum grasigen **Tschafatschsattel** 05. Dort kommt der Weg durch die Bärenfalle herauf (steile Abstiegsmöglichkeit nach Weißlahnbad, 1:30 Std.). Man folgt dem Kamm nach Westen Richtung „Tschafonhütte" und steigt durch Latschen und über abschüssige Hänge an (Mark. 9). Der Steig umgeht den **Mittagskofel** 06 im Norden und führt anschließend auf die Südseite. Eine Erhebung im Kamm wird überschritten, dann geht es wieder steil in die felsige Nordseite hinunter und in einigem Auf und Ab am Grat entlang. Einige teils gesicherte Felspassagen stellen die Trittsicherheit auf die Probe.
Schließlich kommt man zur Latschenkuppe des **Nigglbergs** 07 und wandert zu einer Scharte hinunter. Jenseits erreicht man in einem kurzen Anstieg über felsiges Gelände den höchsten Punkt

der **Hammerwand 08**. Das Kreuz steht etwas tiefer auf einer Aussichtskanzel.

Man kehrt zur Scharte zurück und steigt südwärts in Kehren durch eine mit Latschen bewachsene Rinne hinab. Unterhalb der schrofigen Abbrüche der Hammerwand wendet man sich nach rechts, gelangt noch einmal etwas ansteigend zu einem Sattel und zu einem Forstweg und folgt ihm flach zur familiär geführten **Tschafonhütte 09** (siehe Tour 31). Auf der Lichtung vor dem kleinen Berghaus beginnt ein Fußweg, der südöstlich über die Waldhänge zu den Almwiesen des **Wuhnlegers 10** hinabführt (Mark. 4). Das Spiegelbild des Rosengartens in einem kleinen Weiher ist dort noch einmal ein fotografisches Highlight. Man biegt rechts in einen Fahrweg ein und zweigt nach knapp 15 Min. zur **Kirche St. Sebastian 11** ab. Von der Kapelle steigt man auf dem steilen Kreuzweg in Kehren bergab (Mark. 4), kreuzt einen quer verlaufenden Wanderweg und wandert steil in einem bewaldeten Graben zu einer Straße hinunter, die einen in den Ortskern von **Tiers 12** bringt. Entlang der Hauptstraße gelangt man links zur Haltestelle für den Bus zurück nach Seis.

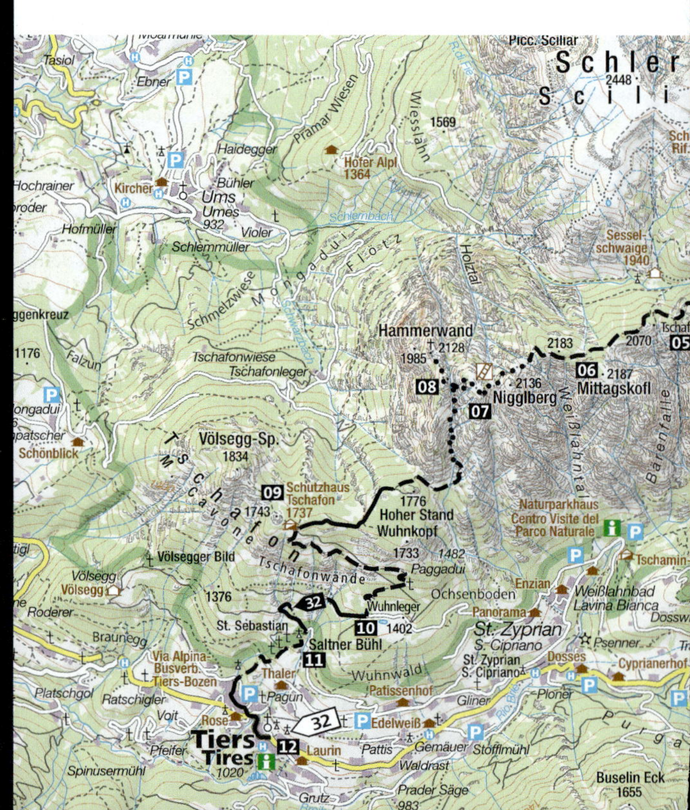

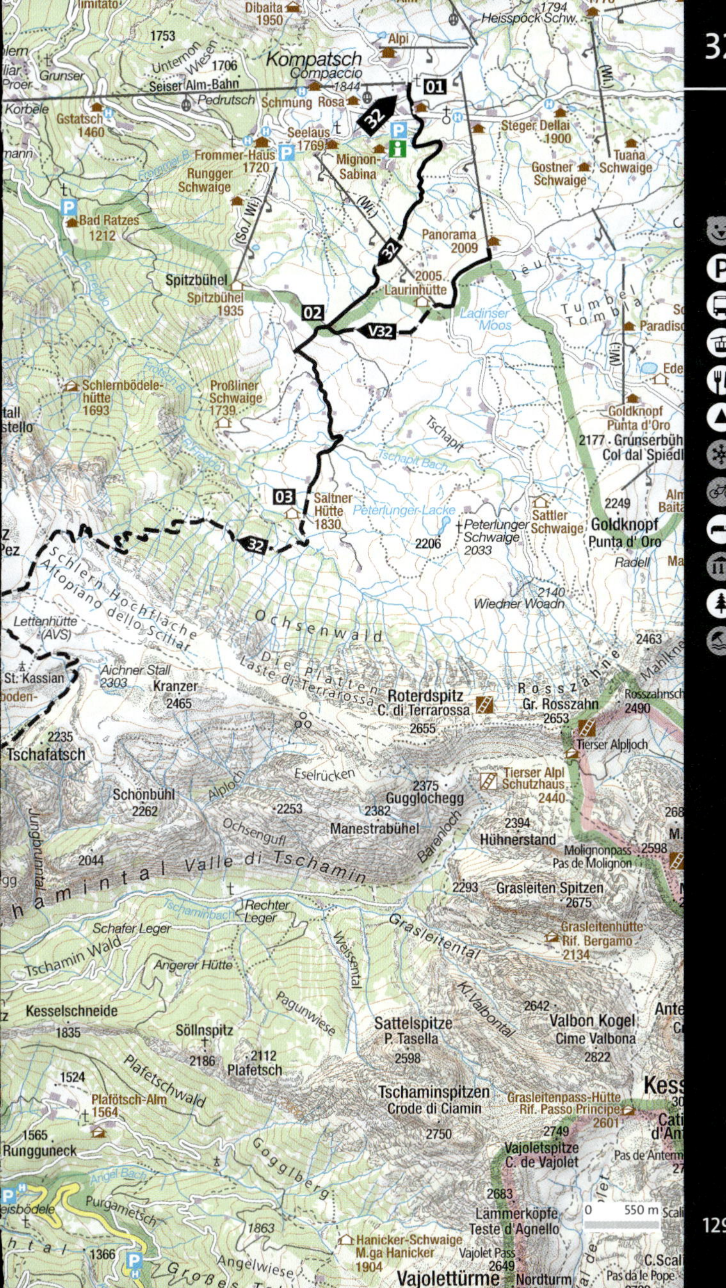

Kompatsch
Compaccio
1844
01
32
02
V32
03
Seiser Alm-Bahn
Spitzbühel
Spitzbühel 1935
Laurinhütte
Panorama 2009
Saltner Hütte 1830
Peterlunger Lacke
Peterlunger Schwaige 2033
Goldknopf
Punta d' Oro
Schlern Hochfläche
Altopiano dello Sciliar
Ochsenwald
Die Platten
Laste di Terrarossa
Roterdspitz
C. di Terrarossa
2655
Gr. Rosszahn
2653
Tierser Alpljoch
Tierser Alpl Schutzhaus 2440
Tschafatsch
Schönbühl 2262
Tschamintal Valle di Tschamin
Sattelspitze
P. Tasella
2598
Tschaminspitzen
Crode di Ciamin
Valbon Kogel
Cime Valbona
2822
Grasleitenhütte
Rif. Bergamo
2134
Vajolettürme
0 550 m

INS TSCHAMINTAL

Logenplatz unter dem Rosengarten

 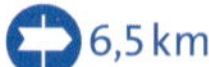 6,5 km  2:30 h ↗ 410 hm  410 hm  54

START | Tschamin Schwaige, 1195 m, oberhalb von Weißlahnbad. Zufahrt bei St. Zyprian im Tierser Tal, am Ende der Straße bei einem Kreisverkehr rechts, Parkplätze an der Zufahrt zur Tschamin Schwaige. Bus nach Weißlahnbad von Seis, Völs und Tiers (verkehrt von Ende Mai bis Anfang November).
[GPS: UTM Zone 32 x: 696.778 m y: 5.150.631 m]
CHARAKTER | Landschaftlich eindrucksvolle Wanderung auf unschwierigen Berg- und Forstwegen.

Ganz schlicht als „Rechter Leger“ wird ein Wiesenflecken im Tschamintal, zu Füßen des Rosengartens, bezeichnet, dessen Felskulisse ihresgleichen sucht. Ein Gewirr von Zacken, Spitzen und Felskegeln wächst über dem idyllischen Talschluss in den Himmel, verstei-

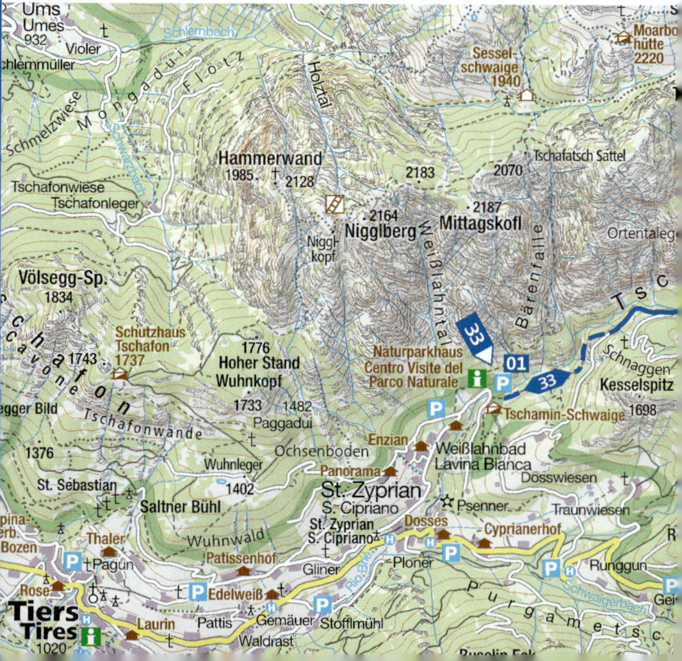

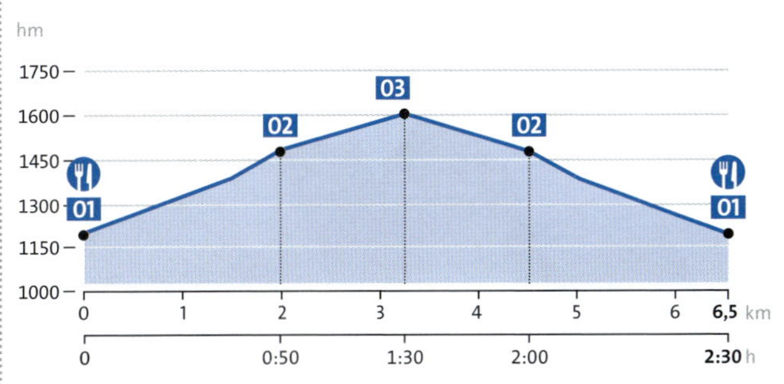

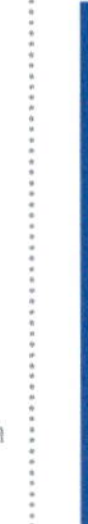

01 Tschamin Schwaige, 1195 m; **02** Schafer Leger, 1475 m; **03** Rechter Leger, 1603 m

nerte Riesen, deren Anblick selbst Dolomitenkenner ins Staunen bringt. Am Beginn der Wanderung, bei der Tschamin Schwaige, befindet sich das Naturparkhaus Schlern-Rosengarten, das in der alten und wieder in Betrieb genommen Steger Säge eingerichtet wurde. Es informiert über die Tier- und Pflanzenwelt der Region, die Geologie des Schlern und die Entstehung der Dolomiten (ge-

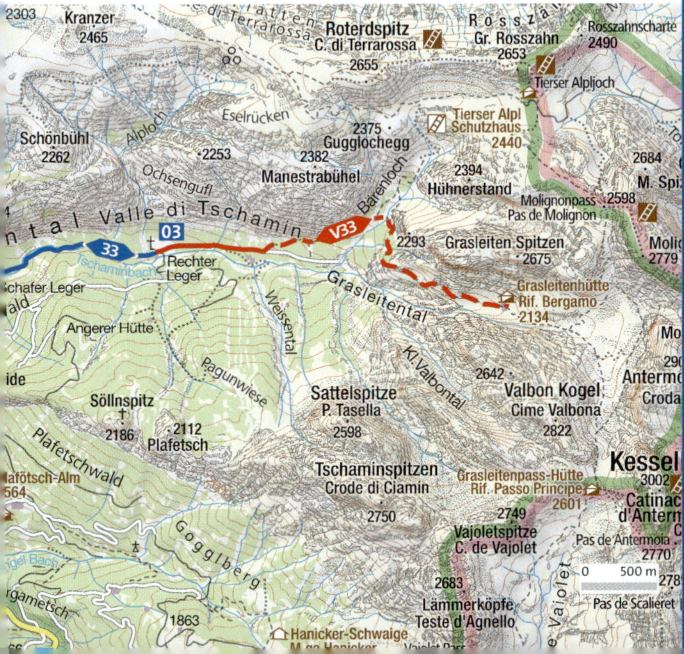

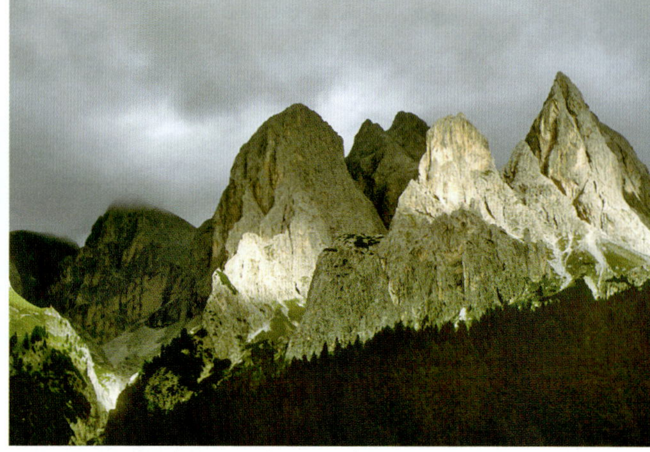

Imposante Dolomitenszenerie am Rechten Leger

öffnet Anfang Juni bis Mitte Oktober, Di–Sa 9.30–12.30 und 14–17.30 Uhr, im Juli und August auch sonntags, Tel. +39 0471 642196).

▶ Von der Zufahrtsstraße mit den Parkplätzen geht man über die Brücke zur **Tschamin Schwaige** 01 und zum Informationszentrum des Naturparks Schlern-Rosengarten. Dort beginnt der Weg, der ins Tschamintal führt (Mark. 3). Man folgt ihm durch den Wald bergauf, lässt dabei zwei Rechtsabzweigungen unbeachtet und wandert weiter in das sich verengende Tal hinein. Unterhalb des Wegs zwängt sich der Tschaminbach durch einen schluchtartigen Einschnitt. Man trifft auf eine Forststraße, folgt ihr weiter taleinwärts und hält sich bei einer Verzweigung geradeaus. Kurz darauf geht es über den Bach und an ihm entlang auf der linken Talseite zur Lichtung des **Schafer Legers** 02.
Der Weg bleibt nun am Ufer des Tschaminbachs, wechselt noch zweimal die Bachseite und führt schließlich auf die Wiese des **Rechten Legers** 03 mit einer Almhütte und einem geschnitzten Holzkreuz. Weiche Wiesenmulden laden dazu ein, es sich bequem zu machen und die fantastische Felsszenerie zu bestaunen.
Der Rückweg erfolgt auf der Anstiegsroute.

Berghaus unter Felswänden

Vom Rechten Leger könnte man zur Grasleitenhütte (2134 m) ansteigen. Dazu ist allerdings Trittsicherheit und Ausdauer erforderlich. Man wandert weiter ins Tschamintal hinein und zweigt links ins Bärenloch ab. Dort beginnt bei einer Weggabelung rechts der mit 3a markierte Anstieg zur Grasleitenhütte (vom Rechten Leger 1:30 Std., 530 Höhenmeter).

DURCH DIE BÄRENFALLE ZUM SCHLERNHAUS • 2450 m

Wilde Felsschluchten und Berghäuser in privilegierter Lage

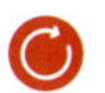 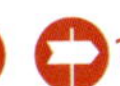 17 km 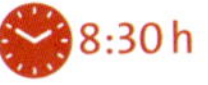 8:30 h 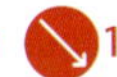 1540 hm  1540 hm 54

START | Weißlahnbad, Parkplatz, 1198 m, Zufahrt bei St. Zyprian im Tierser Tal. Bus nach Weißlahnbad von Seis, Völs und Tiers (verkehrt von Ende Mai bis Anfang November). [GPS: UTM Zone 32 x: 696.407 m y: 5.150.442 m]

CHARAKTER | Die Steige durch Bärenfalle und Bärenloch sind steil und an einigen felsigen Passagen mit Drahtseilen gesichert, Trittsicherheit und Ausdauer erforderlich. Am Schlernplateau und im Tschamintal unschwierige Wege, einzig der Übergang zum Tierser Alpl führt über abschüssige Hänge.

Bärenfalle und Bärenloch heißen die beiden von wilden Felswänden eingerahmten Schluchten, die steil und direkt zur Schlernhochfläche hinaufziehen. Gut vorstellbar, dass in den engen Einschnitten mit der urwüchsigen Felsszenerie ringsum einmal Bären gehaust haben. Wanderern werden stramme Waden und ein

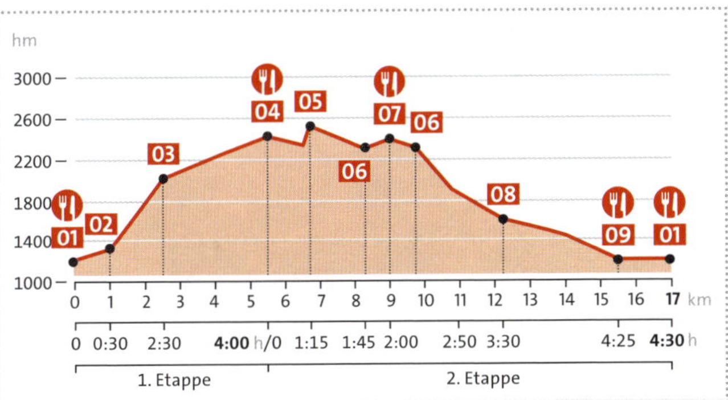

01 Weißlahnbad, Parkplatz, 1198 m; 02 Bärenfalle, 1298 m; 03 Tschafatschsattel, 2070 m; 04 Schlernhaus, 2450 m; 05 Abzw. Maximilian-Klettersteig, 2551 m; 06 Abzw. Bärenloch, 2350 m; 07 Tierser-Alpl-Hütte, 2440 m; 08 Rechter Leger, 1603 m; 09 Tschaminschwaige, 1195 m

langer Atem abverlangt, um sich im Zackzack nach oben zu schrauben. Der Lohn für die Mühen ist ein panoramareiches Schlendern über die Schlernhochfläche und mit dem Schlernhaus und der Tierser-Alpl-Hütte zwei wunderschön gelegene Berghäuser. Wegen der Länge der Tour empfiehlt es sich, im Schlernhaus zu übernachten.

1. Etappe
1260 hm Anstieg

Am Beginn des Parkplatzes oberhalb von **Weißlahnbad** **01** bei einer Informationstafel zweigt Weg 2 Richtung Bärenfalle und Schlern ab. Er verläuft nordöstlich über die steilen Waldhänge hinauf und in Kehren an einer Höhle mit Quelle vorbei, dem „Tschetterloch". Noch

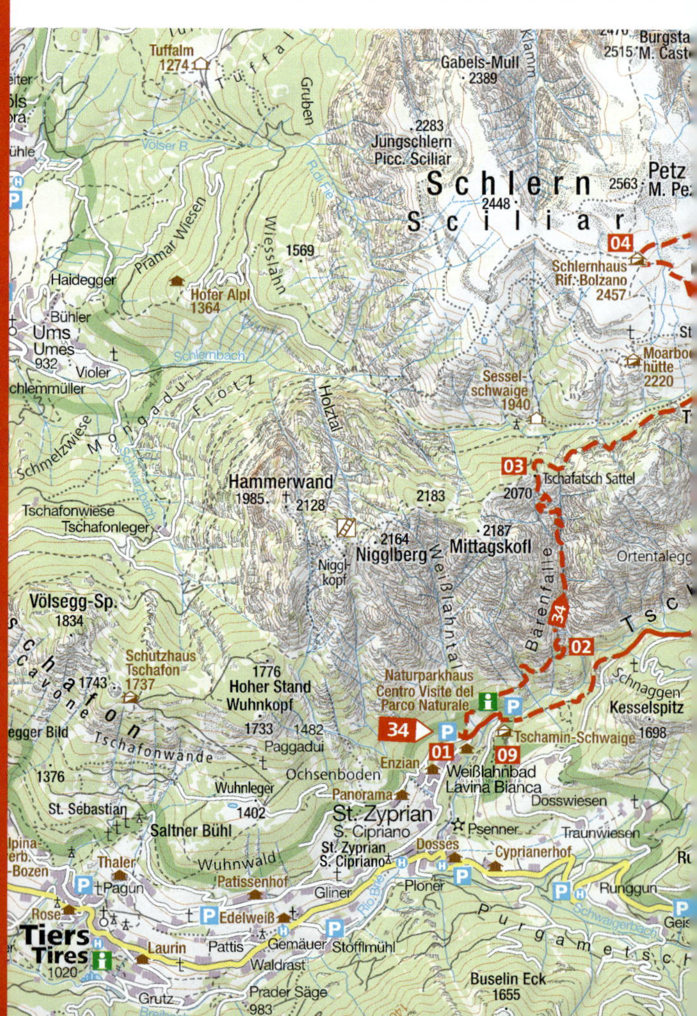

einmal nach Osten querend gelangt man zum steilen Einschnitt der **Bärenfalle** 02. Der Steig windet sich in Serpentinen zwischen den Felswänden empor. Im oberen Teil ist er mit Stufen und Stegen ausgebaut und an einigen Stellen mit Drahtseilen gesichert. Schließlich führt er nach links hinauf zum grasigen **Tschafatschsattel** 03. Dort biegt man rechts ab und quert die Hänge des Tschafatsch ins Tal des Schlernbachs. Man geht über den Bach und steigt zur Hochfläche des Schlern an. Links etwas abseits des Hauptweges steht das Kirchlein St. Kassian. In mäßiger Steigung überquert man das Plateau zum herrlich gelegenen **Schlernhaus** 04, einem Über-

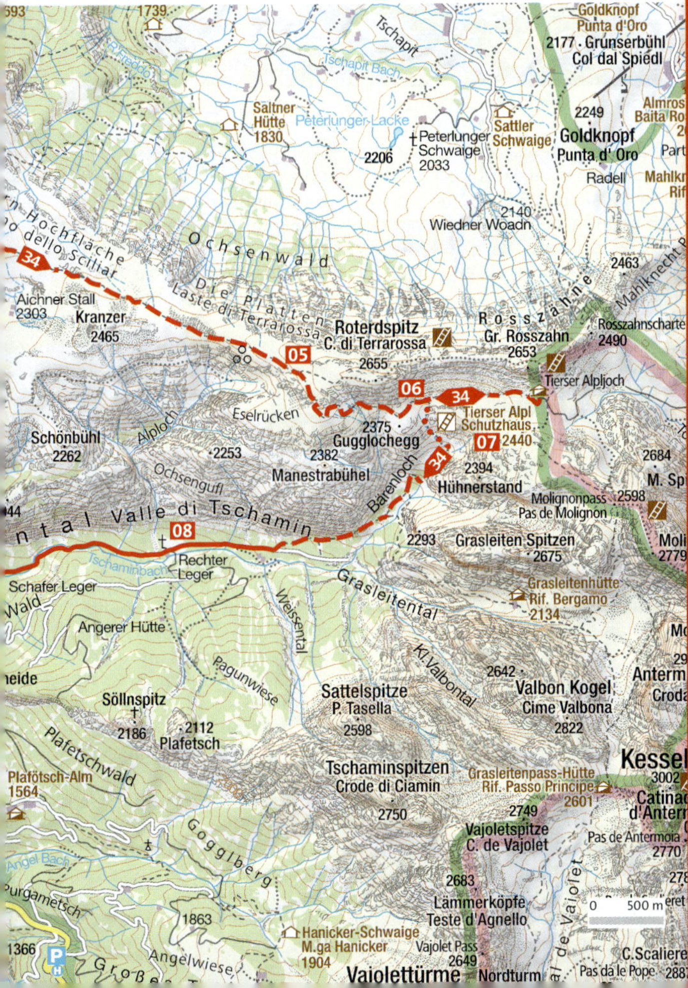

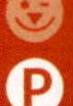

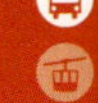

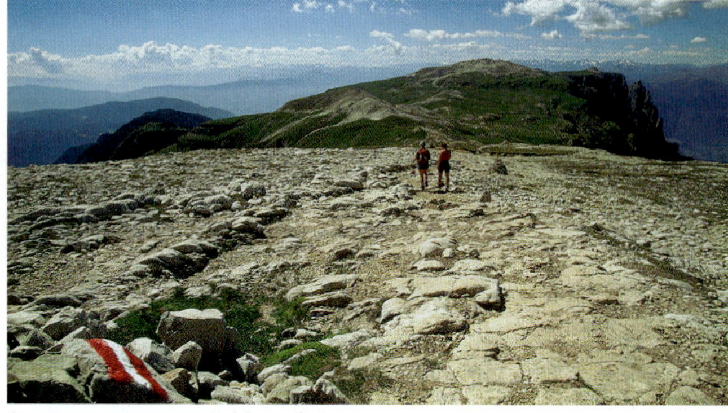

Panoramawege am Schlernplateau

nachtungsplatz, wie er schöner wohl kaum sein könnte. In 20 Min. ist der Petz, 2563 m, die höchste Erhebung der Schlernhochfläche, zu erreichen. Der Sonnenuntergang wird dort zu einem unvergesslichen Erlebnis.

2. Etappe
280 hm Anstieg, 1540 hm Abstieg
Vom **Schlernhaus** 04 folgt man zunächst dem Touristensteig, der zur Seiser Alm führt, ostwärts und zweigt nach einigen Minuten rechts Richtung Tierser Alpl ab (Mark. 4). Nun überquert man das Hochplateau in gemütlicher und aussichtsreicher Wanderung. Mäßig ansteigend geht es über einen Rücken zur **Abzweigung des Maximilian-Klettersteigs** 05, der vom Tierser Alpl herüberführt (siehe Tour 20). Man bleibt auf Weg 4, der auf der Südseite des Kamms ziemlich steil hinabführt und unterhalb der Felstürme der Roterdspitze quert. Die abschüssigen Hänge erfordern etwas Vorsicht. Man geht über einen Geländevorsprung und blickt in den wilden Taleinschnitt des **Bärenlochs** 06, durch den man absteigen wird. Zuerst stärkt man sich aber dafür auf der in einer tollen Felskulisse gelegenen **Tierser-Alpl-Hütte** 07. Anschließend kehrt man zur **Abzweigung ins Bärenloch** 06 zurück und folgt dem Steig links in das enge Tal, das zu beiden Seiten von senkrechten Felsflanken eingerahmt wird (Mark. 3). Einige Felspassagen müssen mit Hilfe von Drahtseilsicherungen überwunden werden.
Der Steig leitet schließlich auf die linke Seite der Schlucht und verzweigt sich. Links geht es hinauf zur Grasleitenhütte. Man schlägt den Weg rechts ein und steigt ins Tschamintal ab. Als Ausklang dieser erlebnisreichen Tour wandert man auf bequemen Wegen durch das landschaftlich reizvolle Tal hinaus, vorbei an der Almlichtung **Rechter Leger** 08 mit grandiosem Blick in die Felsarena des Rosengartens.
Im unteren Teil des Tals, nachdem man auf die linke Bachseite gewechselt hat, zweigt ein Steig rechts ab, der zur **Tschamin Schwaige** 09 mit dem Naturparkhaus Schlern-Rosengarten führt. Man geht über die Brücke und auf der Zufahrtsstraße zum Parkplatz bei **Weißlahnbad** 01.

VON DER KÖLNER HÜTTE ZUR HANIGER SCHWAIGE • 1904 m

Panoramatour zu Füßen des Rosengartens

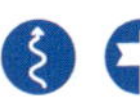  9,5 km  3:30 h  80 hm 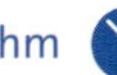 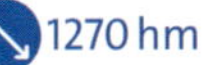 1270 hm 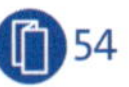 54

START | Kölner Hütte, 2339 m, Bergstation des Sessellifts König Laurin, Talstation bei der Frommeralm an der Straße Tiers – Karerpass. Am besten parkt man in St. Zyprian, dem Endpunkt der Wanderung, Parkplatz am Ortsausgang vor dem Hotel Cyprianerhof. Dort befindet sich eine Haltestelle für den Bus zur Talstation des Laurinlifts. Bus von Seis, Völs und Tiers nach St. Zyprian. [GPS: UTM Zone 32 x: 700.675 m y: 5.146.533 m]
CHARAKTER | Unschwierige Wanderung auf guten Bergwegen, kurze Abschnitte auch auf Forststraßen.

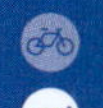
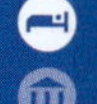

Nur wenige Anstiegshöhenmeter, großartige Nahblicke auf himmelstrebende Felsfluchten und herrliche Fernsicht auf Brenta, Ortler und Ötztaler Alpen – der Höhenweg über die Westhänge des Rosengartens verspricht viel Wandergenuss. Gemütliche Almen runden das Erlebnis ab. Auf der Haniger Schwaige scheinen die berühmten Vajolettürme zum Greifen nah. Bei dieser Kulisse schmecken die Almspezialitäten besonders gut. Alternativ kann man die Wanderung auch am Nigerpass (Bus von St. Zyprian) be-

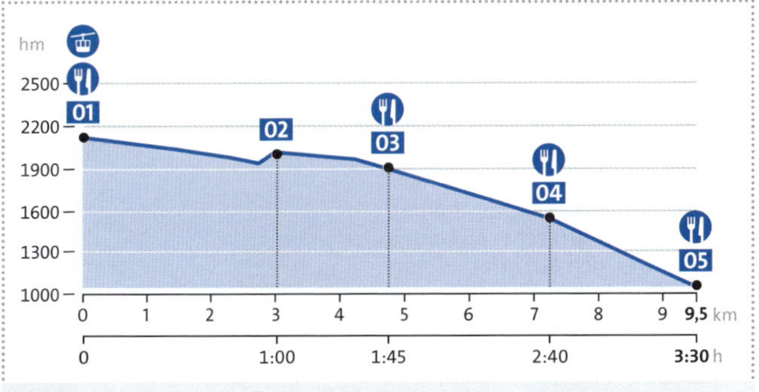

01 Kölner Hütte, Bergstation König-Laurin-Lift, 2339 m; 02 Weg 7, 1995 m; 03 Haniger Schwaige, 1904 m; 04 Plafötschalm, 1564 m; 05 St. Zyprian, 1150 m

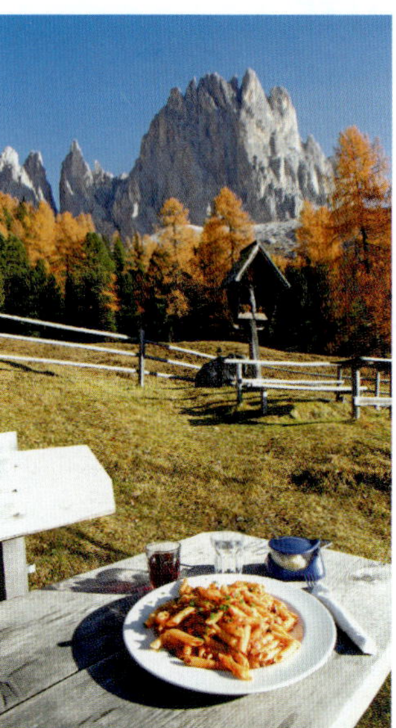

Bei der Haniger Schwaige

ginnen. Oberhalb der Baumann Schwaige trifft man auf den beschriebenen Höhenweg. Die gesamte Gehzeit beträgt ebenfalls 3:30 Std.

▶ Von der **Kölner Hütte** 01 mit der Bergstation des König-Laurin-Lifts geht es auf dem Fahrweg zuerst nach Süden hinab, anschließend, an der Abzweigung des bekannten Hirzelwegs vorbei in einigen Kehren über Wiesenhänge. Nach einer knappen halben Stunde biegt man rechts auf einen Steig ab, der sich kurz darauf verzweigt. Dort hält man sich rechts, geht flach unter dem Sessellift hindurch und quert etwas auf und ab die von Bachgräben durchzogenen Hänge unter den Felsabbrüchen des Rosengartens (Mark. 15). Der Steig mündet schließlich in den **Weg 7** 02, der vom Nigerpass heraufführt. Aussichtsreich und ohne großen Höhenunterschied wandert man weiter über Wiesen und durch lichten Bergwald. Darüber wachsen die Rosengartenspitze und die mächtige Laurinwand in den Himmel. Am Geländerücken mit den Angelwiesen tauchen die Felsenfinger der Vajolettürme auf. In kurzem Abstieg gelangt man zur **Haniger Schwaige** 03 und wird sich an einem der Holztische in der Wiese eine ausgiebige Rast gönnen. Für den Weiterweg geht man an der Almhütte vorbei zu den Wegweisern und folgt dem Steig 7 durch Wald ab-

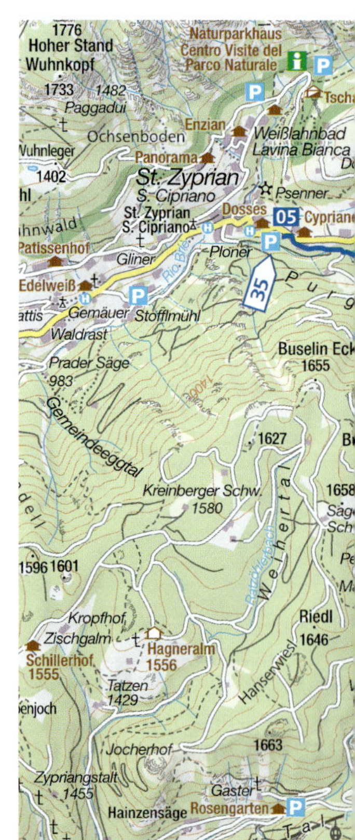

wärts (alternativ Abstieg auf dem Fahrweg mit schönen Ausblicken, ca. 10 Min. mehr Zeitaufwand). Er führt in das urwüchsige Tal des Angelbachs, überquert eine Brücke und mündet in den Fahrweg. Auf ihm steigt man auf der linken Talseite weiter bergab und zweigt nach 10 Min. rechts erneut auf einen Steig Richtung „Plafötsch, St. Zyprian“ ab. Er leitet über den Angelbach und flach über die bewaldeten Hänge talauswärts zu den Wiesen mit der **Plafötschalm** **04**. Auch dort genießt man noch einmal einen schönen Blick auf die Felssilhouette des Rosengartens. Der Abstieg verläuft weiter über die Wiesenhänge abwärts und biegt, sobald sich der Weg nach links wendet, rechts Richtung „St. Zyprian“ ab (Mark. 7). Etwas steiler geht es in ein Bachtal hinab und am Ufer entlang talauswärts. Nahe der Karerpassstraße folgt man rechts einem Wanderweg über Lärchenwiesen abwärts. Er überquert einen breiten Schotterweg und kurz darauf die Karerpassstraße. Über einen Waldhang gelangt man zum Breibach hinunter und folgt dort der Forststraße zu Parkplatz und Bushaltestelle in **St. Zyprian** **05**.

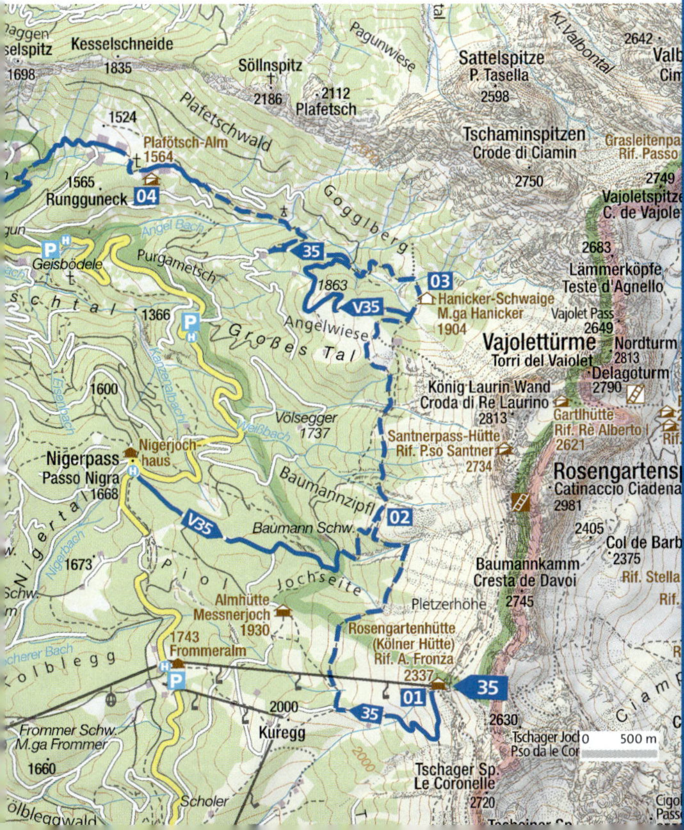

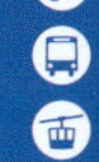

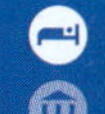

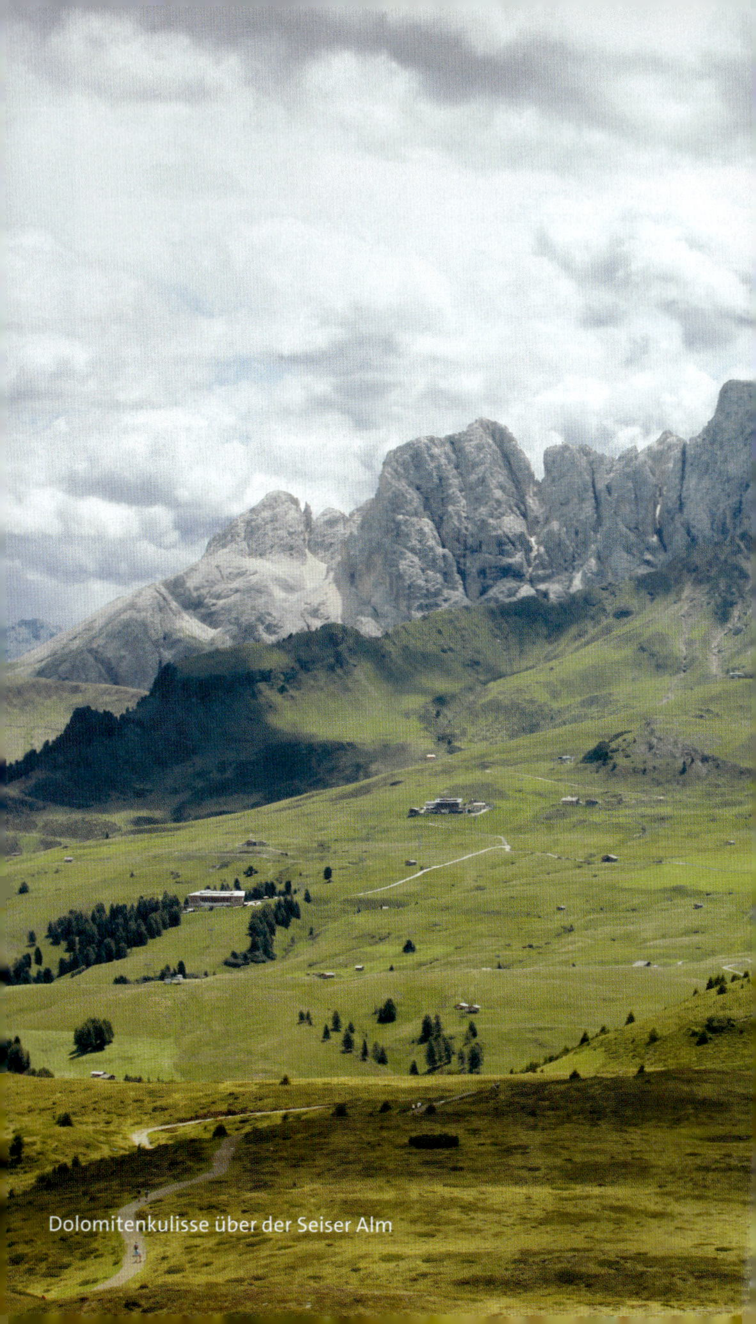
Dolomitenkulisse über der Seiser Alm

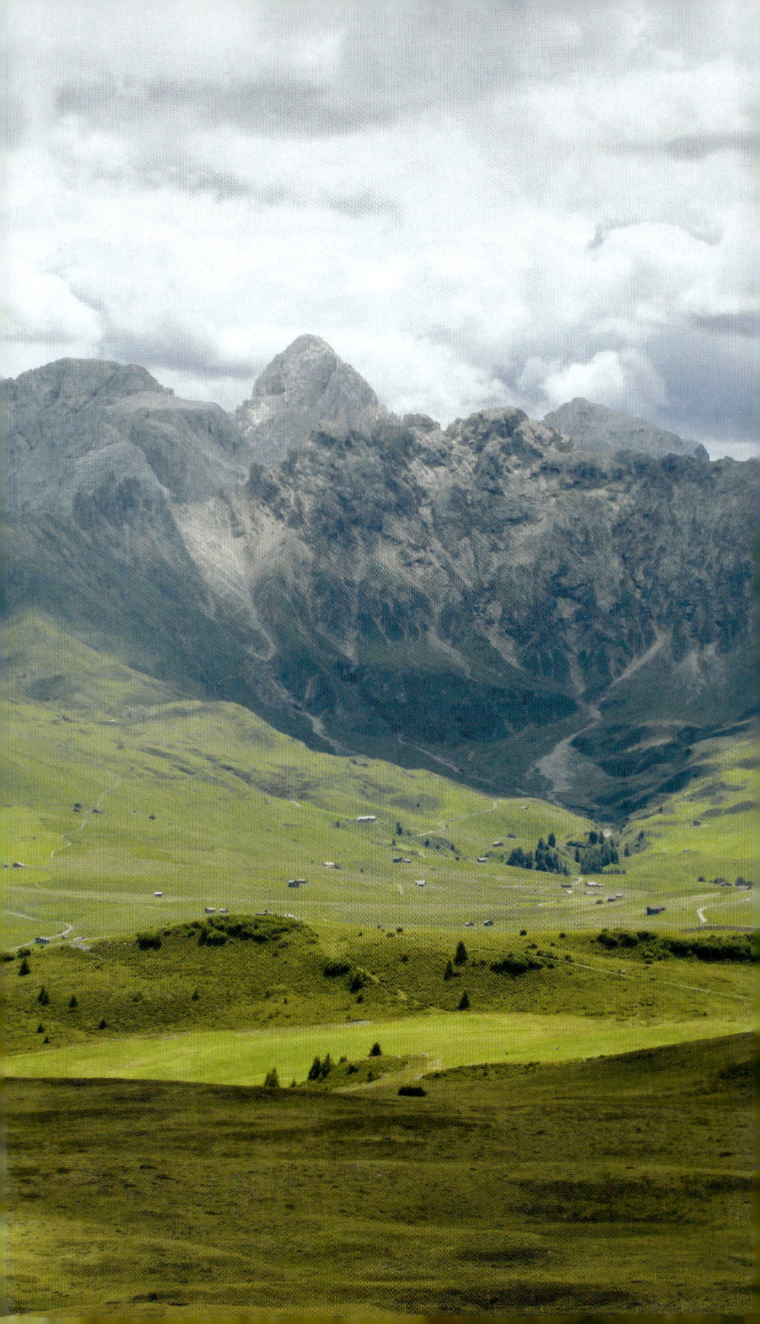

ALLES AUSSER WANDERN

MEINE TIPPS FÜR …

… einen Museumsbesuch

Die Kastelruther Spatzen machten ihren Heimatort weit über die Grenzen Südtirols hinaus bekannt. Im Spatzenmuseum in Kastelruth ist die mehr als 30jährige Erfolgsgeschichte der Musiker anhand von zahlreichen Auszeichnungen, darunter viele goldene Schallplatten, Erinnerungsstücken und Fangeschenken dokumentiert.
Dolomitenstr. 21, Tel. +39/0471/707439, www.spatzenladen.it

Das Bauernmuseum Tschötscherhof in St. Oswald gibt Einblicke in das Leben der Bauern in früherer Zeit. In dem über 500 Jahre alten Bauernhaus sind Gerätschaften ausgestellt, die am Hof und im Haushalt verwendet wurden, aber auch Gegenstände, die viel über das Brauchtum und die Glaubensvorstellungen erzählen.
Anfang März bis Mitte November 8-22 Uhr, mittwochs geschlossen, Tel. +39/0471/706013
www.tschoetscherhof.com

… für Kinder

Unter dem Motto „Hexenzauber" begleitet Hexe Martha Kinder und ihre Eltern zu Plätzen auf der Seiser Alm. Sie erkunden die Gemäuer von Schloss Prösels, besuchen die Schlernhexen am Puflatsch oder begeben sich auf Nachtwanderung. Teilnehmen können Kinder ab 6 Jahre in Begleitung eines Erwachsenen an verschiedenen Terminen im August. Anmeldung und Information bei den Tourismusbüros.

Im Frühsommer treffen sich Ross und Reiter zum Oswald-von-Wolkenstein-

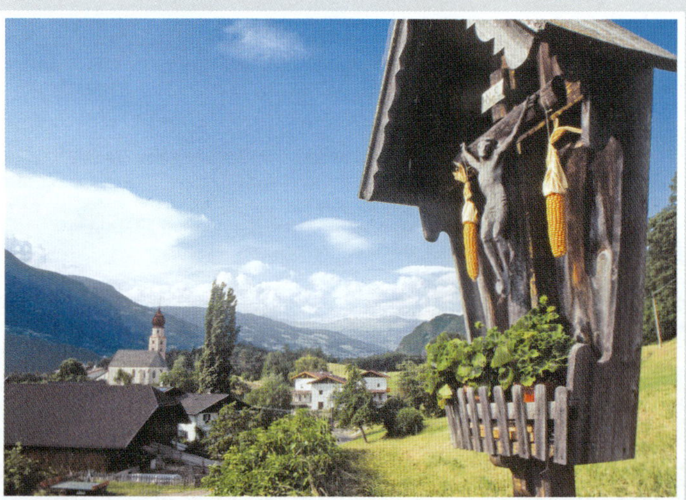

St. Oswald

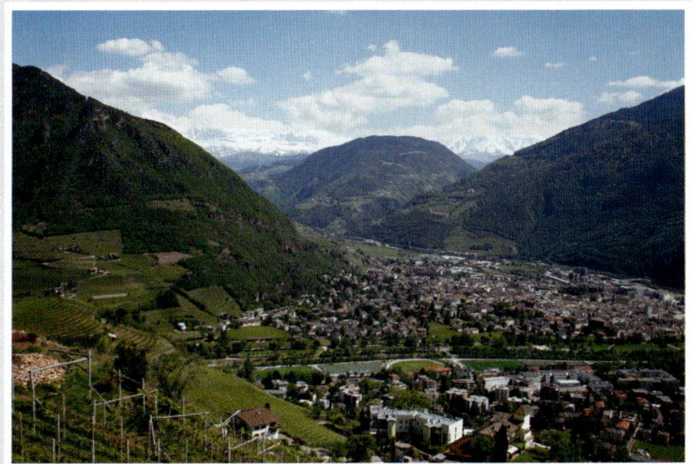

Bozen ist einen Ausflug wert

Ritt, dem größten Reitturnier in Südtirol – ein Ausflug ins Mittelalter für die ganze Familie. An verschiedenen Plätzen zwischen Kastelruth und Völs messen sich die Reiter bei Turnierspielen wie Ringstechen oder Torritt. Dazu bieten ein Rahmenprogramm und ein Festumzug viel mittelalterliches Flair. www.ovwritt.com

... für Badefans

Der Völser Weiher gilt als einer der saubersten Badeseen Italiens. Zu Füßen des Schlern laden dort Stege zum Sonnen ein, ein Bootsverleih zu einer Ruderpartie und ein Gasthaus zur Einkehr.

Das Freibad im Sportzentrum Telfen bei Kastelruth bietet Abkühlung mit Blick auf die Santnerspitze. Es ist im Sommer von 9 bis 21 Uhr geöffnet, Tel. +39/0471/705090.

... für einen Stadtbesuch

Bozen befindet sich von den Ortschaften rund um Seiser Alm und Schlern nur gute 20 km entfernt und ist bequem mit dem Bus zu erreichen. Dort lohnt es sich, durch die Laubengasse zu bummeln, am Obstmarkt einzukaufen, in einem der Cafés dem städtischen Treiben zuzusehen und „Ötzi", dem Mann aus dem Eis, im Südtiroler Archäologiemuseum einen Besuch abzustatten (www.iceman.it).

Auch Brixen, älteste Stadt Tirols und viele Jahrhunderte Bischofssitz, ist in einer knappen Stunde zu erreichen. Ihre mittelalterliche Altstadt mit den Gassen und Laubengängen, Läden und Restaurants und Sehenswürdigkeiten wie der Hofburg, dem Dom oder einem prachtvollen Kreuzgang ist einen Tagesausflug wert.

HÜTTEN, ALMEN, BERGGASTHÄUSER

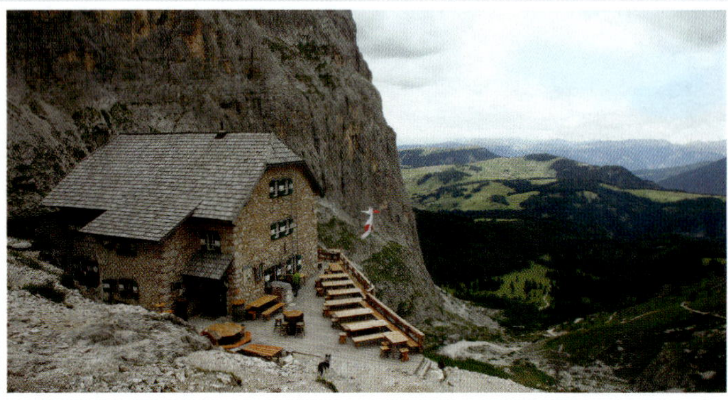

Langkofelhütte

Friedrich-August-Hütte
2298 m, privat, bew. Mitte Juni bis Mitte September und Dezember bis April, 55 Schlafplätze, Tel. +39/0462/764919, www.friedrichaugust.it

Kölner Hütte
2339 m, CAI, bew. Juni bis Oktober, 60 Schlafplätze, Tel. +39 0471 612033 oder +39 335 6563512, www.rifugiofronza.com

Langkofelhütte
2253 m, CAI, bew. Anfang Juni bis Anfang Oktober, 69 Schlafplätze, Tel. +39 0471 792323, www.rifugiovicenza.com

Mahlknechthütte
2054 m, privat, bew. Mitte Mai bis Ende Oktober und Weihnachten bis Ostern, 11 Lagerplätze, Doppel- und Mehrbettzimmer, Tel. +39 0471 727912, www.mahlknechthuette.com

Plafötschalm
1564 m, privat, bew. Anfang Juni bis Ende September, Zimmer für 12 Personen, Tel. +39/335/1050988, www.plafoetsch.com

Plattkofelhütte
2300 m, privat, bew. Anfang Juni bis Mitte Oktober, 80 Schlafplätze, Tel. +39/0462/601721 oder +39/334/9569626, www.plattkofel.com

Puflatschhütte Dibaita
1950 m, privat, bew. Mitte Mai bis Mitte Oktober und Dezember bis April, 34 Schlafplätze, Tel. +39/0471/729090, www.dibaita-puflatschhuette.com

Sandro Pertini, Rifugio
2300 m, privat, bew. Juni bis September, 14 Schlafplätze, Tel. +39 328 8651993, www.rifugiopertini.com

Schlernbödelehütte
1700 m, AVS, bew. Ende Mai bis Anfang Oktober, 20 Schlafplätze, Tel. +39/0471/1885169 oder +39/338/7677009, www.schlernboedelehuette.com

Schlernhaus
2450 m, CAI, bew. Mitte Juni bis Anfang Oktober, 120 Schlafplätze, Tel. +39 0471 612024, www.schlernhaus.it

Tierser-Alpl-Hütte
2440 m, privat, bew. Anfang Juni bis Mitte Oktober, 76 Schlafplätze, Tel. +39 0471 727958, www.tierseralpl.com

Toni-Demetz-Hütte
2685 m, privat, bew. Anfang Juni bis Anfang Oktober, 24 Schlafplätze, Tel. +39/0471/795050 oder +39/335/6586796, www.tonidemetz.it

Tschafonhütte
1733 m, privat, bew. Anfang Mai bis Anfang November, 24 Schlaf-plätze, Tel. +39 347 8131152, www.schutzhaus-tschafon.com

SEILBAHNEN, SESSELLIFTE

Florianlift
Seiser Alm, Tel. +39/0471/729340, Anfang Juni bis Mitte Oktober 9-17 Uhr, www.florianlift.it

Sessellift König Laurin
Talstation an der Straße Tiers – Karerpass, Tel. +39/0471/614139, geöffnet Anfang Juni bis Mitte Oktober, Juni und September 8.30-17.30, Juli und August 8.15-18 Uhr, Oktober 8.30-17 Uhr, www.carezza.it.

Gondelbahn Langkofelscharte
Sellajoch, Mitte Juni bis Anfang Oktober 8.15–16.45 Uhr.

Marinzen-Sessellift
Kastelruth, Tel. +39 0471 707160, Mitte Mai bis Mitte Oktober 9–17 Uhr, Mitte Juli bis Mitte August 9–17.30 Uhr, www.marinzen.com.

Sessellift Panorama
Seiser Alm, Tel. +39 0471 727816, Anfang Juni bis Mitte Juli und Mitte September bis Anfang Oktober 8.30–17 Uhr, Mitte Juli bis Mitte September 8.30–18 Uhr, www.panoramaseiseralm.info

Telemix Puflatsch
Seiser Alm, Anfang Juni bis Anfang Oktober 9–17 Uhr, www.seiseralm.it.

Seiser-Alm-Bahn
Seis, Tel. +39 0471 704270, Ende Mai bis Mitte Juni und Mitte September bis Anfang November 8–18 Uhr, Mitte Juni bis Mitte September 8–19 Uhr, www.seiseralm.it

TOURISMUSBÜROS

Kastelruth
Krausenplatz 1
39040 Kastelruth
Tel. +39 0471 709600
www.seiseralm.it

Seis am Schlern
Schlernstraße 16
39040 Seis am Schlern
Tel. +39 0471 709600
www.seiseralm.it

Seiser Alm
Compatsch 50
39040 Seiser Alm
Tel. +39 0471 709600
www.seiseralm.it

Tiers am Rosengarten
St.-Georgen-Straße 79
39050 Tiers am Rosengarten
Tel. +39 0471 709600
www.seiseralm.it

Völs am Schlern
Bozner Straße 4
39010 Völs am Schlern
Tel. +39 0471 709600
www.seiseralm.it

NÜTZLICHE INTERNETADRESSEN

Wetterbericht
wetter.provinz.bz.it
www.alpenverein.de/DAV-Services/Bergwetter

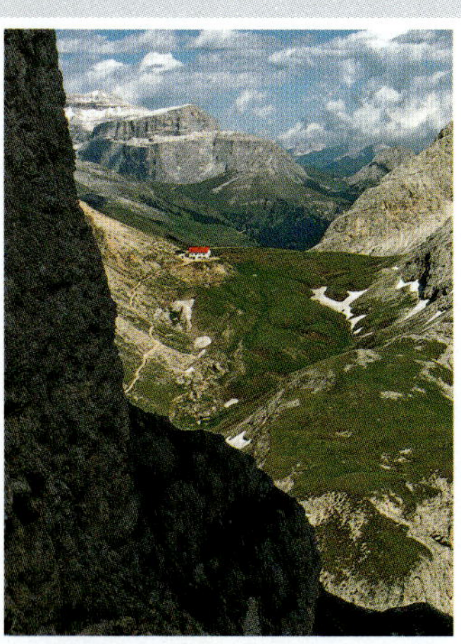

Tierser Alpl

Fahrpläne des Verkehrsverbundes Südtirol
www.sii.bz.it

Mobilcard
Nutzung aller öffentlichen Verkehrsmittel in Südtirol (für einen, drei oder sieben Tage erhältlich), bei museumobil Card zusätzlich freier Eintritt in über 90 Museen
www.mobilcard.info

In den meisten Unterkünften der Ferienregion Seiser Alm erhalten Gäste die Mobilcard kostenlos (Südtirol Alto Adige Guest Pass), Infos unter www.seiseralm.it

Informationsseiten über Südtirol
www.suedtirol.info
www.suedtirolerland.it
www.suedtirol.com

€ unter 40 EUR €€ 40 - 60 EUR €€€ über 60 EUR
(pro Pers/DZ/incl. Frühstück)

Kastelruth .... **Plz 39040, Tel. +39 0471**
Hotel Albion (€€€), Pineistraße 38, Tel. 700042, www.albionhotel.net
Hotel Roßlaufhof (€€€), Marinzenweg 37, Tel. 706616, www.rosslaufhof.com
Hotel Baumwirt (€€€), St. Michael 12, Tel. 700088, www.baumwirt.com
Hotel Pinei (€€€), St. Michael 37/1, Tel. 700009, www.panidersattel.com
Hotel Zum Turm (€€€), Kofelgasse 8, Tel. 706349, www.zumturm.com
Garni Doris (€€), Oswald-von-Wolkenstein-Straße 29, Tel. 706340, www.garnidoris.it
Gasthof Tschötscherhof (€€), St. Oswald 19, Tel. 706013, www.tschoetscherhof.com
Unterstandroa-Hof (Ferienwohnungen) (€€), Marinzenweg 43, Tel. 707233, www.unterstandroa.it
Wegmacher Hof (Ferienwohnungen) (€€), Marinzenweg 33, Tel. 706266, www.wegmacherhof.com
Binterhof (€), Paniderstraße 49, Tel. 700 071, www.binterhof.com
Garni Lantschner (€), Kleinmichlweg 8, Tel. 706025, www.garni-lantschner.com
Haus Ploner (€), Kleinmichlweg 37, Tel. 706451, www.haus-ploner.com
Haus Thomaseth (€), Plojerweg 5, Tel 706526, www.hausthomaseth.com
Haus Sabina (€), Panider Straße 39, Tel. +39 348 1491853, www.haus-sabina.com
Gasthof St. Oswald (€), St. Oswald 21/1, Tel. 706585, www.gasthaus-st-oswald.com

Seis am Schlern .... **Plz 39040, Tel. +39 0471**
Hotel Valentinerhof (€€€), St. Valentin 10, Tel. 706270, www.valentinerhof.com
Hotel Bad Ratzes (€€€), Ratzesweg 29, Tel. 706131, www.badratzes.it
Wanderhotel Europa (€€€), Oswald-von-Wolkensteinplatz 5, Tel. 706174, www.wanderhoteleuropa.com
Schlosshotel Mirabell (€€€), Laranzweg 1, Tel. 706134, www.hotel-mirabell.net
Pension Profanter (€€€), Ratzesweg 22, Tel. 706508, www.profanter.com
Garni Santnerblick (€€), Rosengartenstraße 32, Tel. +39 335 5319666, www.santnerblick.com
Haus Fulterer (€€), Schlernstraße 31, Tel. 706839, www.cafe-fulterer.com
Villa Pircher (Ferienwohnungen) (€€), Pstossweg 2, Tel. 707440, www.villapircher.com
Pristingerhof (Ferienwohnungen) (€€), St. Valentin 20, Tel. 707005, www.pristingerhof.com
Pension Karlegger (€), Henrik-Ibsen-Straße 16, Tel. 706424, www.pension-karlegger.com
Verleierhof (€), St. Vigil 12, Tel. 707143, www.heubadl-verleierhof.com
Kamaunhof (€), St. Valentin 11, Tel. 706620, www.kamaunhof.com
Hof Simmele Müller (Ferienwohnungen) (€), St. Vigil 15, Tel. 705184, www.simmelemueller.com

Seiser Alm .... **Plz 39040, Tel. +39 0471**
Hotel Tirler (€€€), Saltria 59, Tel. 727927, www.hotel-tirler.com

Hotel Ritsch (€€€), Saltria 16, Tel. 727910, www.ritschschwaige.com
Hotel Steger Dellai (€€€), Saltria 6, Tel. 727964, www.hotelsteger-dellai.com
Sporthotel Floralpina (€€€), Saltria 50, Tel. 727907, www.floralpina.com
Mountain Resort Hotel Saltria (€€€), Tel. 727966, www.saltria.com
Hotel Brunelle (€€€), Saltria 39, Tel. 727940, www.hotel-brunelle.com
Hotel Goldknopf (€€€), Tel. 727915, www.goldknopf.com
Alpenhotel Panorama (€€€), Jochstraße 10, Tel. 727968, www.alpenhotelpanorama.it
Hotel Santner (€€€), Jochstraße 6, Tel. 727913, www.hotelsantner.com
Hotel Paradiso (€€€), Jochstraße 17, Tel. 727905, www.paradiso-hotel.com
Hotel Monte Piz (€€€), Seiseralm 18/2, Tel. 729000, www.montepiz.com
Sporthotel Sonne (€€€), Piz 6, Tel. 727000, www.sporthotelsonne.com
Hotel Icaro (€€€), Piz 18/1, Tel. 729900, www.hotelicaro.com
Alpina Dolomites (€€€), Compatsch 62/3, Tel. 796004, www.alpinadolomites.it
Hotel Seelaus (€€€), Compatsch 8, Tel. 727954, www.hotelseelaus.it
Hotel Schmung (€€€), Compatsch 12, Tel. 727943, www.schmung.com
Gasthof Zallinger (€€), Saltria 74, Tel. 727947, www.zallinger.com
Pension Anemone (€€), Compatsch 56, Tel. 727963, www.anemone-seiseralm.com
Gasthof Frommer (€€), Compatsch 4, Tel. 727917, www.albergofrommer.com
Pluner Schwaige (Ferienwohung) (€€), Saltria 54, Tel. 705062, www.plunerhof.com
Malider Schwaige (Ferienwohnung) (€€), Saltria 33, Tel. +39 338 3808046, www.obermalid.com
Stampfeter Schwaige (Ferienwohnung) (€€), Saltria, Tel. 706891, www.stampfeterhof.com

Tiers am Rosengarten .... Plz 39050, Tel. +39 0471
Cyprianerhof Dolomit Resort (€€€), St.-Zyprian-Straße 69, Tel. 642143, www.cyprianerhof.com
Dolomitenhotel Weisslahnbad (€€€), Weißlahn 21, Tel. 642126, www.weisslahnbad.com
Hotel Dosses (€€€), St.-Zyprian-Straße 61, Tel. 642195, www.dosses.com
Hotel Stefaner (€€€), St.-Zyprian-Straße 65, Tel. 642175, www.stefaner.com
Alphotel Panorama (€€€), Weißlahn 33, Tel. 642119, www.alphotel-panorama.com
Berghotel Piné (€€€), Weißlahn 10, Tel. 642272, www.pine.it
Hotel Enzian (€€), Weißlahn 11, Tel. 642188, www.hotel-enzian.it
Garni Thalerhof (€€), Oberstraße 21a, Tel. 642164, www.thalerhof.net
Gasthof Rose (€€), St.-Georg-Straße 24, Tel. 640045, www.gasthof-rose.it
Gasthof Laurin (€€), St.-Georg-Straße 52, Tel. 642138, www.gasthof-laurin.com
Spinuserhof (Ferienwohnungen) (€), Mühlweg 5, Tel. 642155, www.spinuserhof.com
Wiednerhof (Ferienwohnungen) (€), Oberstraße 19, Tel. 642083, www.wiednerhof.it
Mühlhof (Ferienwohnungen) (€), Oberstraße 13, Tel. 642256, www.muehlhof.it
Goflmort (Ferienwohungen) (€), Mühlweg 10, Tel. 642064, www.goflmort.it

Völs am Schlern .... Plz 39050, Tel. +39 0471
Hotel Emmy (€€€), Putzesstraße 5, Tel. 726014, www.hotelemmy.it
Romantik Hotel Turm (€€€), Kirchplatz 9, Tel. 725014, www.hotelturm.it
Hotel Heubad (€€€), Schlernstraße 13, Tel. 725020, www.hotelheubad.com
Hotel Waldsee (€€€), Weiherstraße 28, Tel. 725041, www.hotel-waldsee.com
Gasthof Kircher (€€), Umser Straße 10, Tel. 725151, www.gasthof-kircher.it

Bed & Breakfast Hubertus (€€), Kartatscherweg 10, Tel. 725086, www.hotel-garni-hubertus.com
Garni Mitterstieler (€€), Miolweg 2, Tel. 725088, www.garni-mitterstieler.it
Gästehaus Pigneter (€€), Konstantinerweg 12, Tel. 706599, www.pigneter.com
Peternaderhof (Ferienwohnungen) (€€), Müllerweg 4, Tel. 725668, www.peternaderhof.it
Garni Steffi (€), Schlossweg 7, Tel. 725037, www.garni-steffi.it
Garni Berghaus (€), Putzesweg 2, Tel. 706183, www.berghaus-voels.com
Haus Mair (€), Santnerweg 5, Tel. 706719
Mesnerhof (€), Santnerweg 4, Tel. +39 340 4823701, www.mesner-hof.com
Mongaduierhof (€), St. Kathrein 1, Tel. +39 340 3454281, www.mongadui.it
Haus bei Zimmerlehen (€), Kühbachweg 17, Tel. 725292

REGISTER

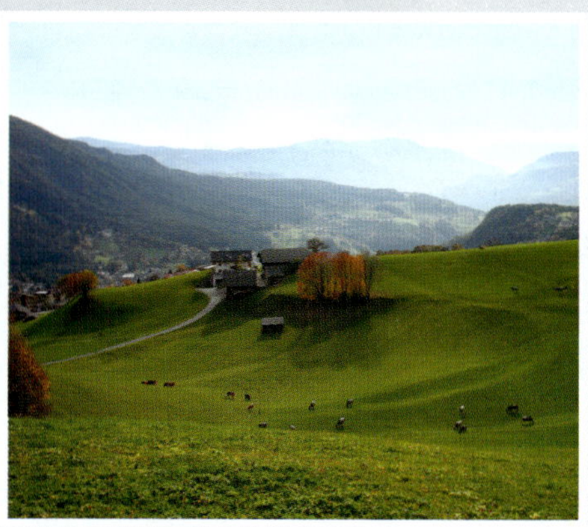

Südtiroler Bilderbuchlandschaft bei Seis

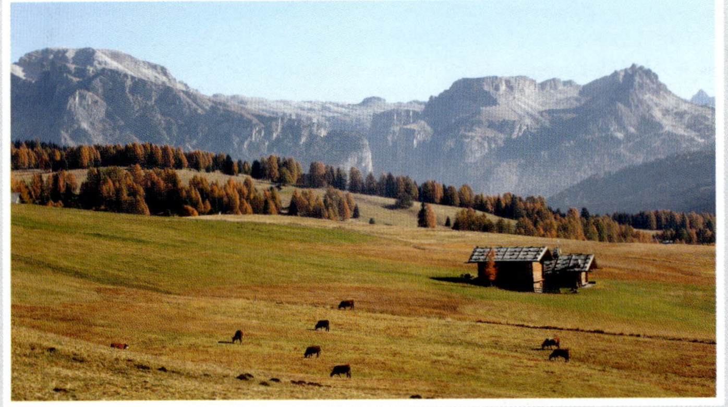

Seiser Alm mit der Geisler-Puez-Gruppe

IMPRESSUM

1. Auflage 2023 Verlagsnummer 5725 ISBN 978-3-99121-775-6

Text und Fotos: Franziska Baumann
Bildnachweis: Alle Bilder stammen von der Autorin.
Ausnahmen: S. 19 oben und S. 87 unten © Tierser-Alpl-Hütte;
S. 61 oben und S. 70 © ph.jaidermartina

Titelbild: Tierser Alpl mit Roterdkamm (© Georg Tappeiner)

Grafische Herstellung und
Wanderkartenausschnitte: © KOMPASS-Karten GmbH

Kartengrundlage für Gebietsübersichtskarte S. 8-9, U4:
© MairDumont, D-73751 Ostfildern 4

Alle Angaben und Routenbeschreibungen wurden nach bestem Wissen gemäß unserer derzeitigen Informationslage gemacht. Die Wanderungen wurden sehr sorgfältig ausgewählt und beschrieben, Schwierigkeiten werden im Text kurz angegeben. Es können jedoch Änderungen an Wegen und im aktuellen Naturzustand eintreten. Wanderer und alle Kartenbenützer müssen darauf achten, dass aufgrund ständiger Veränderungen die Wegzustände bezüglich Begehbarkeit sich nicht mit den Angaben in der Karte decken müssen. Bei der großen Fülle des bearbeiteten Materials sind daher vereinzelte Fehler und Unstimmigkeiten nicht vermeidbar. Die Verwendung dieses Führers erfolgt ausschließlich auf eigenes Risiko und auf eigene Gefahr, somit eigenverantwortlich. Eine Haftung für etwaige Unfälle oder Schäden jeder Art wird daher nicht übernommen. Für Berichtigungen und Verbesserungsvorschläge ist die Redaktion stets dankbar. Korrekturhinweise bitte an folgende Anschrift:

KOMPASS-Karten GmbH
Karl-Kapferer-Straße 5, A-6020 Innsbruck
www.kompass.de/service/kontakt

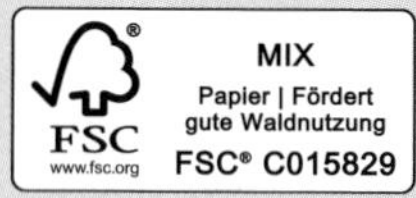